Cüneyd Dinç

Sozialstaat als Produkt e

Cüneyd Dinç

Sozialstaat als Produkt einer Staatselite

Die Türkei im südeuropäischen Vergleich

VS VERLAG FÜR SOZIALWISSENSCHAFTEN

Bibliografische Information der Deutschen Nationalbibliothek
Die Deutsche Nationalbibliothek verzeichnet diese Publikation in der
Deutschen Nationalbibliografie; detaillierte bibliografische Daten sind im Internet über
<http://dnb.d-nb.de> abrufbar.

Dissertation Universität Mannheim, 2008

1. Auflage 2009

Lektorat: Katrin Emmerich / Sabine Schöller

VS Verlag für Sozialwissenschaften ist Teil der Fachverlagsgruppe
Springer Science+Business Media.
www.vs-verlag.de

Umschlaggestaltung: KünkelLopka Medienentwicklung, Heidelberg
Druck und buchbinderische Verarbeitung: Rosch-Buch, Scheßlitz
Gedruckt auf säurefreiem und chlorfrei gebleichtem Papier
Printed in Germany

ISBN 978-3-531-16714-5

Vorwort

Das Buch *Sozialstaat als Produkt einer Staatselite – Die Türkei im südeuropäischen Vergleich* ist das Ergebniss meiner Dissertation an der Fakultät für Sozialwissenschaften der Universität Mannheim. Ausgangspunkt für diese Arbeit war der Versuch, den in der internationalen Sozialstaatsforschung bisher stiefmütterlich behandelten türkischen Sozialstaat in der *Familie der europäischen Sozialstaaten* einzuordnen. Anders als viele türkische Forscher vermied ich es dabei, den türkischen Sozialstaat mit den "fortschrittlichen" Sozialstaaten Nord- und Mitteleuropas zu vergleichen. Vielmehr versuchte ich mögliche Erklärungen für seine Instituionalisierung aus einem historisch makrosoziologischen Vergleich mit den ähnlich gelagerten südeuropäischen Sozialstaaten herauszuarbeiten. Ob mir dies gelungen ist, ist dem Leser überlassen. Dennoch hoffe ich, mit dieser Betrachtung des türkischen Sozialstaates aus einer südeuropäischen Perspektive, einen Beitrag für die türkische und südeuropäische Sozialstaatsforschung geleistet zu haben.

Oft herrscht das Bild, dass eine Dissertation in kreativer Einsamkeit geschrieben wird. Dem ist nicht so, weil solch eine langjährge Arbeit nicht in einem sozialen und intellektuellen Vakuum entsteht. Sie ist nur durch die Unterstützung vieler Menschen möglich, die einen motivieren, aufmuntern und wichtige gedankliche Impulse geben. Diesen Menschen hier zu danken, sehe ich als meine Pflicht an.

Einen besonderen Platz gebührt meinen Eltern Lokman und Güleser sowie meiner Schwester Betül Dinç, deren Unterstützung mir die Gewissheit gegeben hat, mein Ziel zu erreichen.

Meinem Mentor Prof. Dr. Peter Flora verdanke ich nicht nur die Möglichkeit bei ihm am Lehrtsuhl zu promovieren, sondern auch seine aufopferungsvolle Betreuung, die Aufmunterung, wenn mal die Arbeit ins Stocken geriet sowie zahlreiche anregende inhaltliche Diskussionen. Meinen Kollegen am Lehrstuhl Soziologie I Dr. Martin Schommer, Mateo Foschi, Ivka Puscharic, Ulrich Zeeb und Anja Grauenhorst danke ich für die nötigen inhaltlichen Feedbacks. Unsere Lehrstuhlsekretärin Antje Wechsler war eine große Hilfe bei der Orthografie in der Endphase der Arbeit. Jochen Knuth danke ich dafür, dass er jedes erdenkliche PC Problem gelöst hat. Prof. Dr. Bernhard Ebbinghaus möchte ich für die Übernahme meines Zweitgutachten sowie Prof Dr. Berthold Rittberger für die Übernahme des Prüfunsgvorsitzes während der Disputation danken.

Diese Arbeit war mit einem mehrmonatigem Forschungsaufenthalt in Istanbul und Ankara verbunden. Danken möchte ich hier dem *Deutschen Akademischen Austauschdienst*, dessen Stipendium diesen Aufenthalt erst ermöglichte. Zu besonderen Dank bin ich meinem Freund und Kollegen Doç. Dr. Hüseyin Özcan von der Istanbul Üniversitesi verpflichtet, der mir eine große Hilfe bei der Beschaffung der nötigen Primär- und Sekundarquellen war. Natürlich geht die Zahl derjenigen, die mich während meiner Promotionszeit im In- und Ausland unterstützt haben, über den Kreis der hier genannten hinaus. Ich werde ihnen diese Unterstützung nicht vergessen.

Cüneyd Dinç

Inhaltsüberblick

Inhaltsverzeichnis

Verzeichnis der Tabellen und Übersichten

Tabellen

Übersichten

Grafiken

Abkürzungen

AKP   (tr.: Adalet ve Kalkınma Partisi; Partei für Gerechtigkeit und Fortschritt)

BAĞ KUR   (tr.: Bağımsız Calisanlar Kurumu; Sozialversicherungsanstalt für Selbstständige)

CCOO   (sp.: Confederación Sindical de Comisiones Obreras; Konföderation der Gewerkschaftlichen Arbeiterkomissionen)

CHP   (tr.: Cumhuriyet Halk Partisi; Republikanische Volkspartei)

DISK   (tr.: Devrimci Işci Konfererasyonu; Konföderation der revolutionären Arbeiter)

HAK IŞ   (tr.: Türkiye Hakiki Işci Sendikaları Konferdasyonu; Wahre Konfördation der türkischen Arbeitnehmergewerkschaften)

GLK   (gr.: Geniko Legistro tou Kratos; Allgemeines Staatliches Rechnungsamt)

GSEE   (gr.: Genike Synamospondia Ergaton Elladas; Allgemeine Konföderation griechischer Arbeitnehmer)

IKA   (gr.: Idrima Kinonikon Asfaliseon; Allgemeine Sozialversicherungsanstalt)

IKA ETAM   (gr.: Idrima Kinonikón Asfalíseon - Eniéo Tamío Asfális Misthotón; Anstalt für Soziale Versicherungen - Einheitskasse für Arbeitnehmer)

IMI   (sp.: Ingreso Mínimo de Inserción; Mindestgrundsicherung)

INEM   (sp.: Instituto Nacional de Empleo; Nationale Anstalt für Beschäftigung)

INSALUD   (sp.: Institutio Nacional de Salud; Nationales Gesundheitsinstitut)

INSS   (sp.: Institutio Nacional de la Seguridad Social; Nationales Institut für Soziale Sicherheit)

INSERSO   (sp.: Institutio Nacional de Servicios Sociales, Nationale Anstalt für Soziale Dienstleistungen)

IŞKUR   (tr.: Türkiye Iş Kurumu; Türkische Anstalt für Arbeit)

ND   (gr.: Nea Demokratia; Neue Demokratie)

OAEE   (gr. Organismós Asfális Eléftheron Epangelmatión; Versicherungsträger der Selbstständigen)

OGA   (gr.: Organismos Georgikon Asfaliseon; Anstalt für den Sozialschutz der Beschäftigten in der Landwirtschaft)

PASOK   (gr.: Panellinio Sosialistiko Kinima; Panhelenische Sozialistische Bewegung)

PSOE   (sp.: Partido Socialista Obrero Español)

SGK   (tr.: Sosyal Güvenlik Kurumu; Sozialschutzanstalt)

SHCEK	(tr.: Hizmet ve Çocuk Esirgeme Kurumu; Anstalt für soziale Dienstleistung und Kinderschutz)
SSK	(tr.: Sosyal Sigorta Kurumu; Sozialversicherungsanstalt)
SVDV	(tr.: Sosyal Yardım ve Dayanışma Vakıfları; Stiftungen für soziale Fürsorge und gegenseitige Unterstützung)
SYDF	(tr.: Sosyal Yardim ve Dayanışma Fonu; Fonds für soziale Fürsorge und gegenseitige Unterstützung)
TAE	(gr.: Tamío Asfálisis Embóron; Kasse der Kaufleute)
T.C. ÇSGB	(tr.: Türkiye Cumhuriyeti Çalişma ve Sosyal Güvenlik Bakanlığı; Arbeits- und Sozialministerium der Türkischen Republik)
T.C. ES	(tr.: T.C, Emekli Sandığı; Rentenkasse der Türkischen Republik)
T.C. TBMM	(tr.: Türkische Cumhuriyeti Türkiye Büyük Millet Meclisi; Große Türkische Nationalversammlung)
TEWE	(gr.: Tamío Embóron ke Wiomichánon Elládos; Kasse der Gewerbetreibenden und Handwerker in Griechenland)
TGSS	(sp.: Tesorería General de la Seguridad Social; Allgemeine Finanzkasse der Sozialversicherung)
TSA	(gr.: Tamío Syntáxeon Aftokinitistón; Rentenkasse der Berufskraftfahrer)
TÜSIAD	(tr.: Türkiye Sanayici ve Işadamlari Derneği; Verein türkischer Industrieller und Geschäftsmänner)
Türk Iş	(tr.: Türkiye Işci Sendikalar Konferderasyonu; Konföderation der türkischen Arbeitnehmergewerkschaften)
UGT	(sp.: Union General de Trabajadores; Allgemeine Arbeitergewerkschaft)
YÖK	(tr.: Yüksek Öğretim Kurumu; Anstallt für universitäre Ausbildung)

1 Einleitung: Forschungsstand und inhaltlicher Aufbau

Als Forschungsthema stieß der türkische Sozialstaat bisher auf wenig Interesse. Wenn er mit anderen „fortschrittlichen" Sozialstaatsmodellen verglichen wurde, nahm man meist die Rückständigkeit und Ineffizienz der türkischen Institution wahr. In der Öffentlichkeit verband man mit dem türkischen Sozialstaat den finanziellen Kollaps der Sozialversicherungskassen, die langen Warteschlangen in den Notaufnahmen der öffentlichen Krankenhäuser und die Unfähigkeit des (Sozial-) Staates bei der Armutsbekämpfung.

Doch vergleicht man die Türkei nicht mit Skandinavien oder Mitteleuropa, sondern mit Südeuropa (Italien, Spanien, Griechenland und Portugal), so erkennt man, dass die Türkei mit diesen Ländern eine Reihe von Gemeinsamkeiten aufweist. Der türkische Sozialstaat teilt mit diesen Sozialstaaten ein beitragsfinanziertes Sozialversicherungssystem, welches mit einem steuerfinanzierten nationalen Gesundheitswesen und einem kaum existierenden System der sozialen Fürsorge gekoppelt ist. Ebenso ist die Rolle der einzelnen Familienhaushalte als Produzenten von Wohlfahrt zu nennen. Sie unterstützen Familienmitglieder mit Geld und kümmern sich um die Pflege und Betreuung von Kindern, alten und behinderten Familienmitgliedern, werden aber vom Sozialstaat für ihre Leistungen weder finanziell unterstützt (Familienbeihilfen) noch steuerlich entlastet.

Mit den südeuropäischen Gesellschaften teilt die Türkei nicht nur diese sozialstaatlichen Merkmale, sondern auch eine Reihe sozialstruktureller Merkmale, was die Struktur der Arbeitsmärkte und die Zusammensetzung der Familienhaushalte betrifft. Auch der relativ friedliche Übergang von autoritären Regimen hin zu parlamentarischen Demokratien in der zweiten Hälfte des 20. Jahrhunderts, stellt eine gemeinsame historische Erfahrung dar.

Trotz dieser Gemeinsamkeiten unterscheidet sich die Türkei von den südeuropäischen Ländern in einer Reihe von historischen Entwicklungen. So ist die Türkei durch einen rigiden Laizismus und eine defensive staatszentrierte Modernisierung gekennzeichnet. Diese staatszentrierte Modernisierung war mit dem Aufbau starker administrativer Strukturen verbunden, wie es sie in den südeuropäischen Ländern nicht gegeben hat. Der rigide Laizismus zeichnete sich durch eine institutionelle Inkorporation des Islams in die staatlichen Strukturen und dem Versuch des Staates, den Islam inhaltlich zu kontrollieren, aus.

In Hinblick auf diese Gemeinsamkeiten und Unterschiede verfolgt die Dissertation das Ziel, das türkische Wohlfahrtsregime in einem historisch-makrosoziologischen Vergleich den Wohlfahrtsregimen in Spanien und Griechenland gegenüberzustellen. Damit soll eine neue Perspektive für eine zukünftige komparative Türkeiforschung vorgestellt werden. „Wohlfahrtsregime" bezeichnet die Summe aller Institutionen (Haushalte, Märkte, Staat, intermediäre Institutionen), welche gesellschaftliche Wohlfahrt produzieren. Dabei werden Ressourcen (Güter, Dienste und Zeit) in Endprodukte umgewandelt werden, welche zum individuellen „Wohlbefinden" beitragen (Evers/ Olk 1996: 15). Beispielsweise ziehen sich Frauen vom Arbeitsmarkt freiwillig zurück, um die daraus gewonnene „Freizeit" (Ressource) für die Pflege ihrer Familienangehörigen (Dienst) zu verwenden. In jedem Wohlfahrtsregime existiert eine bestimmte Arbeitsteilung zwischen diesen unterschiedlichen wohlfahrtsproduzierenden Institutionen, das so genannte „wohlfahrtsstaatliche Arrangement" (Kaufmann 2003). Der Sozialstaat ist eine der wohlfahrtsproduzierenden Institutionen (neben Familie und Privatmarkt) des Wohlfahrtsregimes und versorgt bestimmte Personen (und ihre Familien) deren Erwerbstätigkeit vorübergehend (Arbeitsunfall, Arbeitslosigkeit, Schwangerschaft) oder permanent (Alter und Invalidität) unterbrochen ist, mit öffentlichen Versorgungsleitungen und Transferzahlungen (Renten, Beihilfen). Das steuerfinanzierte System der sozialen Fürsorge versucht darüber hinaus, Bedürftigen über bedarfsgeprüfte monetäre Transferleistungen ein „menschenwürdiges" Dasein zu ermöglichen. Ein weiteres Aufgabengebiet stellt die medizinische Grundversorgung sowie die Betreuung und Pflege von Kindern, Senioren und Behinderten dar.

Dieses Einleitungskapitel gibt einen Überblick über Inhalt, Fragestellungen und Methodik des Dissertationsthemas. Es gliedert sich in mehrere Teile. Zuerst sollen die besonderen historischen Erfahrungen der heutigen Türkei, die aus dem Osmanischen Reiches hervorgegangen ist, dargestellt werden. Danach werden diejenigen Merkmale kurz skizziert, welche die strukturelle Eigenständigkeit Südeuropas als Region bestimmen und einen wichtigen Erklärungsbeitrag für die Ausprägungen der südeuropäischen Sozialstaaten liefern. Dem folgt ein Überblick über die Debatte hinsichtlich der Existenz oder Nichtexistenz eines eigenständigen südeuropäischen Sozialstaatstyps in der internationalen Sozialstaatsforschung.

Am Schluss dieses Einleitungskapitels steht der Versuch, aus der skizzenhaften Übersicht der historischen, sozialstrukturellen und sozialstaatlichen Merkmale, relevante Fragestellungen für diese Arbeit zu entwickeln sowie den inhaltlichen Aufbau und die Gliederung der Dissertation zu beschreiben.

Besonderheiten der Türkei

Im Vergleich mit anderen europäischen Regionen hat die Türkei eine spezifische historische Erfahrung gemacht. Diese wurde bestimmt durch die strukturellen Merkmale des Osmanischen Reiches, aus dem die heutige Türkei und auch das heutige Griechenland hervorgingen. Beide Nationen teilen somit eine zum Teil ähnliche Erfahrung, auch wenn diese zu unterschiedlichen Endergebnissen geführt haben, was zum Beispiel die staatlichen und administrativen Strukturen betrifft.

Die Besonderheit des Osmanischen Reiches zeichnete sich zum einen durch die Existenz eines mächtigen Staatsapparates aus. An dessen Spitze stand der Sultan als allmächtiger Herrscher des Osmanischen Reiches und oberster Dienstherr des Staatsapparates. Diesem Herrscher unterstand ein ihm ergebener Beamtenapparat. Im Zuge der so genannten „Knabenlese" (*Devşirme*) wurden diese Beamten in ihrer frühen Kindheit ihren oft christlichen Familien entrissen und für den Staatsdienst ausgebildet. Zwar bekamen sie eine höfische und fachliche Ausbildung, aber anders als im Westen stellten diese osmanischen Verwaltungs- bzw. Staatseliten keineswegs Edelleute dar, sondern hatten eher den Status von persönlichen Sklaven des Sultans. Sie waren seinem Willen unterworfen und konnten bei Vergehen und Verstößen verbannt oder exekutiert werden. Zusammen mit dem Sultan bildeten diese Beamtensklaven eine eigene Klasse, die so genannte *Askeriye*.

Diesem mächtigen Staatsapparat stand die politisch meist schwache Bevölkerung gegenüber, die so genannte *Reaya* (wörtlich Herde). Anders als in den westeuropäischen Gesellschaften wurden der *Reaya* die Möglichkeit ihre Interessen zu artikulieren verwehrt. Das Osmanische Reich kannte keine Stände, keine Zünfte oder gar Parlamente, welche als institutionalisierte Orte der Interessenartikulation in Erscheinung treten konnten. Im Rahmen der türkisch-osmanischen Staatstradition artikulierte alleine die Staatselite die Interessen der einzelnen Bevölkerungs- und Berufsgruppen (von Grunebaum 1995; Inalcik 2003).

So ist leicht zu verstehen, dass die politische, wirtschaftliche und gesellschaftliche Modernisierung des Osmanischen Reiches im 19. Jahrhundert von dieser bürokratischen Staatselite getragen wurde und nicht das Produkt eines wirtschaftlich prosperierenden Bürgertums war. Diese Form einer autoritären, staatszentrierten Modernisierung wurde in der späteren kemalistischen Türkischen Republik (1923-) weitergeführt.

Eine zweite Besonderheit des Osmanischen Reiches, welche die Entwicklung der heutigen Türkei beeinflusste, war die Beziehung zwischen Staat und Islam. Anders als das Christentum versucht der Islam jeden Aspekt des menschlichen Lebens nach religiösen Prinzipien zu regeln. Der Islam kannte und kennt aber keinen Klerus und auch keine Form der institutionalisierten Kirche. So musste ein orthodoxer Islam, um seine theologischen Vorstellungen gegenüber häretischen Vorstellungen durchzusetzen, eine Allianz mit dem Staatsapparat eingehen und sich in die administrativen Strukturen des Staates inkorporieren lassen. In diesem Sinne wurden die *Ulema*, die religiösen Experten, selbst Teil des Staatsapparates bzw. der *Askeriye*. Die späteren Kemalisten versuchten, ähnlich wie in der Dritten Französischen Republik, einen rigiden Laizismus durchzusetzen, den sie als Verdrängung des Einflusses des Islam aus der Öffentlichkeit verstanden. Dennoch behielten die Kemalisten die Inkorporierung des Islams in die administrativen Strukturen bei, sodass die islamischen Gelehrten auch in der heutigen Türkei Teil des Beamtenapparates blieben.

Südeuropa als europäische Region mit eigenständigen Merkmalen

Während sich die Türkei in ihrer historischen Entwicklung von den anderen südeuropäischen Gesellschaften unterscheidet, teilt sie mit diesen Ländern zugleich eine Reihe von ähnlichen Merkmalen, vor allem was die Beschäftigungs- und Haushaltstrukturen betrifft. Doch die Frage, inwieweit diese strukturellen Merkmale ausreichen, um von einer eigenständigen europäischen Region zu sprechen, wurde von vielen Anthropologen, Wirtschaftswissenschaftler, Historiker und Sozialwissenschaftler diskutiert und problematisiert (Gunther/ Diamandouros/ Puhle 1995; Sapelli 1995; Gunther/ Diamandouros/ Puhle 2006).

Betrachtet man zuerst die südeuropäischen Familien- und Haushaltsstrukturen, so zeichnen sich diese zuerst durch eine längere intergenerationale Kohabitation aus, also ein längeres Zusammenleben der Kinder mit den Eltern im selben Haushalt. Diese lässt sich durch die historischen Heiratsstrukturen Südeuropas erklären. Während traditionell in Nord- und Westeuropa die Kinder frühzeitig das Elternhaus verließen und später heirateten, heiratete man in Südeuropa früher und lebte bis zur Heirat und darüber hinaus im Haushalt der Eltern (Reher 1998). Die südeuropäischen Familien sind zudem meist Eigentümer ihrer Wohnungen, die sich meist im selben Viertel, in derselben Straße oder gar im selben Haus mit den anderen Verwandten befinden. Diese räumliche Nähe führt auch zu häufigeren Kontakten zwischen den einzelnen Verwandtschaftsmitgliedern, die sich meist in informellen Unterstützungsnetzwerken der Verwandten widerspiegeln.

Was nun die südeuropäischen Arbeitsmarktstrukturen betrifft, so sind diese durch eine typisch dualistische Arbeitsmarktsegmentierung gekennzeichnet. So steht neben einem kleinen Kernarbeitsmarkt mit meist formeller und regulärer Beschäftigung, ein großer Arbeitsmarkt mit informeller oder „atypischer" und

„prekärer" Beschäftigung.[1] Der Kernarbeitsmarkt ist dabei aufgrund arbeitsrecht-
licher Entlassungs- und Einstellungshürden für die Beschäftigten im anderen
Arbeitsmarkt schwer zugänglich. Dabei ist die Verteilung der Beschäftigten auf
die beiden Arbeitsmärkte abhängig von Geschlecht, Alter und Familienstand.
Ältere Familienväter sind im Kernarbeitsmarkt beschäftigt, während Frauen und
junge Erwerbstätige meist einer informellen oder „atypischen" Beschäftigung
nachgehen und daher viel weniger vor Entlassungen geschützt sind und eine viel
diskontinuierlichere Erwerbsbiografie aufweisen (Übersicht 1).

Die Familienhaushalte versuchen die ökonomische Situation der atypisch
beschäftigten Familienmitglieder durch bestimmte Strategien zu kompensieren.
So werden die unterschiedlichen Einkommen der einzelnen Familienmitglieder
zu einem adäquaten Haushaltseinkommen kumuliert und verteilt. Für die jüngeren Familienmitglieder bedeutet dies, dass sie in den informellen und atypischen
Arbeitsmärkten arbeiten können, bis sie eine bessere Beschäftigung im Kernarbeitsmarkt finden. So existiert eine bestimmte Interaktion zwischen Haushalten
und Arbeitsmärkten (Naldini 2003; Katrougalos/Lazaridis 2003), die Südeuropa
von Nord- und Westeuropa unterscheidet, das eine solche Strategie der Einkom-
mensakkumulation innerhalb der Haushalte nicht kennt und deshalb den (Ein-
kommens-) Schutz des Einzelnen auf den Sozialstaat überträgt.

Diese sozialstrukturellen Merkmale Südeuropas gehen zum Teil auf lange
historische Entwicklungen zurück. Mit dem Niedergang des Mittelmeerhandels
ab dem 16. und 17. Jahrhundert verlor Südeuropa seine dominierende Stellung
im (Welt-) Handel und musste diese an Nordwesteuropa (Holland und England)
abgeben. Im 18. Jahrhundert „verpasste" Südeuropa die Industrialisierung, womit die wirtschaftliche Kluft zwischen Süd- und Nordeuropa immer größer wurde. Aus diesem Rückstand entwickelte Südeuropa eine spezifische Wirtschaftsentwicklung, die noch heute ihre Auswirkungen zeigt. Dazu zählen die längere
Dominanz des Agrarsektors sowie die verspätete Industrialisierung (Hajimichalis
1987; Sapelli 1995). Diese konzentrierte sich auf einige wenige Regionen und

---

1   Die Begriffe prekäre und atypische Beschäftigung können und müssen hier mit Einschränkungen benutzt werden, da sie von den Beschäftigungsvoraussetzungen nordwesteuropäischer Industrienationen ausgehen. Dabei ist die „typische" Beschäftigung in diesen Ländern mehrheitlich durch eine
formelle Lohnbeschäftigung in der Großindustrie und eine kontinuierliche Beschäftigungsbiografie
der Beschäftigten gekennzeichnet. Die wenigen Erwerbstätigen die nicht diesem Beschäftigungsmus-
ter entsprechen, gelten als „atypisch" und auch „prekär" beschäftigt. Doch ist dies im Falle der südeuropäischen Beschäftigung nicht richtig. Anders als in den nordwesteuropäischen Industrienationen
stellt die industrielle Beschäftigung hier die Ausnahme dar. Die Mehrheit der Beschäftigten ist im
informellen Sektor oder in Familienbetrieben beschäftigt, was daher die „typische" Erwerbstätigkeit
in diesen Arbeitsmärkten darstellt.

Übersicht 1: **Strukturelle Merkmale Südeuropas**

Familien- und Haushaltsmerkmale	• Hohe Bedeutung der Ehe, meist einzige Voraussetzung der Familienbildung • Geringe Scheidungsraten, z. T. auch hohe gesetzliche Schranken • Niedrige Geburtenraten • Familien leben mehrheitlich in Kernfamilienhaushalten • Marginale Bedeutung von Einpersonenhaushalten, Großfamilien, usw. • Kinder und Eltern leben länger in einem Haushalt zusammen (längere Kohabitation) • Einzelne Verwandtschaftshaushalte befinden sich meistens in derselben Stadt oder im selben Stadtviertel
Arbeitsmarktstrukturen	• Spezifische Segmentierung des Arbeitsmarktes • Großer Sektor mit informeller oder prekärer Beschäftigung • Kleiner Kernarbeitsmarkt mit formeller sozialversicherungspflichtiger Beschäftigung • Großer Anteil von mithelfenden Familienangehörigen • Hoher Anteil von Selbstständigkeit • Bedeutung kleiner Familienbetriebe, oft mit atypischer oder prekärer Beschäftigung • Geringe weibliche Beschäftigung • Hohe Jugendarbeitslosigkeit

war durch eine starke staatliche Beteiligung und Regulierung gekennzeichnet. Zugleich wurde der Industriesektor niemals der dominierende Wirtschaftssektor.

Der hohen Beschäftigung in der Landwirtschaft folgte keine hohe Industriebeschäftigung. Vielmehr stieg mit dem Niedergang der Agrarbeschäftigung vor allem die Beschäftigung im Dienstleistungssektor an (Sapelli 1995). In diesemSinne entwickelten sich in Südeuropa andere soziale Beziehungen, mit einer geringeren Proletarisierung der Erwerbstätigen und einer Koexistenz traditioneller und „moderner" Wirtschafts- und Beschäftigungsstrukturen. Somit kann in Südeuropa teilweise von einer „Ruralisierung der Städte" (Leontidou 1990) und einer „Urbanisierung ohne Industrialisierung" (Karpat 1960) gesprochen werden.

Diese Länder haben auch eine eigene politisch-historische Erfahrung gemacht. In Italien und Iberien wurden nach der napoleonischen Herrschaft die alten Herrscher des ancième regime wieder eingesetzt. In Griechenland wurde nach der Unabhängigkeit vom Osmanischen Reich ein Wittelsbacher als König etabliert. Doch diese „restaurierten" Regime wurden später in so genannten „Mittelstandsrevolutionen" (Giner 1991) durch oligarchische parlamentarische Regime ersetzt, die die unteren Schichten rigide ausschlossen, im Gegensatz zur Entwicklung in West- und Mitteleuropa. Dies führte zu Beginn des 20. Jahrhunderts zu einem Anstieg gewalttätiger Ausschreitungen. Insbesondere Arbeiter, landlose Bauern und das linke Kleinbürgertum entwickelten oft anarchistische Tendenzen, sodass es in der ersten Hälfte des 20. Jahrhunderts zu bürgerkriegsähnlichen Zuständen kam. Schließlich mündeten diese Kämpfe zwischen rechten und linken Kräften in autoritäre und zum Teil faschistische Systeme, in denen die linken Arbeiterbewegungen ausgeschaltet wurden.

Die letzte Stufe einer gemeinsamen historisch-politischen Erfahrung dieser Länder stellen der plötzliche Zusammenbruch dieser autoritären Regime und der überwiegend friedliche Übergang zu parlamentarischen Demokratien im letzten Viertel des 20. Jahrhunderts dar. Der demokratische Übergang in diesen Ländern war durch den plötzlichen Zusammenbruch dieser autoritären Regime gekennzeichnet, in dem die alten Eliten gezwungen wurden, politische Reformen einzuleiten. Die illegale linke Opposition wurde in das neue politische System eingebunden und eine Reihe von sozialen Forderungen wurden erfüllt, was sich u. a. im plötzlichen Anstieg der öffentlichen Sozialausgaben zeigte. Im Gegenzug akzeptierte die politische Linke die neuen demokratischen Regime und gewann später die ersten freien postautoritären demokratischen Wahlen. Der Beitritt dieser Länder zur EG trug schließlich zu einer Stabilisierung dieser demokratischen Regime bei (Ginner 1991; Linz/ Stephan 1995; Malefakis 1995).

Das südeuropäische und türkische Wohlfahrtsregime in der vergleichenden Sozialstaatsforschung

Die südeuropäischen Sozialstaaten sind noch nicht lange Gegenstand der international vergleichenden Sozialstaatsforschung. Ältere funktionalistische, konflikttheoretische oder institutionelle Erklärungsansätze konzentrierten sich meist auf die Entstehung und Entwicklung des Sozialstaates im Westen. Dabei wurden die südeuropäischen Sozialstaaten meist als eine „unterentwickelte" Form der hoch entwickelten Sozialstaaten behandelt. Zwar hatte Gösta Esping-Andersen (1990) in seinen „Three Worlds of Welfare Capitalism" gezeigt, dass die Sozialstaaten einzelnen „Regimetypen" zugeordnet werden können, aber auch er sah zum

Beispiel den italienischen Sozialstaat als Teil eines konservativ- kontinental-europäischen Regimes an.[2]

Die internationale Kritik an Esping-Andersen, der sich in seiner Arbeit nur auf drei Regimetypen konzentrierte, beflügelte die Suche nach weiteren Sozialstaatsregimen. Dies hatte einen fruchtbaren Einfluss auf die südeuropäische Sozialstaatsforschung. Anfänglich von nicht-südeuropäischen Autoren begonnen, entwickelte sich unter südeuropäischen Forschern eine Diskussion über die signifikanten institutionellen und organisatorischen Merkmale der südeuropäischen Sozialstaaten. Leibfried (1992) war der erste Autor, welcher die südeuropäischen Länder als eigenständigen wohlfahrtsstaatlichen Cluster betrachtete, den er als „latin rim" bezeichnete. Kennzeichnend für diese „latin rim" Staaten war ihre wohlfahrtsstaatliche Residualität. Ohne eine gesetzliche Mindestsicherung waren sie nicht in der Lage die Armut in ihren Ländern erfolgreich zu bekämpfen. Daneben existierten in den südeuropäischen Staaten jedoch noch ältere traditionelle Formen von Wohlfahrt, vor allem der Kirche bzw. der Familie.

Maurizio Ferrera (1996) war der Erste, welcher die südeuropäischen Wohlfahrtsstaaten (Portugal, Spanien, Italien und Griechenland) explizit einem eigenständigen Regimetyp, mit spezifischen Merkmalen, zuordnete. Erstens spielen monetäre Transferleistungen darin eine große Rolle. Die beitragsfinanzierte Einkommenssicherung ist abhängig vom Erwerbsstatus und institutionell stark fragmentiert. Innerhalb eines „dualistischen" Schutzsystems sind die Arbeitnehmer mit einer stabilen Beschäftigungsbiografie durch großzügige Transferleistungen abgesichert, während andere Erwerbspersonen (Jugendliche, Frauen, Langzeitarbeitslose) nicht in den Genuss einer solchen Absicherung kommen. Es gibt bzw. gab bis vor kurzem keine nationale Mindestsicherung, zudem sind Leistungen für die Familie sehr unterentwickelt. Zweitens sind die südeuropäischen Gesundheitssysteme (fast) universalistisch. Der Zugang zu medizinischen Grundleistungen ist verbunden mit dem Bürgerstatus, nicht mit dem Erwerbsstatus. Doch gleichzeitig dominiert auf der Anbieterseite ein Mix aus öffentlichen und privaten Anbietern. Meist werden die Patienten jedoch mit Zuzah-

---

2 In einem späteren Werk revidierte Esping Andersen (1999) seinen früheren Ansatz. Hatte er sich in seiner älteren Regimetypologie noch auf die Beziehung zwischen Staat und (Arbeits-) Markt sowie auf die einkommenssichernden monetären Transferleistungen für den männlichen (Industrie-) Arbeiter konzentriert, so bezog er in seinem revidierten Ansatz nun auch die Rolle der Familie als wohlfahrtsproduzierende Institution sowie familienunterstützende Sozialleistungen und soziale Dienstleistungen mit ein. Während im alten Ansatz die Dekomodifikation und die Schichtung die zentralen Dimensionen waren, mit denen die drei Regime differenziert werden konnte, wurden diese nun um die (De-)Familisierung erweitert. Dennoch weigerte sich Esping-Andersen von seiner Dreiertypologie abzuweichen. Für ihn waren z.B. die Wohlfahrtsregime in Südeuropa, Südostasien oder in Australien weiterhin leicht abweichende Unterkategorien der drei bestehenden Wohlfahrtsregimetypen.

lungen belastet, sodass die wirkliche medizinische Versorgung nicht kostenlos ist. Schließlich wird die Effektivität der staatlichen Institutionen durch Klientelismus von Patronagemaschinen beeinträchtigt, da der Zugang zu sozialen Leistungen oft das Resultat von Verhandlungen zwischen politischen Parteien und sozialen Gruppen ist. Ferrera erklärt diese südeuropäischen Besonderheiten durch verschiedene Faktoren. Die verspätete Modernisierung drückte sich für ihn durch einen territorialen und sektoralen Dualismus, einen amoralischen Familismus, die starke Präsenz der katholischen Kirche und dem langen Ausschluss der politischen Linken von der Regierungsbeteiligung aus. Zudem sind nach Ferrera die südeuropäischen Sozialstaaten durch die Existenz von Klientelismus, der Rolle von Parteien als exklusive Aggregationsorgane sozialer Interessen und schließlich lange Zeit durch eine politische Polarisation zwischen Sozialisten und Kommunisten gekennzeichnet.

Eine Gruppe von mehrheitlich portugiesischen Autoren (Santos/ de Sousa 1994; Marinakou 1997) bezeichnete den südeuropäischen Sozialstaat als „semiperipheren Wohlfahrtsstaat", gekennzeichnet durch ein Nebeneinander eines schwach ausgebildeten Wohlfahrtsstaates und einer starken gesellschaftlichen Solidarität. Das Vorherrschen von informellen sozialen Netzwerken, die auf Familien- und Verwandtschaftsbeziehungen aufbauen, ist das Kernelement dieses Wohlfahrtsstaates, den die Autoren als „Wohlfahrtsgesellschaft" bezeichnen.

George Katrougalos gehört zu den wenigen südeuropäischen Autoren, welche die Idee eines selbstständigen südeuropäischen Wohlfahrtsregimes verwerfen. Zeitgleich mit dem Artikel von Ferrera, betrachtete er den griechischen Sozialstaat als unterentwickelte Version des korporatistischen, kontinentaleuropäischen Wohlfahrtsmodells (Katrougalos 1996). In einer späteren Arbeit dehnte er seine These über den griechischen Sozialstaat auf die anderen südeuropäischen Sozialstaaten aus. Zusammen mit Gabriella Laziridis sieht er in den unterentwickelten südeuropäischen Sozialstaaten eine „discount edition" des kontinentalen „staatskorporatistischen" Wohlfahrtsmodells von Esping-Andersen (Katrougalos/ Lazaridis 2003). Sie kritisieren damit die Vorstellung Ferreras von der Selbstständigkeit der südeuropäischen Sozialstaaten und warfen ihm vor, aufgrund eines „Italian bias" die Besonderheiten des italienischen Sozialstaates auf die anderen südeuropäischen Sozialstaaten projiziert zu haben. Einige von Ferreras Erklärungsmerkmale (Rolle der Katholischen Kirche, Klientelismus) seien nicht unbedingt in anderen südeuropäischen Ländern zu finden (Katrougalos/ Lazaridis 2003: 12).

Diese Überlegungen führten Katrougalos und Lazaridis dazu, den südeuropäischen Typus in zwei Cluster zu unterteilen. Zum einen in Portugal und Spanien, wo die Sozialausgaben nicht nur für die Finanzierung der Renten verwendet werden und der Klientelismus einen geringen Einfluss auf sozialpolitische Entscheidungen hat. Zum anderen Italien und Griechenland, wo Sozialausgaben mehrheitlich für die Finanzierung der Renten ausgegeben werden und klientelistische Strukturen einen großen Einfluss auf wohlfahrtsstaatliche Entscheidungen haben.

Eine ähnliche Kritik an Ferrera übten auch Guillen und Alvarez (2001) aus. Für sie sind die südeuropäischen Wohlfahrtsstaaten kein eigenständiges Regime, da signifikante Merkmale (Klientelismus und Familismus) keine Grundprinzipien von Sozialstaatsregime darstellen. Der Familismus ist lediglich ein Instrument, um die Lücken des südeuropäischen Sozialstaates zu füllen, aber kein Grundprinzip wie zum Beispiel das *breadwinner model* im korporatistischen kontinentaleuropäischen Modell (Guillen/ Alvarez 2001: 107 ff.). Beide Autoren sprachen deshalb von einer südeuropäischen Familie von Wohlfahrtsstaaten, die durch einen Mix aus beitragsfinanzierter Einkommenssicherung und steuerfinanziertem Gesundheitswesen gekennzeichnet sind (Guillen/ Alvarez 2001: 106).

Angeregt von der Arbeit Ferreras erschien ab Mitte der 1990er Jahre eine Reihe von wissenschaftlichen Abhandlungen, meist in der Zeitschrift *South European Societies & Politics* und im vierten Band des *MIRE* (1997), welche den südeuropäischen Sozialstaat zum Schwerpunkt hatten. Zum einen konzentrierte sich die Forschung auf die Institutionalisierung des Sozialstaates einzelner südeuropäischer Länder (Petmesidou 1991; Guillen 1992; Liakos 1997; Valiente 1997). Zum anderen verstärkte sich die Erforschung einzelner wohlfahrtsstaatliche Funktionsfelder wie Arbeitslosigkeit (Torns 1998; Jurardo 1995; Bermeo 2000), Gesundheit (Granaglia 1996; Rico 1996; Verniris 1997; Guillen 2002), Sozialhilfe und Mindestsicherung (Farigon 1996; Gough 1996; Gough et al 1997; Laparra/ Aguillar 1996; Matsaganis 2000). Einen besonderen Schwerpunkt bildete die Analyse der Interaktion zwischen den Familienhaushalten und -netzwerken und der rudimentär entwickelten Familienpolitik des südeuropäischen Wohlfahrtsstaates (Guerro/ Naldini 1996; Cousins 2000; Flaquer 2000; Naldini 2003; Tobio/ Trifletti 2003). In den letzten Jahren ist als weiterer Forschungsgegenstand die Reform des Sozialversicherungssystems in den so genannten „soft states" entstanden (Ferrera 1998; Matsaganis 2002).

Der Beitrag der türkischen Sozialstaats- bzw. Wohlfahrtsregimeforschung für die internationale vergleichende Forschung hielt sich bis zum heutigen Tage in Grenzen. Zugleich wurde die südeuropäische Sozialstaatsforschung von der türkischen Forschung kaum wahrgenommen. Generell stieß der „türkische Sozialstaat" bei den meisten türkischen Sozialwissenschaftlern auf kein sehr großes Interesse.

Einige wenige Untersuchungen aus den 60ern und 70ern setzten sich mit dem Sozialstaat auseinander, so die Arbeiten von Ayferi (1976) oder Yazgan

(1977). Angelehnt an den klassischen Modernisierungstheorien lag der Fokus dieser Arbeiten auf dem Einfluss des Sozialstaates auf die gesellschaftliche Modernisierung. Doch diese Untersuchungen wurden nicht weiter geführt. Der Großteil der Untersuchungen zum türkischen Sozialstaat kam meist aus der Volkswirtschaftslehre und aus den Rechtswissenschaften. Ökonomen wie Talas (1972) oder Dilik (1971) untersuchten den türkischen Sozialstaat unter ökonomischen Fragestellungen. Doch stärker als diese ökonomische Schule der Sozialstaatsforschung dominierte die sozialrechtliche Forschung. Zum einen sind hier die juristischen Lehrbücher im Bereich des Sozial- und Arbeitsrechts zu nennen, zum Beispiel Sözer (1994), Şakar (2004) oder Güzel und Okur (2005), zum anderen existiert eine Fülle von Arbeiten, welche den Sozialstaat aus einer sozialversicherungstechnischen Perspektive betrachten, z. B. die Arbeiten von Sözer (1991), Centel (1994), Alper (1997) oder Arıcı (1999). Andere Forscher betrachteten den türkischen Sozialstaat vor allem als Institution, im Kontext von Sozialpolitik und industriellen Beziehung. Eine Vertreterin dieser Perspektive ist *Meryem Koray* (2000, 2005), die den türkischen Sozialstaat als „patriarchalischen Sozialstaat" bezeichnete, aufgrund der geringen Vertretung der Sozialpartner und der Dominanz staatlicher Entscheidungsträger in den sozialpolitischen Institutionen. Diese Arbeiten blieben meist im türkischen Kontext verhaftet. Beiträge aus einer vergleichenden, vor allem südeuropäischen Perspektive fehlen. Eine Ausnahme stellt die vergleichende sozialrechtliche Untersuchung von Sözer (1997) über Deutschland, England, die Niederlande und die Türkei dar. Erst *Ayşe Buğra* und ihr Kollege *Çağlar Keyder* von der *Boğaziçi Üniversitesi* in Istanbul versuchten die türkische Sozialstaatsforschung in einen breiteren Kontext zu stellen. Aus der türkischen Armutsforschung kommend, bezeichnete Buğra (2001) den türkischen Sozialstaat als „traditionelles Wohlfahrtsregime" (*geleneksel Refah Rejimi*), das sich ähnlich wie die südeuropäischen Sozialstaaten durch einen starken Familismus auszeichnet, in welchem die Familie und familienähnliche Institutionen (Dorfgemeinschaften, informelle Nachbarschaftsgruppen) die wichtigste Rolle bei der Produktion von Wohlfahrt spielen. Bugra und Keyder verwiesen aber auch auf die zentrale Rolle des *traditionellen türkischen Wohlfahrtsregimes* bei der Integration von Binnenmigranten vom Land in neue urbanen Umgebungen, z. B. in dem der Familienverband, als wohlfahrtsproduzierende Institution, den Neuankömmlingen bei der Wohnungs- und Arbeitssuche hilft (Buğra/ Keyder 2003; Keyder 2005). Beide Autoren betrachteten als Erste das türkische Wohlfahrtsregime in einem südeuropäischen Kontext (Buğra/ Keyder 2006a) und brachten zudem einen Sammelband von Übersetzungen bedeutender Fachartikel der südeuropäischen Wohlfahrtsforschung heraus (Buğra und Keyder 2006b).

Einen ähnlichen Ansatz wie Bugra und Keyder verfolgt auch der Aufsatz von *Tülay Arın* (2004). Sie verweist auf den Gegensatz zwischen dem türkischen Sozialstaat, welcher ihrer Meinung nach auf den Vorbedingungen des westlichen Sozialstaates basiert, und den gesellschaftlichen bzw. sozialen Strukturen. Diese Überlegung dient ihr als Einwand gegen die Reformversuche der türkischen Regierungen, die ihrer Meinung nach einen *retrenchment* des türkischen Sozialstaates zum Ziel haben. Ihrer Meinung nach laufen aber diese Reformen den sozialen und strukturellen Gegebenheiten und den Bedürfnissen der Türkei zuwider.

Insgesamt gesehen fehlt es, trotz einiger Versuche, den türkischen Sozialstaat in die südeuropäische Diskussion einzubinden, an wissenschaftlichen Beiträgen, welche die signifikanten Merkmale und Grundprinzipien des türkischen Wohlfahrtsregimes mit anderen Wohlfahrtsregimen vertiefend vergleichen.

Inhaltlicher Aufbau der Arbeit

Ziel dieser Dissertation ist es, den türkischen Sozialstaat bzw. das türkische Wohlfahrtsregime mithilfe verschiedener historisch-makrosoziologischer Vergleiche zu untersuchen. Dabei stützt sich die Auswahl der Vergleichländer auf ein *Most Similar Systems Design,* d.h. die Türkei wird mit ähnlich gelagerten Fällen miteinander verglichen[3.] Zum einen durch einen Vergleich mit dem Deutschen Kaiserreich und der Dritten Französischen Republik, um die beiden historischen Grundmerkmale der türkischen Entwicklung (staatszentrierte Modernisierung, rigider Laizismus) herauszuarbeiten; zum anderen durch einen Vergleich mit den südeuropäischen Ländern, um Gemeinsamkeiten und Unterschiede in der Entwicklung seit dem Zweiten Weltkrieg in politischer (Demokratisierungsprozess), sozialstruktureller (Arbeits- und Haushaltsstrukturen) und wohlfahrtsstaatlicher (Segmentierung des Sozialschutzsystems, sozialpolitische Behandlung der Familie und Reform des Sozialschutzsystems) Hinsicht zu analysieren. Dabei wird immer gefragt, inwieweit die Türkei einem südeuropäischen Sozialstaat bzw. Wohlfahrtsregime zuzurechnen ist.

Die Dissertation gliedert sich inhaltlich in drei Hauptteile. Im ersten Hauptteil werden frühe historische Voraussetzungen für den späteren türkischen

---

3   In einem *Most Similar Systems Design* (MSSD) wird davon ausgegangen, dass theoretisch signifikante intersystematische Variationen in ähnlich gelagerten Systemen gefunden werden und als Erklärungsvariablen dienen können. Somit werden in einem quasi experimentellen Design gemeinsame Merkmale, wie z. B. die ähnlich gelagerten sozialstrukturellen Merkmale zwischen der Türkei, Spanien und Griechenland (s. o.), als mögliche Erklärungsvariablen Schritt für Schritt ausgeschlossen. Für eine Einführung in das *Most Similar Systems Design* vgl. Przeworski & Teuner (1970).

Sozialstaat untersucht. Staatszentrierte Modernisierung und rigider Laizismus stellen zwei originäre Merkmale der historischen Entwicklung der Türkei dar, welche in dieser Kombination in keiner europäischen Nation zu finden sind. Um die Besonderheit dieser beiden historischen Merkmale besser zu verstehen, wird die staatszentrierte Modernisierung durch einen Vergleich mit dem Deutschen Kaiserreich und der Laizismus durch einen Vergleich mit der Dritten Französischen Republik untersucht, in denen jeweils eines der beiden Merkmale eine wichtige Rolle spielte.

Der zweite Hauptteil konzentriert sich auf eine Analyse des türkischen Sozialstaates. Zuerst wird die Entstehung und Entwicklung des türkischen Sozialstaates beschrieben. Dem folgt eine institutionelle Beschreibung der einzelnen sozialstaatlichen Institutionen. Schließlich werden die Probleme des türkischen Sozialstaates sowie die Reformversuche der türkischen Regierungen seit den 1990ern dargestellt. Es wird davon ausgegangen, dass die Institutionalisierung des heutigen türkischen Sozialstaates innerhalb eines spezifischen Entwicklungsrahmens verlief, der durch die beiden historischen Merkmale geprägt war. Die staatszentrierte Modernisierung beeinflusste die Institutionalisierung des türkischen Sozialstaates als Produkt einer türkischen Staatselite. Der rigide Laizismus schloss religiöse Akteure sowie deren sozialpolitische Vorstellungen von der türkischen Sozialpolitik aus.

Im dritten Teil der Arbeit wird das türkische Wohlfahrtsregime mit dem in Spanien und Griechenland verglichen, die hier für „Südeuropa" stehen. Nach Katrougalos und Lazaridis (2003) repräsentieren Spanien (geringe sozialrechtliche Segmentierung, geringer Einfluss von Klientelismus auf Sozialpolitik) und Griechenland (starke sozialrechtliche Segmentierung, starker Einfluss von Klientelismus auf Sozialpolitik) zwei verschiedene Cluster innerhalb eines allgemeineren südeuropäischen Regimetypus.

Die Türkei wird mit Spanien und Griechenland in dreifacher Weise verglichen. Zuerst hinsichtlich der institutionellen und sozialrechtlichen Segmentierung des Sozialschutzsystems. Dabei wird davon ausgegangen, dass diese Segmentierung von den Arbeitsmarktstrukturen als auch von dem Demokratisierungsprozess der drei Länder beeinflusst wurde. Ähnlich wie der Arbeitsmarkt eine Reihe von „Insidern" und „Outsidern" produziert, segmentiert das Sozialversicherungssystem die Bevölkerung in sozialrechtliche „Insider" und „Outsider". Doch innerhalb der sozialrechtlich geschützten Erwerbstetigen gibt es institutionelle Segmentierungen nach Berufen, mit unterschiedlichen Leistungen, Leistungsvoraussetzungen und Beitragshöhen. Die Variation dieser institutionellen Segmentierung soll durch den unterschiedlichen Verlauf der Demokratisierung in den drei Ländern erklärt werden.

Der zweite Vergleich bezieht sich auf die sozialpolitische Behandlung der Familienhaushalte sowie deren spezifische Interaktion mit den Arbeitsmärkten. Dabei werden zunächst die Haushalts- und Familienstrukturen miteinander verglichen. Dem folgt eine Analyse der Rolle der Familie und Familiensolidarität als Schutzschild gegen negative Folgekosten des Arbeitsmarktes. Abschließend wird die sozialpolitische Behandlung der Familienhaushalte durch das Sozialschutzsystem sowie die Arbeitsteilung zwischen Haushalten und Sozialstaat dargestellt.

Der dritte Vergleich gibt eine Gegenüberstellung der Probleme des Sozialschutzsystems sowie der Sozialschutzreformen in der Türkei, Spanien und Griechenland. Dabei stehen das Problem der langfristigen Finanzierung des Sozialschutzsystems sowie die Rolle der Sozialpartner beim Reformprozess im Vordergrund. Es wird vermutet, dass die Finanzierungsprobleme wesentlich von den Arbeitsmarktstrukturen beeinflusst werden. Die Rolle der Gewerkschaften bei den sozialstaatlichen Reformen wird wiederum von der Ausprägung des Demokratisierungsprozesses in diesen Ländern beeinflusst.

Im Schlusskapitel wird schließlich die Frage zu beantworten versucht, ob und inwieweit der türkische Sozialstaat bzw. das türkische Sozialstaatsregime zum südeuropäischen Typus gehören.

Übersicht 2: **Mögliche Beziehung zwischen unabhängigen und abhängigen Variablen**

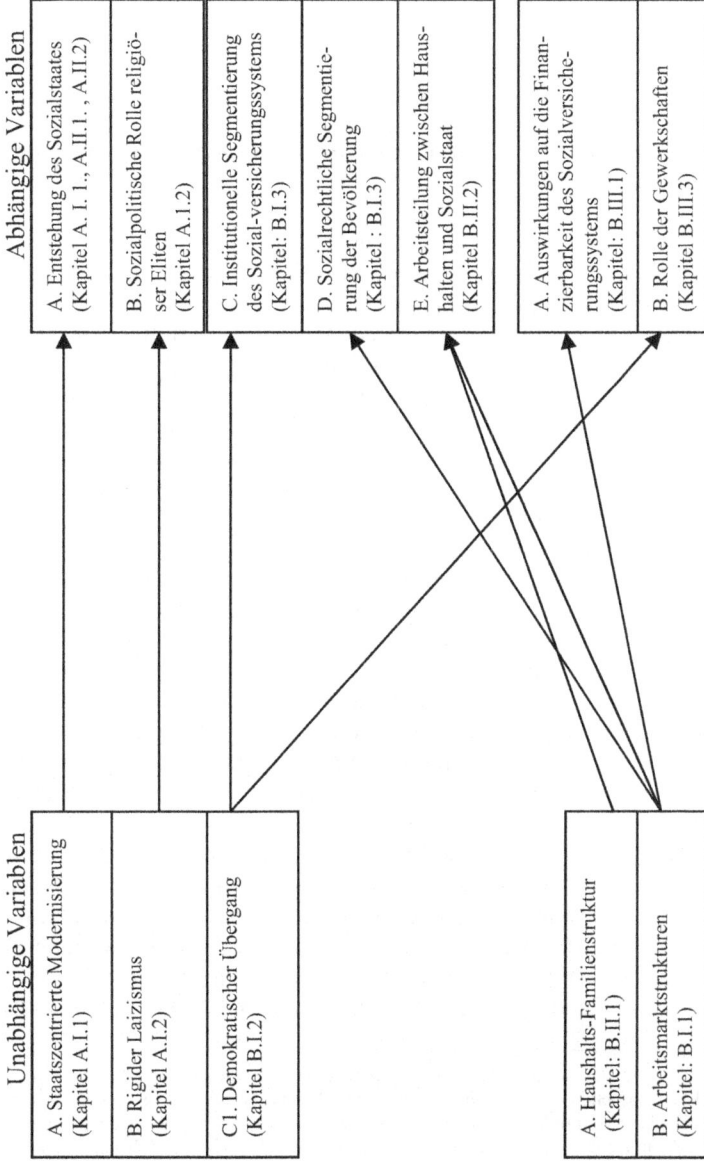

Unabhängige Variablen

Abhängige Variablen

A. Staatszentrierte Modernisierung
(Kapitel A.I.1)

B. Rigider Laizismus
(Kapitel A.I.2)

C1. Demokratischer Übergang
(Kapitel B.I.2)

A. Haushalts-Familienstruktur
(Kapitel: B.II.1)

B. Arbeitsmarktstrukturen
(Kapitel: B.I.1)

A. Entstehung des Sozialstaates
(Kapitel A. I. 1., A.II.1. , A.II.2)

B. Sozialpolitische Rolle religiöser Eliten
(Kapitel A.1.2)

C. Institutionelle Segmentierung
des Sozial-versicherungssystems
(Kapitel: B.I.3)

D. Sozialrechtliche Segmentierung der Bevölkerung
(Kapitel : B.I.3)

E. Arbeitsteilung zwischen Haushalten und Sozialstaat
(Kapitel B.II.2)

A. Auswirkungen auf die Finanzierbarkeit des Sozialversicherungssystems
(Kapitel: B.III.1)

B. Rolle der Gewerkschaften
(Kapitel B.III.3)

2 Zur Entwicklung des türkischen Sozialstaates

2.1 Staatszentriertheit und Laizismus: Historische Ursprünge der Türkei im Vergleich

Die europäischen Gesellschaften wurden vor mehr als zweihundert Jahren von tief greifenden Veränderungen erfasst. Die Industrielle Revolution in England führte neue Arbeitsformen ein, welche das Leben des Einzelnen prägten. Die politischen Folgen der Französischen Revolution beeinflussten und veränderten die politischen Institutionen der meisten Länder. Die in den meisten europäischen Staaten bisher absolute Herrschaft des Fürsten wurde durch parlamentarische Repräsentation und demokratischer Wahlen der Kontrolle des „Volkes" unterworfen. Nicht mehr der Fürst war der einzige Souverän der politischen Macht, sondern das Volk. Es schickte seine politischen Vertreter in die Parlamente, welche den Fürsten „kontrollierten" und sich am Gesetzgebungsprozess beteiligten. Gleichzeitig ging aus dieser Transformation der Nationalstaat hervor, der mit neuer Legitimität ausgestattet wurde. Der Staat begann in immer weitere gesellschaftliche Bereiche einzudringen. Er übernahm Aufgaben und Funktionen, die mit den traditionellen Aufgabenbereichen der Familie und anderer intermediärer Institutionen, z. B. den Zünften oder Kirchen, konkurrierten. Die Säkularisierung als weiteres Merkmal dieser globalen gesellschaftlichen Transformation hinterfragte und veränderte die jahrhundertealte Beziehung zwischen Staat und Religion. Eine religiöse Ordnung und Definition des Lebens wurde durch ein weltlich- positivistisches Weltbild ersetzt. Der gesellschaftliche Einfluss der Kirche wurde eingeschränkt.

Doch ein Vergleich der europäischen Staaten zeigt, dass sie nicht einem einzelnen Entwicklungspfad folgten. Vielmehr bildeten sich verschiedene Entwicklungspfade aus, mit unterschiedlichen Formen der Modernisierung und Säkularisierung. Im Vergleich dazu war der türkische Entwicklungspfad durch zwei eigene historische Erfahrungen gekennzeichnet: durch eine autoritäre, staatszentrierte und defensive Modernisierung und einen rigiden Laizismus.[4]

---

4 Aufgrund des wohlfahrtsstaatlichen Schwerpunktes dieser Dissertation kann die in diesem Kapitel angesprochene osmanische und türkische Modernisierung sowie der rigide türkische Laizismus nicht näher besprochen werden. Deshalb wird an dieser Stelle auf weitere Literatur verwiesen. Diese stellt nur eine Auswahl dar und erhebt keinen Anspruch auf Vollständigkeit. Für eine allge-

Dieses Kapitel verfolgt das Ziel, den Einfluss dieses türkischen Entwicklungspfades auf die spätere türkische Sozialstaatsbildung zu untersuchen. Diese beiden historischen Merkmale gingen der Einführung des türkischen Sozialversicherungssystems 1946 voraus und werden ähnlichen Erfahrungen in anderen Ländern gegenübergestellt.

Zwei Vergleiche bilden den Schwerpunkt dieses Kapitels. Zuerst wird die staatszentrierte defensive Modernisierung in der kemalistischen Türkei (1923 - 1950) mit der staatszentrierten defensiven Modernisierung im Deutschen Kaiserreich (1871 -1919) gegenübergestellt. In beiden Ländern wurde die gesellschaftliche, wirtschaftliche und politische Modernisierung sehr stark vom Staat getragen. Es waren die Beamten des Staatsapparates, welche sich mit den strukturellen Problemen ihrer Länder auseinandersetzten, mögliche Lösungsvorschläge formulierten und diese auch umsetzten. Die Initiative für die Modernisierung ging nicht vom Bürgertum oder einer anderen nicht-staatlichen Gruppe aus. Die Modernisierung war staatszentriert. Dabei sollte die eigene Rückständigkeit durch die Übernahme von Institutionen (z. B. Rechtssystem, Bildungssystem, Militärwesen, usw.) „moderner" Staaten überwunden werden. In diesem Sinne war die Modernisierung nicht nur staatszentriert, sondern auch defensiv.

Trotz dieser Gemeinsamkeiten unterschieden sich jedoch die Modernisierungsanstrengungen beider Länder. Zwei Merkmale sind hier zu nennen. Erstens die Fähigkeit nicht-staatlicher Bevölkerungsgruppen, sich an dem Modernisierungsprozess zu beteiligen, was sich u. a. an der Bedeutung der Parlamente in diesen beiden autoritären Staaten zeigen lässt. Zweitens unterschied sich die Modernisierung beider Länder in ihrer Radikalität. So kann eine gesellschaftliche Modernisierung darauf zielen, die komplette Gesellschaft zu transformieren oder einige strukturelle Missstände in Gesellschaft, Wirtschaft oder Politik zu beheben.

---

meine Darstellung des Osmanischen Reiches vgl. Shaw & Shaw (1977); Itzkowitz (1980); Faroqhi (2000); Kreiser (2001) und für die der heutigen Türkei, vgl. Lewis (1961); Pope & Pope (1998); Zürcher (1998); Ahmad (2002); Kreiser & Neumann (2003). Für eine Darstellung der osmanischen Modernisierung und seiner Ideengeschichte vgl. Mardin (1962); Davidson (1963); Inalcik (1964); Gökalp (1968); Ahmad (1972); Karpat (1972); Ortayli (1993); Hanioglu (1995); Hanioglu (2001); Inalcik (2003). Für eine Darstellung und Bewertung der kemalistischen Modernisierung vgl. Heyd (1950); Tunaya (1960); Tunaya (1961); Landau (1984); Parla (1985); Göle (1998a); Göle (1998b); Zürcher (1998); Heper (2000); Göle (2002). Für eine Beschreibung des türkischen „Demokratischen Übergangs" und die Rolle des Militärs, vgl. Karpat (1959); Özbudun (1966); Karpat (1970); Ahmad (1977); Weiker (1980); Karpat (1981). Für den türkischen Laizismus, vgl. Toprak (1981); Mardin (1983); Berkez (1984); Sarıbay (1985); Toprak (1989); Mardin (1991); Narlı (1991); Tapper (1991); Narlı (1994); Türköne (1994); Göle (1996); Yücekök (1997); Shankland (1999) Çarkoğlu & Toprak (2000); Göle (2000); Göle & Cayır (2000); Sarıbay (2001); Karpat (2001); Gülalp (2003); Göle (2004); Dağı (2005).

Im zweiten Vergleich wird der rigide Laizismus der kemalistischen Türkei (1923 - 1950) dem der Dritten Französischen Republik (1871 - 1945) gegenübergestellt. Mit ihr teilte die kemalistische Türkei zwar den rigiden Laizismus, nicht aber die defensive staatszentrierte Modernisierung. Die Einführung des Laizismus in beiden Ländern hatte eine Reihe von Auswirkungen auf die weitere Entwicklung in diesen Ländern. So verloren die alten religiösen Eliten ihren traditionellen Einfluss auf die Politik und die Gesellschaft, wie z. B. die Bildung. Sie waren gezwungen neue Wege zu finden, mit denen sie ihre gesellschaftlichen und politischen Vorstellungen in den Prozess der politischen Willensbildung einbringen konnten. In diesem Prozess unterscheidet sich die Türkei jedoch von Frankreich, und zwar in drei Punkten. Erstens in der Institutionalisierung des Laizismus selbst, denn in beiden Ländern wurde die Trennung von Staat und Kirche bzw. Religion unterschiedlich geregelt. Zweitens haben die religiösen Eliten in beiden Ländern unterschiedliche parteipolitische Strategien entwickelt, um ihre gesellschaftlichen Vorstellungen in den politischen Willensbildungsprozess einzubringen, entweder durch eine Allianz mit einer konservativen Partei, oder durch die Gründung einer klerikalen Partei. Drittens war die Fähigkeit der religiösen Eliten eine eigene Soziallehre zu artikulieren in beiden Fällen sehr unterschiedlich.

Die staatszentrierte Modernisierung und der rigide Laizismus in der Türkei haben die Institutionalisierung des türkischen Sozialstaates stark beeinflusst. Aufgrund der staatszentrierten Modernisierung war der Sozialstaat immer Produkt bzw. Projekt des Beamtenapparates. Der Grad, in dem es den Adressaten dieser Sozialreformen (Arbeiter, Angestellte, Unternehmer) überhaupt gelang, ihre Interessen und Vorstellungen in den Prozess der Sozialstaatsbildung einzubringen, ging wesentlich von der Beziehung zwischen (autoritärem) Staat und (schwachem) Parlament aus. Zugleich war der Sozialstaat ein Instrument der Modernisierung und musste daher mit den Zielen der Modernisierung kompatibel sein.

Die Relevanz des (rigiden) Laizismus für den Sozialstaat ergibt sich aus der Rolle religiöser Akteure bei der Gestaltung der Sozialpolitik. Ein rigider Laizismus verhindert eine sozialpolitische Tätigkeit der religiösen Akteure. Dem können die religiösen Eliten durch eine religiöse Soziallehre und eine eigene politische Partei entgegenwirken. Sie können dann eine wichtige Rolle bei der Ausgestaltung der Sozial- und Wohlfahrtspolitik spielen und auch im Pflegebereich karitative Aufgaben übernehmen, sonst wird ihr sozialpolitischer Einfluss gering bleiben.

2.1.1 Staatszentrierte Modernisierung: Die kemalistische Türkei (1923 -1950) im Vergleich mit dem Deutschen Kaiserreich (1871- 1918)

Die Modernisierung in der kemalistischen Türkei als auch im Deutschen Kaiserreich war staatszentriert und defensiv. Sie war defensiv in dem Sinne, dass die von den nationalen Eliten wahrgenommene wirtschaftliche, politische und militärische Rückständigkeit gegenüber anderen Gesellschaften durch eine forcierte Modernisierungsanstrengung überwunden werden sollte. Es war meist der Staat und dessen bürokratische Elite, welche diese notwendigen Reformen einleiteten und nicht das Bürgertum. Von den Parlamenten gingen kaum Impulse für die Reformen hervor. Ihr Einfluss auf die inhaltliche Gestaltung der Reformen blieb beschränkt. Trotz gewisser Gemeinsamkeiten unterschieden sich beide Gesellschaften jedoch voneinander. Zum einen wiesen sie unterschiedliche staatliche Strukturen auf, vor allem in der Beziehung zwischen autoritärer Staatsmacht und Parlament. Die Parlamente hatten unterschiedliche Befugnisse und Kompetenzen und damit variierte auch die Fähigkeit der nicht-staatlichen Eliten, sich am Modernisierungsprozess zu beteiligen. Zum anderen unterschied sich die defensive Modernisierung in beiden Gesellschaften in ihren Zielen und Inhalten. Zwar verfolgten die Beamten des Deutschen Kaiserreiches und der kemalistischen Türkei das Ziel, die „Rückständigkeit" ihrer Nationen zu beenden, aber sie unterschieden sich in ihren gesellschaftlichen Leitbildern.

Sowohl die kemalistische Türkei als auch das Deutsche Kaiserreich waren autoritäre Staaten, in denen ein starker Staat einem schwachen Parlament gegenüberstand. Im Deutschen Kaiserreich, einem konstitutionell-dualistischen Staat, lag die Macht beim Kaiser. Er konnte den Reichskanzler und die Reichsbeamten ernennen und entlassen. Somit war die Exekutive des Reiches nur dem Kaiser gegenüber verantwortlich. Dabei stützten sich Kaiser und Regierung auf ein unabhängiges Beamtenkorps. Unabhängigkeit bedeutete, dass die Beamten zum einen selbst keine Vertreter von Partikularinteressen waren und zum anderen vor der Willkür ihres Dienstherrn durch ein kodifiziertes Beamtenrecht geschützt wurden.

Aber zugleich herrschte im Deutschen Kaiserreich ein Föderalismus, allerdings mit einer preußischen Dominanz, dessen Gewicht sich in der Bedeutung des Reichrates der Länder zeigte, der im Vergleich zum Reichstag hatte dieser mehr Entscheidungskompetenzen hatte. Die Vertreter des Bundesrates bestanden aus den Bevollmächtigten der meist konservativen Regierungen der Länder. Im Gegensatz zum allgemeinen Männerwahlrecht des Reichstags wurden nämlich die Länderparlamente durch ein Zensuswahlrecht gewählt, was die Dominanz konservativer Mehrheiten und Regierungen ermöglichte (Frotscher/ Pieroth 2005).

Dieser Trias aus starkem Kaiser, unabhängiger Bürokratie und Föderalismus mit preußischer Dominanz stand ein schwacher Reichstag gegenüber. Die Abgeordneten im Reichstag wurden zwar aufgrund eines allgemeinen Männerwahlrechts gewählt, verabschiedeten zusammen mit dem Bundesrat die Reichsgesetze, welche im Zuständigkeitsbereich des Reiches lagen. Doch im Gegensatz zu parlamentarischen Systemen, wie z. B. in England oder Frankreich, fehlten dem Reichstag wichtige parlamentarische Funktionen. So musste der Reichskanzler sich für seine Politik gegenüber dem Reichstag nicht verantworten. Dem Reichstag war über die Verwendung aller Einnahmen des Reichs jährlich Rechnung zu tragen und nur über dieses Budgetrecht konnte er versuchen, einen begrenzten Einfluss auszuüben (Frotscher/ Pieroth 2005). Dennoch war der Reichtag keine vollkommen machtlose Institution. Meist waren die Reichskanzler gezwungen, im Reichstag mit wechselnden Mehrheiten zu „regieren". Für die Verabschiedung eines Bundesgesetzes musste der Reichskanzler oft Zugeständnisse machen, was einigen politischen Gruppen (Konservative, Nationalliberale, „Christdemokraten") Einflussmöglichkeiten gab. Deutlich wird dies bei der Sozialgesetzgebung unter Bismarck. Bismarck konnte seine ursprünglichen Vorstellungen nicht durchsetzen und musste seinen national-liberalen „Koalitionspartnern" im Reichstag eine Reihe von Zugeständnissen machen (Lambert/ Altheimer 2001: 43ff.).

Dieses asymmetrische Verhältnis zwischen starkem politischen Zentrum und schwachem Parlament lässt sich durch die Staatsentwicklung des Deutschen Reiches und der früheren deutschen Staaten erklären. Unter Napoleon wurden in Folge der Mediatisierung und der Säkularisierung zahlreiche geistliche und weltliche Fürstentümer zerschlagen. Zugleich waren die deutschen Staaten nach der Niederlage gegen Napoleon bemüht, ihre Verwaltungsstrukturen zu reformieren, so durch die preußischen Reformen von Hardenberg und Stein 1808. Die napoleonische Herrschaft und die spätere Restauration führten in den deutschen Staaten zu einer Stärkung des politischen Zentrums und zur Entwicklung einer unabhängigen und effizienten Verwaltung.

Mit den meisten westeuropäischen Nationen teilten das Deutsche Kaiserreich und die früheren deutschen Staaten eine Tradition ständischer Interessenvertretung, aus der sich später moderne repräsentative Institutionen entwickelten. Doch im Gegensatz zu den anderen westeuropäischen parlamentarischen Staaten hatte im Deutschen Kaiserreich keine erfolgreiche bürgerliche Revolution stattgefunden. Anders als in Frankreich oder England hatte das Bürgertum keine Zugeständnisse von den Herrschern, in Form der Regierungsbildung und -kontrolle durch das Parlament, abringen können. Die „Bürgerliche Revolution" von 1848 war in den deutschen Staaten gescheitert. Die den Parlamenten zugestandenen Rechte waren meist nur „freiwillige" Zugeständnisse der Herrscher an das Bürgertum, um die inneren Verhältnisse zu konsolidieren. Die spätere Gründung des Deutschen Kaiserreiches 1871 erfolgte durch die einzelnen Länder unter preußischer Führung, nicht durch das Volk selbst. Dies führte dazu, dass die eigentliche Macht im Reich bei Kaiser, Reichsregierung und den Ländern blieb und dem Bürgertum bzw. der Bevölkerung nur eine beschränkte Einflussnahme auf die Politik, in Form des Reichstages, zugebilligt wurde.

Ähnlich wie das Deutsche Kaiserreich war auch die Türkei unter kemalistischer Herrschaft (1923 - 1950) ein autoritärer Staat. Doch während das Deutsche Kaiserreich im Reichtag eine Opposition (Sozialdemokraten, Katholiken, Liberale) zuließ, fehlte diese in der kemalistischen Türkei. Auf dem Papier hatte die *Große Türkische Nationalversammlung (Türkiye Büyük Millet Meclisi, TBMM)* alle klassischen parlamentarischen Funktionen westlicher Staaten. Aus der Mitte des *TBMM* wurde die Regierung gewählt und das Parlament hatte die Aufgabe die Regierung zu kontrollieren und sie gegebenenfalls abzuwählen. Doch in Wirklichkeit war die kemalistische Türkei ein Einparteienstaat. Alle Abgeordneten des Parlamentes, alle Beamten sowie alle Offiziere waren Mitglieder der *Republikanischen Volkspartei (Cumhuriyet Halk Partisi, CHP)*, der Staatspartei des kemalistischen Regimes. Die eigentliche Macht lag beim Staatspräsidenten, welcher die politischen Ziele und Inhalte bestimmte. Ähnlich wie im Deutschen Kaiserreich stand ihm ein unabhängiges Beamtenkorps zur Seite, welches die Gesetze formulierte. Die einzige Aufgabe des Parlamentes bestand darin, den von der Regierung vorher beschlossenen Gesetzesvorschlägen zuzustimmen. Die Möglichkeit einer Opposition oder die Artikulation von Partikularinteressen war im Rahmen dieses Systems nicht vorgesehen und wurde mit äußerster Brutalität unterdrückt. Als Avantgarde der kemalistischen Modernisierung besaß alleine die *Republikanische Volkspartei* das Monopol, die Interessen der Gesellschaft zu artikulieren und zu repräsentieren. Das Herrschaftsmonopol einer einzigen, disziplinierten politischen Staatspartei und die Rolle des autoritären Staatspräsidenten (Atatürk 1923 - 1937, Inönü 1937 -1950), führte in der Rechtsrealität dazu, dass nicht das Parlament die Regierung kontrollierte, sondern dieses von der Regierung kontrolliert wurde (Tanör 1996: S. 243).

Auch wenn in der kemalistischen Geschichtsschreibung die Gründung der Türkischen Republik 1923 als Zäsur zum Osmanischen Reich dargestellt wurde, so hatte sie vom Reich ein bestimmtes autoritäres Staatsverständnis geerbt und sich in ihren autoritär staatlichen Strukturen institutionalisiert. Beim Osmanischen Reich handelte es sich um einen omnipotenten Staat, dessen Herrschaft keine andere gesellschaftliche Macht gegenüberstand. Im Rahmen eines spezifisch osmanisch-türkischen Staatsverständnisses definierten nicht die einzelnen Glieder der Gesellschaft das Wohl und die Interessen der Gesellschaft, sondern der Staat selbst. Dieser war es auch, welcher diese Interessen in Gesetzen ausformulierte und umsetzte. Deshalb war die Existenz eines starken Staates, der frei von Partikularinteressen blieb, essenziell für die Existenz der Gesellschaft. Die Artikulation von Partikularinteressen wurde vom Staat als eine Gefahr für die gesellschaftliche Harmonie, als Auslöser für Anarchie betrachtet. Aus diesem Grund haben sich im Osmanischen Reich niemals vom Staat unabhängige Machtzentren entwickeln können. Im Unterschied zu den westlichen Gesellschaften kannte das Osmanische Reich keinen Feudalismus und auch kein (Handels-) Bürgertum. Deshalb war dem Osmanischen Reich und der späteren kemalistischen Türkei eine Tradition ständischer Interessenvertretung fremd. Es fehlte eine Tradition und Erfahrung, Partikularinteressen einzelner sozialer Gruppen gegenüber dem Herrscher zu artikulieren und durchzusetzen.

Neben diesem autoritären Staatsverständnis der Osmanen hatten die Kemalisten auch die Person eines mächtigen Staatsoberhauptes und einer ihm treu ergebenen Beamtenschaft übernommen. Nach der so genannten *Nizam al Mülk* Idee bestand die Gesellschaft aus verschiedenen Gruppen, welche alle ihre eigenen Interessen hatten. Um zu vermeiden, dass diese verschiedenen Gruppen miteinander in Konflikt gerieten und es so zur Anarchie kam, bedurfte es einer regulativen Macht. Die soziale Ordnung in einer Gesellschaft konnte nur dadurch gewahrt werden, dass der Herrscher die Macht hatte, jedem Individuum seinen rechtmäßigen Platz in der Gesellschaft „zuzuweisen". Nur so konnte die Harmonie zwischen den unterschiedlichen Schichten der Gesellschaft gewährleistet werden. Der Sultan als Stütze der Ordnung, der frei von externen Einflüssen war, sorgte so für Gerechtigkeit und Harmonie in der Gesellschaft (Inalcık 1964: 42). Als Orientierungspunkt für die Herrschaft des Sultans (*örf- i Sultan*) galt die Staatsraison (*hikmet-i hükümet*). Nicht die persönlichen Interessen des Sultans waren der Orientierungspunkt der Herrschaftsausübung, sondern das Wohlergehen des Staates und damit auch der Gesellschaft. Der osmanische Sultan war der „Gesetzesgeber", welcher seinen Untertanen eine Ordnung gab und für Gerechtigkeit unter ihnen sorgte. Nicht ohne Grund hieß *Suleiman der Prächtige* im türkischen *Kanun i Sultan Süleyman*, d. h. Sultan *Süleyman der Gesetzesgeber*. Zwar war die gesetzlich fixierte Herrschaftssphäre des Sultans (*kanun*) nur durch die Prinzipien der Religion (*Şeriat*) eingeschränkt, aber in der politischen Realität stand das Recht des Sultans meist über dem religiösen Recht. Der Grund dafür lag in der hanefitischen Rechtsschule der Sunitten, die im Osmanischen Reich die Grundlage der islamischen Rechtsprechung war. Diese berücksichtigte bei der Rechtsauslegung auch das Gewohnheitsrecht, was eine flexible und z. T. auch säkulare Rechtsprechung und –interpretation erlaubte, weshalb die Gesetze (*kanunname)* des weltlichen Herrschers meist über dem traditionellen islamischen Recht lagen (Mardin 1962: 104; Shaw/Shaw 1977: 134; Heper 1987: 25; Heper 1992b; Türköne 1997; Akyol 2006: 143ff.).

Die Befehle des Sultans wurden über ein Heer ihm treu ergebener Beamten (*Kalemiye*) durchgesetzt. Neben diesen administrativen *Kalemiye* Beamten, gab es noch die *Ulema (sing. Alim)*, die als islamische Rechtsexperten den Sultan bei seinen Entscheidungen berieten. Diese Staatseliten waren keine freien Edelleute wie in Westeuropa, sondern persönliche Sklaven oder Diener *(kul)* des Herrschers. Viele dieser Sklaven wurden durch das System der Knabenlese *(Devşirme)* rekrutiert. Christliche Jungen aus dem Balkan wurden ihren Familien entrissen und für den Dienst am Sultan zwangsrekrutiert.[5] Sie sollten so keine Bindung mehr zu ihren Familien oder zu ihrem Herkunftsort haben. Somit sollte gewährleistet werden, dass das patrimoniale Beamtentum nicht von irgendwelchen ökonomischen oder regionalen Partikularinteressen beeinflusst wurde (Shaw & Shaw 1977: 114; von Grunebaum 1995: 88). Der Sultan, die Beamten der *Kalemiye* und *Ilimiye* sowie die Armeeführung (*Seyfiye*) der *Yenişeri* (Infanterie und Artillerie) und der *Siphai* (Reiterei) bildeten zusammen eine eigene Herrscherelite bzw. Klasse, die so genannten *Askeri* (wörtlich: die Soldaten). Dennoch herrschte im Osmanischen Reich keine moslemische Staatselite über eine rechtlose christliche Minderheit. Denn nach dem osmanischen Staatsverständnis gehörten auch die Oberhäupter der einzelnen religiösen *Millet* (Gemeinschaften) der (griechisch/ armenisch) orthodoxen Christen und Juden der *Askeri* Klasse an (Ortaylı 2003b).

Während die *Kalemiye* und *Ilimiye* Zweige der osmanischen Bürokratie und die Militäreliten bis zum 19. Jahrhundert relativ gleichberechtigt waren, änderte sich dies mit den ersten Reformbemühungen unter Sultan Selim III. und seinem Nachfolger *Mahmut II.. Selim III* löste das Janitscharen (*Yenişeri*) Korps auf und ersetzte es durch eine neue moderne Armee nach westlichem Vorbild. *Mahmut III.* schwächte die *Ulema*, in dem er 1826 die verschiedenen religiösen

---

5   Dabei folgte die Zwangsrekrutierung einigen bestimmten Regeln. Zum einen wurden Kinder ab 10 Jahren rekrutiert, bei denen die Gefahr Kinderkrankheiten zu bekommen und daran zu sterben, gering war. Ebenso wurden Kinder aus kinderreichen Familien, meist aus ländlichen Regionen, zwangsrekrutiert und nicht aus den Städten. Deshalb wurden keine Kinder von jüdischen Familien genommen, weil diese mehrheitlich in den Städten lebten. In manchen ärmeren Regionen gaben die Eltern ihre Kinder sogar freiwillig den Rekrutierungsbeamten, da sie nicht in der Lage, ihre Kinder zu ernähren. Ausnahmsweise wurden auch muslimische Kinder aus Bosnien, Albanien oder dem Kaukasus für den Staatsdienst rekrutiert. Die Kinder, bei denen man ein Talent für den Staatsdienst entdeckte, wurden in die Enderun Schulen für den Staatsdienst ausgebildet. Die weniger talentierten Kinder wurden als so genannte Acemi Oğlan für den Militärdienst ausgebildet. Diese Kinder lernten als erstes Türkisch bzw. „Osmanisch" als Hofsprache und konvertierten zum Islam. Sie wurden somit einem kulturellen Assimilierungsprozess unterworfen und wurden zu „Osmanen". Dabei gab es aber auch einige Staatsbedienstete, die nicht über die Devşirme zu ihren Positionen kamen, sondern aufgrund ihrer besonderen Fähigkeiten in den Staatsdienst aufgenommen wurden und auch ihre Religion behalten durften, wie zum Beispiel die Beamten des Übersetzungsdienstes, die Dragomanen, die meist aus der christlichen griechisch- und armenischsprachigen Bevölkerung stammten (Ortaylı 2003b, Ortaylı 2006).

Stiftungen, die *Evkaf* (sing. *Vakif*), unter die Kontrolle eines eigenen Ministeriums *(Nezerat i Evkaf)* unterstellte und somit die finanzielle Unabhängigkeit der *Ulema*, als Teil des *Ilimiye* Zweigs der Bürokratie, zerstörte. Auf der anderen Seite wurde der administrative *Kalemiye* Zweig der osmanischen Bürokratie nach westlichen Vorbild modernisierst. Es wurde eine besondere Besoldung eingeführt, die Beamten nach ihrer Tätigkeit und ihrem Dienstalter befördert. Ebenso wurden Gesetze erlassen, welche die Beamten vor der Willkür des Sultans schützten und die den neuen Beamten eine Eigeninitiative bei den administrativen Entscheidungen zugestanden. Es wurden verschiedene Schulen gegründet, in denen man Experten für bestimmten Fachgebiete ausbildete. Durch diese Reformen verschob sich das Gewicht zugunsten der Verwaltungseliten, die Anfang des 20. Jahrhunderts, als schwache osmanische Sultane herrschten, immer unabhängiger wurden (Akyol 2006).[6]

Diesem absoluten osmanischen Staat stand eine meist apolitische bzw. politisch schwache Bevölkerung gegenüber. Sie setzte sich aus allen muslimischen und nicht-muslimischen Untertanen des Reiches zusammen, die nicht im Dienste des Staates standen, also aus den Händlern, Handwerkern und Bauern. Ähnlich wie die *Askeri* Klasse bildeten im osmanischen Staatsverständnis diese Bevölkerungsgruppen eine eigene „Klasse": die *Reaya* (wörtlich: Herde). Sie legte ihr Schicksal in die Hände des Staates und erwartete von ihm, dass er ihre Interessen wahrte und durchsetzte. So sicherte zum Beispiel der Staat die Interessen der Bauern und Handwerkern, indem er ihnen als Hauptabnehmer ihrer Produkte anständige Preise gewährte und sie so vor der Abhängigkeit von den Kaufleuten bewahrte (Inalcık 1994: 120; Mahcubyan 1998: 47; Kongar 2001: 59). Nach diesem Staatsverständnis brauchten die einzelnen lokalen Eliten der sozialen Gruppen ihre Interessen nicht selbst zu artikulieren, weil sich der Staat um das „Wohl" aller sozialen Gruppen kümmerte (Türköne 1998: 107). Nach der osmanischen Staatsphilosophie hatte jedes Individuum in der Gesellschaft bzw. in einer göttlichen Ordnung (*Nizam- ı Alem*) seinen ihm vorgegebenen Platz. Der Staat versuchte dies dadurch zu gewährleisten, dass er die verschiedenen Institutionen und Gemeinschaften im Reich kontrollierte. Beispielsweise gab er den

---

6   Im Gegensatz dazu wurden in Persien die religiösen Experten gegenüber Schah und Bürokratie immer stärker. Insbesondere der schiitische Glauben, welcher gegenüber der weltlichen Herrschaft immer skeptisch war und die Schwäche des persischen Staates ab dem 18. Jahrhundert führte zu einer Machtverschiebung zugunsten der religiösen Eliten der Ayatollahs ab dem 18. Jahrhundert. Während es zum Beispiel dem osmanischen Sultan gelang die finanzielle Basis der Ayatollahs zu schwächen und sie somit zu einfachen Beamten zu degradieren, deren Befugnisse sich nur auf religiöse Bereiche beschränkten, gelang dies dem persischen Schah nicht. Dadurch wurden die schiitischen Ayatollahs zu einem religiösen Gegenspieler des weltlichen Schahs, dessen Macht sie herausfordern konnten. So waren es die Ayatollahs, welche im 19. Jahrhundert dem russischen Zarenreich den Dschihad erklärten, was den Schah zwang – wenn auch widerwillig – gegen dem russischen Zaren in den Krieg zu ziehen (Akyol 2006).

verschiedenen religiösen Gemeinschaften (*Millet; Cemaat*) einen gewissen Spielraum bei der Gestaltung ihrer inneren Angelegenheiten, intervenierte aber, wenn die Grenzen dieses Spielraums überschritten wurden. So konnte er immer wieder die Oberhäupter der Gemeinschaften zur Rechenschaft ziehen und absetzen. Wegen dieser rigiden Kontrolle des Staates konnten sich weder im Osmanischen Reich, noch in der späteren kemalistischen Türkei vom Staat unabhängige Machtzentren entwickeln (Mahcupyan 1999a: 53ff.; Mahcupyan 1999b; Inalcık 2003: 66).

Betrachtet man die Rolle der Parlamente in den beiden autoritären Staaten, so zeigt sich die unterschiedliche Fähigkeit nichtstaatlicher Eliten, am Modernisierungsprozess teilzunehmen. Dabei ging die Initiative für die Modernisierung immer vom Staat aus. Aber die Tatsache, dass das Deutsche Kaiserreich eine spezifische Tradition der Interessenartikulation kannte, machte es legitim, dass nicht-staatliche Akteure eine gewisse Mitsprache bei der Modernisierung hatten. Sie konnte ihre Vorstellungen öffentlich artikulieren und versuchen diese über den Reichstag in den Gesetzgebungsprozess einzubringen. Dennoch darf nicht vergessen werden, dass im Vergleich mit Staaten wie England oder Frankreich, dieser Einfluss sehr eingeschränkt war, da dem Reichstag und den Parteien nur wenig Druckmittel zur Verfügung standen, um ihre Interessen durchzusetzen. In der kemalistischen Türkei fehlte eine solche Tradition der Interessenvertretung. In beiden Gesellschaften ging demnach die "intellektuelle Mobilisierung" (Bendix 1980) während der Modernisierung von unterschiedlichen gesellschaftlichen Gruppen aus [7].

Die deutsche staatszentrierte defensive Modernisierung zielte verstärkt auf die Konsolidierung der internen Verhältnisse des noch jungen Staates. Die staatlichen Reformer versuchten auf die Bedürfnisse der einzelnen sozialen Gruppen (Unternehmer, Bauern, Arbeiter) einzugehen, welche durch ihre politischen Vertreter (Nationalliberale, Sozialdemokraten, Katholiken) in der Öffentlichkeit (Zeitungen, Reichstag) artikuliert wurden. Gefördert wurde dies auch durch die Tradition einer ständischen und korporatistischen Interessenvertretung. Aufgrund der Existenz solcher traditionellen Strukturen war es selbstverständlich, dass sich

---

7   Der Begriff der intellektuellen Mobilisierung geht auf Reinhardt Bendix zurück. Bendix beschreibt hier einen intellektuellen Transformationsprozess, welcher im Europa des 18. und 19. Jahrhunderts ablief. Entscheidende vorhergegangene Entwicklungen vorheriger Jahrhunderte (Buchdruck, Anstieg der Alphabetisierung, schnelleren Transport von Waren und Informationen) hatten zum Anstieg der Kommunikation geführt. Dies resultierte schließlich darin, dass mit der Zeit eine Schicht von intellektuellen Eliten (Literaten, Mitglieder der Professionen, Beamte, usw.) sich entwickelte, welche sich Gedanken über die zukünftige Gestaltung ihrer Gesellschaften machten und so eine Form der intellektuellen Mobilisierung einleiteten. Einher ging dies mit einer globalen, alle Gesellschaften durchdringenden Diffusion von Ideen. Bendix kennzeichnet diesen globalen Mobilisierungsprozess, in den jeweiligen Gesellschaften eine so genante intellektuelle Mobilisierung ausmachte, als einen Aspekt dieser großen Transformation. (Vgl. Bendix 1980: S. 27 ff.)

Interessen und Vorstellungen einzelner Körperschaften bei der Definition des gesellschaftlichen Gemeinwohls mit denen des Staates trafen und miteinander verschmolzen. Dies legitimierte die Artikulation und Repräsentation von Partikularinteressen einzelner sozialer und ökonomischer Gruppen.

Damit unterschied sich das Deutsche Reich sehr stark von der kemalistischen Türkei, der solch eine Tradition der Interessenartikulation fremd war. Die Artikulation von Partikularinteressen durch die Betroffenen war nicht legitim und es gab auch keinen Raum, wo diese artikuliert werden durfte. Vielmehr orientierte sich die kemalistische Türkei an der osmanischen Staatstradition, wonach nur der Staat das Gemeinwohl der Gesellschaft definierte und in konkrete Gesetzesvorhaben umsetzte (Türköne 1998). Das Primat der türkischen Reformer lag deshalb in der Stärkung der staatlichen Strukturen.[8] Denn in den Augen der kemalistischen Staatseliten war der Staat selbst der Motor der Modernisierung, mit dem sie die türkische Gesellschaft transformieren wollten. Die Konsolidierung der staatlichen Strukturen der kemalistischen Türkei führte nicht dazu, dass wirtschaftliche und soziale Reformen in Zusammenarbeit mit einer politisch schwachen Bevölkerung ausformuliert wurden. In der kemalistischen Türkei wurden staatliche Entscheidungen über die Köpfe der Betroffenen hinweg getroffen. Dass ein anderer gesellschaftlicher Akteur als der Staat sich Gedanken über das Wohl der türkischen Gesellschaft machten, war nicht legitim und wurde auch brutal verfolgt. Dahingegen dominierte in den anderen europäischen Staaten die Tradition, dass die „Staatseliten" meist eine Koalition mit bestimmten ökonomischen Klassen bildeten. Eine „Besonderheit" der türkischen Modernisierung war auch die Einführung von Institutionen, ohne dass es dafür eine Notwendigkeit gab. Neue Institutionen wurden in der Türkei in ein wesensfremdes Umfeld eingebettet, ohne dass diese den gesellschaftlichen Erfahrungen der westlichen Gesellschaften entsprachen. So übernahm zum Beispiel das Osmani-

---

8   Kennzeichnend für dieses Erbe war, dass die Träger der „intellektuellen Mobilisierung" der osmanischen und später kemalistischen Modernisierung die so genannten „Intellektuellen" bzw. Aydın waren. Diese entstammten meist der Schicht der Bürokratie, welche ihre höhere Ausbildung entweder in den neu gegründeten Staatsschulen oder im Ausland erhielten. Sie waren deshalb meist Produkte einer technischen und militärischen Ausbildung, ausgebildet um den Staat zu dienen. Diese Klassenposition, wonach die meisten intellektuellen Träger der türkischen Modernisierung zum Beamtentum gehörten, zwang sie auch zu einer staatszentrierten Betrachtungsweise. Kulturell von den anderen Untertanen abgeschnitten und im staatlichen Denken erzogen, waren diese Eliten davon überzeugt, dass der Staat selbst den Motor für die Überwindung der Situation sei, in der sich das Reich befand. Deshalb musste auch vorerst der Staat und seine Institutionen gestärkt werden und nicht die einzelnen Glieder der Gesellschaft. In diesem Sinne wurde auch die türkische Modernisierung von einer Kaderbewegung staatlicher Eliten in Verwaltung und Militär monopolisiert, mit dem Ziel das Osmanische Reich und später die neue Türkische Republik an die fortschrittlichen Zivilisationen (Muasır Medeniyetler) anzuschließen. Vgl. Heper (1985): 115; Keyder (1987): 50ff; Türköne (1994): 152ff.; von Grunebaum (1995): 116ff; Türköne (1997): 44.

sche Reich 1871 eine Verfassung nach belgischem Vorbild, ohne die gesell-schaftlichen Strukturen Belgiens (Bürgertum, Industrialisierung usw.) aufzuweisen. Die Variation in den staatszentrierten defensiven Modernisierungspfaden von Deutschland und der Türkei drückte sich auch in der Einführung der Sozial-versicherung aus. Als ein Produkt der gesellschaftlichen Modernisierung, wurde die Sozialversicherung im Deutschen Kaiserreich ab den 80ern Jahren des 19. Jahrhunderts eingeführt und später ausgeweitet. Dabei handelte es sich um ein stark bürokratisches Projekt, vor allem von Beamten des Deutschen Reiches institutionell gestaltet. Andere von den sozialstaatlichen Entscheidungen betrof-fene soziale Gruppen (Arbeiter, Unternehmer), hatten auf den ersten Blick kei-nen direkten Einfluss auf die inhaltliche Gestaltung. Dennoch gab es im Deut-schen Kaiserreich zu der damaligen Zeit unterschiedliche sozialpolitische Dis-kussionen verschiedener politischer Gruppen, deren Ergebnisse bei der inhaltli-chen sozialpolitischen Ausgestaltung durchaus berücksichtigt wurden (Lambert/ Altheimer 2001: 43ff.).

Die Einführung der deutschen Sozialversicherung war eine Antwort auf das Aufkommen der Arbeiterfrage bzw. der „sozialen Frage" als Leitfrage der deutschen Sozialpolitik (Kaufmann 2003). Die Sozialversicherung war dabei neben den Sozialistengesetzen auch ein Instrument, mit dem Bismarck durch seine Politik von „Zuckerbrot und Peitsche" den Zulauf der Arbeiter zur SPD mindern wollte. Sie war demnach nicht nur ein Instrument zur Verbesserung der gesellschaftlichen Lage der Arbeiter, sondern diente auch der Konsolidierung des Reiches im Inneren. Sie entsprach damit einer spezifischen Logik der deutschen staatszentrierten defensiven Modernisierung. Durch die Einführung bestimmter Institutionen wurde nicht nur auf die Interessen einzelner sozialer Gruppen (Un-ternehmer, Bauern, Arbeiter, Angestellte) eingegangen, sondern auch versucht, diese in das Reich zu integrieren, um damit den jungen Staat zu konsolidieren.

Die türkische Sozialgesetzgebung 1946 und 1949 entsprach dem Muster der türkischen Modernisierung. Türkische Beamte arbeiteten alleine die notwen-digen Gesetze aus. Dabei orientierten sie sich an den Vorbildern im Ausland, im Falle der Sozialgesetzgebung an Deutschland. Eine innergesellschaftliche Dis-kussion über den Sozialstaat fand nicht statt. Auch die von derSozialgesetzge-bung betroffenen Bevölkerungsgruppen (Arbeiter, Unternehmer) waren nicht an der Sozialgesetzgebung beteiligt. Demnach war die türkische Sozial-gesetzgebung ein rein bürokratisches Projekt, während die deut-

Übersicht 3: **Staatsbildung und defensive Modernisierung**

Historische Vorbedingung	Institutionalisierung der Beziehung zwischen Staat und „Gesellschaft"		Defensive Modernisierung	Auswirkungen auf Sozialstaatsentwicklung
	Stärke des Zentrums	„Schwäche" des Parlamentes	Ziele und Inhalte der Modernisierung	
Türkei Osmanisches Reich: -nichtfeudaler Staat - keine Tradition der Intressenvertretung -apolitische Bevölkerung	*Kemalistische Türkei (1923-1950):* - autoritärer Einparteienstaat; - Politikformulierung durch „unabhängige" Beamte	*Kemalistische Türkei 1923 - 1950:* - Einparteienstaat - Parlament Teil des Staatsapparates - Parlamentarier meist Beamte und Militärs	- Überwindung der Rückständigkeit des Landes durch Verbesserung und Stärkung staatlicher Strukturen - Staat als Motor der Modernisierung - Reformen bzw. Einführung von Institutionen meist ohne „Notwendigkeit" - Ziel: Transformation der Gesellschaft	(1949 -) - Sozialstaat als rein büro- kratisches Projekt - Fehlen einer sozialen Frage (geringe Industrialisierung, starke Familienverbände) - Sozialpolitik als Instrument gesellschaftlicher Transformation
Deutsches Kaiserreich Preußen: - Stärkung des Zentrums, durch Reformen (1806) - Scheitern der Revolution von 1848 - ständische Tradition einer Interessenvertretung	*Deutsches Kaiserreich 1871 – 1918:* - autoritärer Staat, konstitutionell – dualistischer Staat - starke Rolle des Kaisers Politikformulierung durch „unabhängige Beamte"	*Deutsches Kaiserreich 1871 – 1918:* - Reichstag mit allgemeinem Männerwahlrecht - keine parlamentarische Verantwortung der Regierung	- Überwindung der Rückständigkeit durch Ver- besserung der staatlichen, gesellschaftlichen und wirtschaftlichen Strukturen - Ziel: Überwindung der wirtschaftlichen Rückständigkeit, innere Konsolidierung	(1878 -) - Sozialstaat als stark bürokratisches Projekt - große Bedeutung der sozialen Frage (Arbeiterfrage) - Sozialstaates als Instrument inner- staatlicher Konsolidierung

sche Sozialgesetzgebung ein mehrheitlich bürokratisches Projekt, mit einer beschränkten „Zusammenarbeit" mit den Unternehmern, darstellte. Zugleich gab es in der Türkei keine „Soziale Frage" wie in Deutschland. Es gab keine Arbeiterbewegung, welche die türkischen Staatseliten herausgefordert hätte. Der türkische Staat war nicht gezwungen, mittels einer Sozialpolitik die türkische Arbeiterbewegung zu beschwichtigen. Nicht die „Soziale Frage" war das Leitmotiv der türkischen Sozialstaatsentwicklung, sondern die modernisierungstheoretischen Vorstellungen der Kemalisten. Für sie bedeutete die Übernahme westlicher Institutionen, dass die Türkei „westlich" wurde. Durch die bloße Einführung westlicher Institutionen unter staatlicher Kontrolle würde der Rückstand zu den fortschrittlichen Zivilisationen aufgeholt. Die Einführung der türkischen Sozialversicherung 1946 entwickelte sich innerhalb dieser Logik. Ohne die notwendigen gesellschaftlichen Vorbedingungen aufzuweisen, wurden sozialstaatliche Institutionen eingeführt. Dabei ging es im Gegensatz zum Deutschen Reich nicht darum, die Bedürfnisse bestimmter sozialen Gruppen zu befriedigen und so die interne Konsolidierung des Landes zu gewährleisten. Vielmehr sollte durch die Einführung westlicher Institutionen (Sozialversicherung, Frauenwahlrecht, Parlamente, usw.) der Anschluss der kemalistischen Türkei an die „fortschrittlichen Zivilisationen" (*muasır medeniyetler*) gewährleistet werden. Somit unterschied sich die Türkei nicht nur von der deutschen, sondern auch von den anderen europäischen sozialpolitischen Zielvorstellungen

2.1.2 Rigider Laizismus: die Türkei im Vergleich mit der Dritten Französischen Republik

Als gemeinsames historisches Merkmal teilen das heutige Frankreich und die Türkei einen rigiden Laizismus. Die traditionell enge Beziehung zwischen Staat und Religion wurde in beiden Ländern per Gesetz aufgehoben. Säkulare und antiklerikale Eliten versuchten den Einfluss der Religion auf Gesellschaft und Politik einzuschränken. So ist in beiden Ländern zum Beispiel das Tragen von religiösen Symbolen in Schulen verboten. In der Türkei gilt dieses Verbot auch für die Universitäten. Der Laizismus [9] (fr. *laicite*; tr. *laiklik*) stellt ein politisches

---

9   Der Begriff Laizismus soll hier als ideologischer und religionspolitischer Begriff verstanden werden, der eine Entflechtung der staatlichen und religiösen Sphäre voneinander fordert. Dagegen beschreibt der Begriff der Säkularisierung einen kulturhistorischen Prozess, in der sich Wissenschaft, Philosophie, Bildung und weite Teile der Gesellschaft von der Kontrolle und Bevormundung religiöser Ideen und Institutionen emanzipieren (Käufer 2002). In seiner kemalistischen Leseart wird der türkische Laizismus (laiklik) als staatsideologischer und verfassungsrechtlicher Grundsatz verstanden, der noch nicht abgeschlossen ist. Damit unterscheidet er sich vom französischen Begriff des

Ideal, eine Grundsäule des politischen Systems in diesen beiden Ländern dar Dementsprechend wird er von den säkularen Eliten verteidigt. In beiden Ländern ging der Einführung eine Reihe von Konflikten zwischen säkularen und religiösen Eliten voraus. Trotz dieser Gemeinsamkeiten unterscheiden sich Frankreich und die Türkei in den institutionellen und theologischen Vorbedingungen, welche den Laizismus unterschiedlich prägten.

In Frankreich wurde 1905 das Gesetz zur Trennung von Religion und Staat (*Loi a la séparation des Églises et de l'État*) mit den Stimmen einer republikanischen und linken Parlamentsmehrheit verabschiedet. Staat und Kirche wurden vollständig voneinander getrennt. Das napoleonische Konkordat mit der Katholischen Kirche wurde aufgekündigt, die privilegierte Stellung der Katholischen Kirche gegenüber anderen Glaubenskongregationen aufgehoben. Sie verlor ihre staatliche finanzielle Unterstützung und die Aufsicht über das französische Bildungssystem. Der französische Staat erklärte sich für religiös neutral. Er distanzierte sich politisch aber nicht nur gegenüber der Katholischen Kirche, sondern auch gegenüber jeder anderen Konfession. Der Staat sah und sieht es heute noch als seine Aufgabe an, die Bürger gegen religiöse Praktiken, die der öffentlichen Ordnung oder den Rechten des Einzelnen zuwiderlaufen, zu schützen. Zum Beispiel ist es in öffentlichen Schulen verboten, Lehrer oder Schüler nach ihrer Religion zu fragen. Im März 2004 beschloss eine Mehrheit im französischen Parlament und Senat, dass das Tragen auffällig religiöser Zeichen in öffentlichen Schulen, wie Schleier, Kippa, Kreuze, Turbane (bei Sikhs) oder Ordenstrachten, untersagt. Frankreich betrachtet die religiösen Auffassungen der Bürger als reine Privatsache, es gibt keine amtlichen Statistiken zur Konfessionszugehörigkeit der Bevölkerung (Remond 2000; Cabanel 2005).

Die Grundlagen des Laizismus in der heutigen Türkei wurden in der kemalistischen Ära (1923 – 1950) gelegt. Er entwickelte sich sukzessive über einen bestimmten Zeitraum, der mit der Abschaffung des Kalifats 1924 begann und mit der Streichung des Verfassungsartikels über die Staatsreligion 1929 abgeschlossen wurde. Zeitgleich wurde das Amt des *Scheih ül Islam* – dem osmanischen Minister für religiöse Angelegenheiten – abgeschafft und der „Islam" einem „Präsidium für religiöse Angelegenheiten" (*Diyanet İşleri Başkanlığı, DIB*) unterstellt, welches auch heute noch dem Premierminister untersteht. Es regelt die Ausbildung und Besoldung der etwa 100.000 Imame und Muezzine, unterhält die Moscheen und gibt landesweit den Inhalt der zu haltenden Predigten vor. Ebenso ist die *DIB* über ihre Auslandsorganisation „Diyanet İşleri Türk Islam Birliği" (*DITIB*) auch zuständig für die Bezahlung der knapp 500 Imame an den türkischen Moscheen in Deutschland.

---

laicitè, der einen abgeschlossenen religionspolitischen und soziologischen Zustand beschreibt. Vgl. Rumpf (1987), Wedel (1991), Özcan/Dinç (2005).

Hier zeigt sich schon ein erster institutioneller Unterschied zwischen Frankreich und der Türkei. Der französische Staat kennt keine Staatskirche und er bietet auch seiner Bevölkerung keine religiösen Dienstleistungen an. Staat und Kirche sind institutionell voneinander getrennt. Eine Ausnahme bilden Elsass-Lothringen, das erst 1918 wieder zu Frankreich gehörte und wo das Gesetz von 1905 nicht gilt sowie die Überseeregion Mayotte im Indischen Ozean. Eine weitere Ausnahme bildet die Militärseelsorge, wo der französische Staat den Militärkaplan in der französischen Armee bezahlt. In der Türkei gibt es laut Verfassung auch keine Staatsreligion. Aber der türkische Staat bietet seiner Bevölkerung eine Reihe von religiösen Dienstleistungen an, allerdings nur für die Mitglieder des sunnitischen Islams. Orthodoxe Schiiten (*Caferi*) und alevitische Moslems erhalten keine religiösen Dienstleistungen. Das heißt, dass es in der türkischen Rechtsrealität de facto einen sunnitischen Staatsislam gibt. Der (sunnitische) Islam ist somit in die staatlichen Strukturen einkooperiert. Eine vollkommene Trennung zwischen Staat und Religion wie in Frankreich gibt es nicht (Shaw/ Shaw 1977; Mert 1992; Kaya 1998; Kaya 2003).

Diese unterschiedliche Institutionalisierung des Laizismus in Frankreich und der Türkei stützt sich auf eine Reihe variierender theologischer und institutioneller Merkmale. Der Islam unterscheidet sich dabei in drei Punkten vom Christentum. Erstens ist der Islam – wie auch das Judentum- eine Gesetzesreligion. Im Gegensatz zum Christentum regelt der Islam jeden einzelnen Aspekt des menschlichen Lebens. Es gibt zum Bespiel im Islam umfassende Speiseregeln, Kleidungsregeln, Verhaltensregeln, die das Christentum in diesem Umfang nicht kennt. Der gläubige Moslem muss sein Leben nach den „Regeln des Islams" führen, wobei diese Regeln sich auf den Koran, auf das Verhalten des Propheten (*Sunna*) und seinen Predigten (*Hadith*) stützen. Nur so kann nach islamischer Auffassung der Gläubige das „Heil" erhalten und nach seinem Tod ins Paradies eintreten. Der Islam kennt deshalb keine Trennung zwischen Profanem und Geistlichem, im Gegensatz zum Christentum. Anders als der Moslem erhält ein Christ sein „Heil" durch den Empfang der Sakramente in der Kirche. Die Kirche stellt selbst einen sakralen Raum dar. Somit sind das Geistliche und das Profane auch räumlich voneinander getrennt (Finer 1997).

Zweitens unterscheiden sich Christentum und Islam in der theologischen Bedeutung des religiösen Personals. Die Priester haben in diesen Religionen verschiedene Aufgaben. Die islamischen *Ulema* (sing. *Alim*) sind Rechtsexperten, welche die islamischen Regeln interpretieren und auslegen. Aufgrund ihrer „juristischen" Fähigkeiten beraten und führen sie die Gläubigen bei Fragen der islamischen Lebensführung. So können die Ulema bei religiösen Fragen ein Rechtsgutachten schreiben, eine *Fatwa*, welche aber für den Gläubigen nicht unbedingt bindend ist. Sie haben jedoch keine sakralen Fähigkeiten. Sie sind keine

Heiligen, keine Mittler zwischen Gläubigen und Gott. In diesem Sinne sind sie auch keine Priesterkaste, sondern viel mehr ein juristischer Berufsstand. Die christlichen Priester dagegen sind keine Rechtsexperten wie die islamischen *Ulema*. Auch wenn es in der Katholischen Kirche Experten für das kanonische Recht gibt, ist die eigentliche Aufgabe der Priester den Gläubigen in der Kirche Sakramente zu spenden. Sie sind Mittler zwischen Gott und Gläubigen. Die Gläubigen sind abhängig von den Priestern. Die christlichen Priester bilden eine eigene, auch theologisch von der weltlichen Sphäre getrennte Klasse. Der christliche Klerus verfügt über rituelle Sanktionsmechanismen, mit denen sie die Gläubigen kontrollieren und ihre eigene Unabhängigkeit bewahren kann (Finer 1997).

Drittens unterscheidet sich der Islam vom Christentum durch das Fehlen einer institutionalisierten Kirche. Es gibt keine islamische „Kirche", welche ihre theologischen Vorstellungen gegenüber anderen häretischen und heterodoxen Ideen durchsetzen kann. Die sunnitischen *Ulema* verfügten über keine Inquisition, mit denen sie solche Vorstellungen bekämpfen konnten. Ohne rituelle Sanktionsmechanismen waren die *Ulema* gezwungen eine Allianz mit den weltlichen Herrschern einzugehen. Zwar kennen die islamischen Quellen keine Regeln oder Vorschriften über die staatliche Verwaltung oder über die Beziehung zwischen Staat und Religion (Berkez 1984: 49, 76ff.; Dinçkol 1990: 27). Doch die sunnitischen *Ulema* entwickelten die theologische Vorstellung, wonach die Religion (*Din*) bzw. die islamische Orthodoxie sich nur innerhalb der staatlichen Ordnung (*Devlet*) durchsetzen kann. Für die *Ulema* war die „Religion" daher von der Existenz des Staates abhängig (Berkez 1984: 17, Türköne 1994: 6). Im Osmanischen Reich wurde diese symbiotische Beziehung zwischen weltlicher Macht und Islam besonders deutlich. Die osmanischen Sultane hatten die bisher lose verbundenen religiösen Eliten der *Ulema* in eine hierarchische Struktur gezwängt. Ähnlich wie im osmanischen „Staatsdienst" gab es eine spezifische Hierarchie von Ämtern, mit bestimmten Zugangsbestimmungen. Ebenso wurde ein einheitliches Ausbildungssystem mit staatlich kontrollierten Religionsschulen eingeführt, den *Mederesse*. Mithilfe seines Militär- und Verwaltungsapparates akzeptierte und setzte der osmanische Staat die orthodoxe sunnitische Vorstellung der *Ulema* als einzige religiöse Auslegung im Reich durch und verfolgte heterodoxe Bewegungen. Dafür hatten aber die *Ulema* ihre institutionelle Unabhängigkeit aufgegeben und fusionierten mit dem osmanischen Staatsapparat. Aus Rechtsexperten wurden Staatsbeamte des osmanischen Staates. Der Staat kontrollierte nicht nur die *Ulema*, die sich als Staatsbeamte unter seine Obhut gestellt hatten. Er kontrollierte auch die inhaltliche Interpretation des Islams. Durch die Kontrolle der Ulema legitimierte der osmanische Sultan nicht nur seine Herrschaft, als Oberhaupt der Moslems. Er konnte auch seine Entscheidungen nachträglich durch die Ulema bestätigen lassen. Zwar musste sich die Herrschaft des Sultans nach den Regeln des Islams richten. Aber in der Realität gab es keinen *Alim*, der in der Lage war, die Beschlüsse des Sultans zu hinterfragen. So konnte der Sultan auch direkt die inhaltliche Auslegung des osmanischen Islams zugunsten der staatlichen Ordnung beeinflussen. Beispielsweise wurde während der osmanischen Modernisierung im 19. Jahrhundert die Einführung neuer Bildungseinrichtungen durch den Sultan, von den *Ulema* meist nachträglich mit einer *Fatwa* legitimiert, auch wenn diese von den neuen Ideen und Institutionen nicht immer überzeugt waren[10].

Trotz dieser Allianz der *Ulema* mit dem Staat gab es im (sunnitischen) Islam niemals nur eine Gruppe von religiösen Experten. Während die *Ulema* als Führer durch die Welt der religiösen Regeln fungierten, gab es noch eine Gruppe von Eliten, die Experten für einen spirituellen Islam waren. Diese organisierten ihre Jünger in Form von Bruderschaften, Logen und Konventen, den so genannten *Tarikat*. Die *Tarikat* stellten zwar meist eine Alternative zum trockenen Gesetzesislam dar, bewegten sich aber innerhalb eines islamisch orthodoxen Rahmens. Sie befolgten die Auslegungen der Ulema, versuchten aber durch Formen der Meditation und Rezitation (*Zikir*) eine spirituelle Nähe zu Gott zu finden. Die *Ulema* und somit der Staat verfolgten meist andere heterodoxe, nicht-sunnitische

---

10   Damit unterscheiden sich die sunnitischen Ulema von ihren schiitischen Kollegen. Der Streit zwischen Sunnitentum und Schiitentum dreht sich um die Frage, wer der rechtmäßige Herrscher der gläubigen Moslems ist. Für die Schiiten kann dieser nur aus dem Haus des Propheten (Ehl i Beyt) kommen, angefangen mit dem 4. Kalifen Ali, dem Schwiegersohn Mohammeds, gefolgt von den 11 Nachfolgern von Ali, den Imamen. Dabei ist aber in der schiitischen Vorstellung der letzte Imam Mohammed el Mehdi entrückt bzw. verschollen und wird am Jüngsten Tag als Erlöser auf die Erde zurückkommen. Bis zu diesem Zeitpunkt sind die Ulema bzw. die Ayatollah, die rechtmäßigen Vertreter des „verschollenen" Imams, deren Macht sogar über der weltlichen Macht des persischen Shahs liegt. Deshalb konnte sich im Schiitentum auch ein von der weltlichen Macht unabhängiger islamischer „Klerus" bilden. Es gab in Persien immer zwei Machtzentren, die des Shas und die der Ayatollah. Während aber mit der Zeit die Macht des Shas abnahm, wuchs die Macht der Ayatollah und oft waren es die Ayatollah welche Volksaufstände gegen die weltliche Macht anführten und ideologisch legitimierten, wie z. B. der Tabakaufstand 1895 oder die islamische Revolution 1979. Die sunnitischen Theologen argumentierten, dass der Prophet Mohammed keinen Nachfolger ernannt habe und dass dieser, der Kalif, durch Wahlen - wie die ersten vier Kalifen - bestimmt wird oder das Amt erblich sei. Deshalb sahen sich die sunnitische Ulema nicht als Alternative zur weltlichen sunnitischen Herrschaft eines Kalifen, sondern suchten den Kalifen zu unterstützen und dienten ihm als Rechtsexperten. Sie wurden in die staatlichen Strukturen inkorporiert. Somit entstand im sunnitischen Islam auch kein unabhängiger sunnitischer Klerus, wie in schiitischen Persien. Die Ulema waren auch niemals Anführer eines Volksaufstandes oder Gegner der osmanischen Modernisierung. Im theologisch - juristischen Verständnis der Ulema war jede Revolte gegen den Staat und den Sultan illegitim. Auch aufgrund der hanefitischen Rechtsschule, der die Ulema folgten und welche der säkularen Rechtsprechung des osmanischen Sultans einen großen Stellenwert einräumte, konnten die osmanischen Ulema auch keine theologische Kritik an den Gesetzen des Sultans artikulieren. Aus diesem Grund stießen die osmanischen Herrscher bei der Modernisierung des Staates im 19. und 20. Jahrhundert nicht auf den Widerstand der Ulema (vgl. Momen 1985, Akyol 2006).

Bewegungen, ließen aber die *Tarikat* in Ruhe. Manchmal war ein *Alim* auch Mitglied in einem *Tarikat*. Der Gesetzesislam der Ulema und der spirituelle Islam der *Tarikat* ergänzten sich. Der Unterschied lag darin, dass die *Ulema* Teil des osmanischen Staatsapparates waren, während die *Tarikat* institutionell vom Staat unabhängig waren. Im (orthodoxen) Islam fehlte nicht nur eine Kirche wie im Christentum. Ebenso existierten alternative religiöse Praktiken, Eliten und Vorstellungen nebeneinander (Berkez 1968: 16; Türköne 1994: 25; von Grunebaum 1995: 90; Finer 1997: 677).

Dahingegen hatte sich im Katholizismus die Vorstellung einer institutionellen Trennung der weltlichen von der geistlichen bzw. kirchlichen Sphäre durchgesetzt. Anders als im Islam hatten die Kirche und Priester im Christentum eine wichtige Rolle. Denn nur in der Kirche erhielten die Gläubigen von den Priestern die Sakramente. Daraus resultierte die räumliche Trennung des „Heiligen" vom „Profanen". Insbesondere nach der Kirchenreform von *Cluny* im 11. Jahrhundert genoss die Katholische Kirche gegenüber der weltlichen Macht eine weitgehende innere Autonomie. Sie musste die Ernennung ihrer Bischöfe nicht durch weltliche Herrscher bestätigen lassen und hatte mit dem kanonischen Recht eine eigene Rechtsprechung. Das vorrevolutionäre Frankreich bildete mit seiner gallikanischen Kirchentradition eine Ausnahme, da dem weltlichen Herrscher eine Mitsprache bei der Bischofsernennung zugebilligt wurde. Nach dem kurzen Konflikt zwischen Staat und Kirche während der Französischen Revolution war die weitere Entwicklung bis Einführung des Laizismus 1905 durch das napoleonische Konkordat von 1801 und den Organischen Artikel von 1802 gekennzeichnet. Das Konkordat regelte neben der Beziehung des Staates zur Katholischen Kirche auch die Beziehung zur reformierten Calvinistischen und zur Lutheranischen Kirche. Die für die Katholische Kirche relevanten *Organischen Artikel* schränkten die externe und interne Autonomie der katholischen Kirche stark ein. Gleichzeitig wurde der Katholischen Kirche jedoch eine privilegierte Position innerhalb der Gesellschaft gewährt. Zum einen behielt sie als Hüterin der Moral die Oberaufsicht über das Bildungssystem. Zum anderen genoss sie eine großzügige staatliche finanzielle Unterstützung. Die Katholische Kirche blieb somit in der französischen Gesellschaft trotz allem ein relativ unabhängiger Akteur mit starkem gesellschaftlichem Einfluss (Weber 1967, Remond 2000).

Theologisches Selbstverständnis, Rolle der Priester und Existenz bzw. Fehlen einer institutionalisierten Kirche hatten wiederum Einfluss auf die spätere Institutionalisierung des Laizismus in diesen beiden Ländern. In beiden Gesellschaften gab es vor der Einführung des Laizismus einen Konflikt zwischen den säkularen Kräften, die den Einfluss der Religion einschränken, und Traditionalisten, die den gesellschaftlichen Einfluss der Religion beibehalten wollten. Schließlich resultierte dieser Konflikt in einem Sieg der Säkularen gegenüber den Traditionalisten, die dann ihre meist militanten und rigiden Vorstellungen umsetzen konnten.

In der vorkemalistischen Türkei bzw. spätosmanischen Epoche wurde dieser Streit im Rahmen der Diskussion über den Verlauf der türkischen Modernisierung geführt. Die *Ulema* wollten eine Modernisierung des Systems unter Beibehaltung seines islamischen Charakters. Ihre Gegner, säkulare und am Westen orientierte Intellektuelle, die *Aydın*, aus denen sich später die Kemalisten entwickeln sollten, wollten eine moderne, westliche Türkei erschaffen. Auch die Bürger dieser neuen Nation wollten sie neu erschaffen. Dieser neue Mensch sollte sich westlich und „fortschrittlich" kleiden, denken und verhalten. Der religionsphilosophisch begründete Einfluss des Islams auf das alltägliche Leben war für die *Aydın* ein Hindernis bei ihren Modernisierungsanstrengungen. Denn auch der Islam hatte konkrete Regeln aufgestellt, wie die Menschen sich zu kleiden, zu denken und zu verhalten hatten. Die Vorstellungen des Islams und die der *Aydın* konkurrierten so miteinander. Die säkularen *Aydın* versuchten deshalb nicht, den Islam zu verbieten, denn das hätte die Legitimität ihrer Modernisierungsbestrebungen gefährdet. Sie strebten vielmehr danach, den *Ulema* Islam zu kontrollieren, um ihn so – wie auch schon die osmanischen Sultane – für ihre Vorstellungen zu instrumentalisieren (Mert 1992: 140ff.). Die Besonderheit dieses Konfliktes drückt sich darin aus, dass beide Konfliktparteien Teil der administrativen Strukturen waren. Er war ein Disput zweier Gruppen innerhalb der politischen Administration über den weiteren Verlauf der osmanischen bzw. türkischen Modernisierung, der im Osmanischen Reich zu keiner gesellschaftlichen Spannung auswuchs (Berkez 1968).

Im Frankreich der Dritten Französischen Republik war der Konflikt zwischen Kirche und antiklerikalen Eliten dagegen auch einer zwischen unterschiedlichen sozioökonomischen Klassen. Wie in den meisten katholischen Gesellschaften führte die „religiöse Frage" zu einer gesellschaftlichen Spaltung in ein klerikales und in ein antiklerikales Lager. Der Katholischen Kirche als politische Stütze der 1. und 2. Kaiserreichs sowie als Alliierte der konservativen und royalistischen Bevölkerungsgruppen und des Großbürgertums in der Dritten Republik, standen antiklerikalen Kräften gegenüber, die sich aus linken Republikanern, Arbeitern und Calvinisten zusammensetzten. Für diese war die privilegierte Stellung der katholischen Kirche und ihr Einfluss im Bildungswesen ein Dorn im Auge. Sie wurde von den Republikanern als eine Gefahr für den Bestand der Republik betrachtet und ihre Loyalität zu Republik in Frage gestellt. Gleichzeitig wurde der Katholischen Kirche vorgeworfen, dass sie in ihren eigenen Bildungseinrichtungen die Schüler nicht zu treuen Bürgern der Republik erzog (Weber 1967; Ravitch 1990; Remond 2000).

Aus diesem Grund unterschieden sich die Ziele der antiklerikalen Eliten der Dritten Französischen Republik von denen der Kemalisten. Die säkularen Eliten in der kemalistischen Türkei (1923 – 1950) waren in ihren Vorstellungen von den vorkemalistischen Diskussionen über die Rolle des Islams im Rahmen der türkischen Modernisierung geprägt. Die späteren Kemalisten, welche den Konflikt gegenüber den Traditionalisten gewonnen hatten, ließen sich bei der Institutionalisierung des türkischen Laizismus von den Ideen der osmanischen *Aydin* leiten. Wenn Kemalismus und Islam in ihrem Ziel, den Menschen nach bestimmten Regeln zu lenken, miteinander konkurrierten, dann musste der Kemalismus die Macht des Islam brechen und den Gesetzesislam kontrollieren. Deshalb konnten sich die Kemalisten nicht nur mit einer bloßen Trennung zwischen staatlichen und weltlichen Institutionen begnügen. Die Kemalisten versuchten den formalen Gesetzesislam der *Ulema* zu kontrollieren, in dem sie ihn weiterhin in die staatlichen Strukturen inkorporierten, vor allem wurde durch die Errichtung des „Präsidiums für religiöse Angelegenheiten". Sie benutzten dieses Präsidium, um einen „westlichen" Islam zu erschaffen, auch wenn dieser „Islam" von der Bevölkerung nicht angenommen wurde. Dazu gehörte zum Beispiel, dass der islamische Ritus nicht mehr auf Arabisch sondern auf Türkisch abgehalten wurde. Auch wenn die Kemalisten die Gründung der Türkischen Republik und die türkische Säkularisierung als Zäsur gegenüber dem Osmanischen Reich ansahen, hatten sie die alte osmanische Tradition der administrativen und inhaltlichen Kontrolle des Islams durch den Staat beibehalten. Nur dadurch war es für die Kemalisten möglich, die Religion aus dem öffentlichen Leben auszuschließen, um ihn eventuell später durch säkulare Wertvorstellungen zu ersetzen (Mert 1992). Zugleich verfolgten die Kemalisten alle anderen Interpretationen außerhalb des Gesetzesislams. So wurden die vorher im Osmanischen Reich geduldeten *Tarikat* verboten, ihr Besitztum beschlagnahmt und ihre Mitglieder verfolgt.

Die französischen Antiklerikalen verfolgten eher das Ziel, die privilegierte Position der Kirche, ihren politischen und gesellschaftlichen Einfluss zu schwächen. Den Wunsch, die französische Gesellschaft zu transformieren oder die Religion durch rationale „Kulte der Vernunft" - wie zu Zeiten der Französischen Revolution - zu ersetzen, hegten sie nicht. Deshalb begnügten sich die säkularen Eliten damit, die katholische Kirche zu schwächen, indem sie ihr ihre finanzielle Unterstützung und ihren Einfluss auf das Bildungswesen entzogen. Aber viel weiter gingen auch sie nicht. Der französische Laizismus ist deshalb durch eine vollständige Trennung zwischen Staat und Kirche und einer konfessionellen Neutralität des Staates gekennzeichnet. Damit brach der französische Staat aber auch mit seiner gallikanischen Staatskirchentradition und verlor die administrative Kontrolle über die Kirche. Bedingt durch eine andere Konflikterfahrung als in der Türkei und aufgrund anderer religiöser Strukturen strebten die französischen antiklerikalen Republikaner keine Kontrolle über die inhaltliche Gestaltung der Religion an. Leitwerte des französischen Laizismus waren somit die konfessionelle Neutralität des Staates sowie die Schwächung des Einflusses der katholischen Kirche.

In diesem Sinne ähnelt die Institutionalisierung des türkischen Laizismus strukturell eher den lutheranischen Staatskirchen in den nordeuropäischen Staaten. Auch hier sind die Priester „Staatsbeamte" und der oberste Dienstherr ist das Staatsoberhaupt. Der Unterschied zwischen Skandinavien und der Türkei liegt allerdings darin, dass die Türkei de jure keine Staatsreligion kennt. Andererseits kennen die nordeuropäischen Länder nicht diese rigide Verfolgung von religiösen Gruppen (Freikirchen) außerhalb der etablierten Staatskirche, während die *Tarikat* in der Türkei de jure verboten wurden, auch wenn sie heute de facto geduldet sind. Die nordischen Staaten schränken auch nicht die freie Ausübung der Religion, etwa durch Kopftuchverbote in Schulen, ein. Die Rigidität des türkischen Laizismus ist dagegen durch den Anspruch des türkischen Staates gekennzeichnet, nur eine Interpretation des Islam zu akzeptieren und durchzusetzen.

Gemeinsam ist dem rigiden Laizismus in Frankreich wie in der Türkei der Wunsch, jeglichen Einfluss der Religion aus dem staatlichen Bereich auszuschließen. In beiden Fällen ist das Tragen von religiösen Symbolen für Staatsbeamte und für Schüler verboten. Im Falle der Türkei richten sich zum Beispiel auch die Mittagspausen der Staatsbeamten nicht nach den Gebetszeiten. Auch wenn der türkische Laizismus eine bestimmte Interpretation des Islams in die staatlichen Strukturen inkorporiert hat, so versucht er den Einfluss der Religion auf den Bereich der Seelsorge zu beschränken. Obwohl beide Formen des Laizismus versuchen einen Einfluss der Religion auf den Staat zu verhindern, unterscheiden sich Frankreich und die Türkei in der Art und Weise, wie sie diesen religiösen Einfluss beschränken. Frankreich versucht es mit einer strikten religiösen Neutralität des Staates. In der Türkei dagegen wird der Islam in die staatlichen Strukturen inkorporiert, andere Interpretation des Islams de jure verboten und der Einfluss des staatlichen Islams auf den religiösen Bereich beschränkt.

Die Tatsache, dass die religiösen Eliten ihren direkten Einfluss auf die Gesellschaft und die Politik verloren, trieb sie dazu andere Wege zu finden, um religiöse Interessen und Vorstellung zu artikulieren und durchzusetzen. Dies wurde ihnen im Rahmen eines demokratischen Parlamentarismus in der 3., 4. und 5. Französischen Republik und der postkemalistischen Türkei (1950 -) praktisch ermöglicht. Dabei konnten die religiösen Eliten zwei parteipolitische Strategien verfolgen: Sie konnten mit anderen konservativen Parteien eine Allianz eingehen oder eine eigene religiös- konservative Partei gründen. Darüber hinaus wurde in den (monotheistischen) Religionen die (Armen-) Fürsorge traditionell von religiösen Einrichtungen getragen. Das gab den religiösen Akteuren die

Möglichkeit, traditionelle sozialtheologische Vorstellungen in konkrete Partei-programme umzuwandeln. Somit entwickelten diese religiösen Eliten eine „So-ziallehre", mit der sie neue Wählerschichten mobilisierten. Ein herausragendes Beispiel stellten die (mittel) europäischen christdemokratischen Parteien dar, die mittels eines christlich sozialen Parteiprogramms weite Teile der katholischen Arbeiterschaft als Wähler gewinnen konnten.

In der postkemalistischen Türkei (1949-) wurden religiöse Interessen mehrheitlich vom konservativen Parteienspektrum bedient. Erst relativ spät ent-wickelte sich eine konservative islamische Partei. Doch handelte es sich bei dieser Partei, welche unter verschiedenen Namen auftauchte, nicht etwa um eine islamische Version der christdemokratischen Parteien.[11] Der politische Islam in der Türkei war kein Vertreter der ökonomischen und kulturellen Interessen eines religiösen Wählermilieus. So hatte der politische Islam zum Beispiel keinen Arbeitnehmer- und Arbeitgeberflügel. Solch ein Milieu, das sich mit der Partei identifizierte und ihr Wählerpotenzial darstellte, hatte sich in der Türkei niemals entwickelt. Die Beziehung zwischen den politischen Parteien und den anderen religiösen Eliten war meist sporadisch und klientelistisch. Eine notwendige par-teipolitische Bindung zwischen religiöser Wählerschaft und Partei konnte sich innerhalb dieser politischen Kultur nicht entwickeln. Der islamisch-konservativen Partei gelang es niemals, die Vertretung religiöser Interessen zu monopolisieren. Sie befand sich dabei immer im Wettbewerb mit anderen kon-servativen und z. T. nationalistischen Parteien.

In der Dritten und der Fünften Französischen Republik wurden, ähnlich wie in der Türkei, die religiösen Interessen vom konservativen Parteienspektrum bedient. Auch in Frankreich entwickelte sich in der Vierten Französischen Repu-blik mit der *MRP* eine christdemokratische Partei, als politische Laienbewegung der französischen Katholiken. Die „*Mouvement Republican Populaire*" (1944 - 1966) leugnete zwar nicht ihre sozialkatholischen Wurzeln, wollte aber keine konfessionelle Partei sein. Im Rahmen der Versöhnungspolitik von *de Gaulle* mit den Katholiken wurde die Partei in die Regierung eingebunden. Innenpolitisch engagierte sich die *MRP* in der Sozial- und Familienpolitik und stellte mehrere

---

11   Die 1969 gegründete MNP (Milli Nizam Partisi, Partei der nationalen Ordnung) wurde 1971 von den Militärs verboten, worauf sie bis heute zahlreiche Schließungen und Widergründungen unter unterschiedlichen Namen (MSP, RP, FP) durchmachte. Mit der letzten Schließung der FP (Fazilet Partisi, Tugend Partei) 2001 spaltet sich die Partei in einen konservativen Flügel, welche die SP (Saadet Partisi, Glückseligkeit Partei) gründete und in einen liberalen islamisch demokratischen Flügel, die AKP (Adalet ve Kalkınma Partisi, Partei für Gerechtigkeit und Aufbruch), welche derzeit die Regierung stellt. Für eine Beschreibung der unterschiedlichen Entwicklungen des politischen Islams in der Türkei, vgl. Tunaya (1991), Çakir (1994), Dufner (1998), Tosun (1999), Kongar (2001), Gülalp (2003), White (2003). Für eine Darstellung der Wähler der Refah Partei, vgl. Seufert (1997), White (2003), Tosun (1999), Gülalp (2003), Yavuz (2003). Für eine Beschreibung der Christde-mokratie in Europa, vgl. Irving (1979), Kalyvas (1996).

Ministerpräsidenten. Doch ging diese Partei mit dem Ende der 4. Französischen Republik unter. Mit ihrem Niedergang verlor auch der französische Sozialkatholizismus seinen Einfluss auf die Sozialpolitik der Fünften Französischen Republik (Ravitch 1990).

Der Grundsatz einer islamischen „Soziallehre" baut darauf auf, dass der Gläubige individuell gute Taten zu erbringen und seine Verwandten zu unterstützen hat. Hinzu kommt die Almosensteuer (*Zekat*), eine der fünf Säulen des Islam, welche eine religiös begründete soziale Verpflichtung aller wohlhabenden Muslime gegenüber den Armen und Bedürftigen mit sich bringt (Schirmacher 1983: 53 ff.; Ahi 2001: 228). Doch die Befolgung dieser Verpflichtung wurde im Islam nicht durch eine religiöse Instanz kontrolliert, sondern blieb immer in der Verantwortung des Einzelnen. Diese Fokussierung auf das einzelne Individuum sorgte dafür, dass sich im Gegensatz zum Westen keine islamischen Wohlfahrtsverbände entwickelten, bzw. sich keine kollektive Idee von Mildtätigkeit institutionalisierte. Sozialpolitische Handlungen blieben meist persönlich und auf Nachbarschaftsebene beschränkt. Ebenso fehlte in der traditionellen islamischen „Soziallehre" eine intellektuelle Aufarbeitung der Sozial- und Moralvorstellungen des Islams, wie im Falle der katholischen *Sozialenzykliken*. Aufgrund des Fehlens einer religiösen sozialpolitischen Instanz gab es keine religiösen Eliten, die sich mit sozialen Problemen beschäftigten und in konkrete sozialpolitische Forderungen formulierten. Eine islamische parteipolitische Soziallehre wäre zudem im Kontext des türkischen Laizismus nicht legitim. Sie liefe dem Ziel des türkischen Laizismus, die Religion aus Politik und Öffentlichkeit zu verdrängen, zuwider. Die katholische Soziallehre spielte dagegen in den katholischen Gesellschaften eine große Rolle bei der Gestaltung des Sozialstaates bzw. der Sozialpolitik. Diese Soziallehre fand vor allem durch die päpstlichen Enzykliken *Rerum Novum* (1891) *Quadragsimo Anno* (1931) Widerhall. Das *Rerum Novum* stellte den Versuch der Katholischen Kirche dar, die katholischen Arbeiter an die Kirche zu binden. Aufbauend auf den Ideen des Bischofs *von Kettler*, sollte die Sozialpolitik über die traditionelle Wohltätigkeit hinausgehen und die Pflichten von Arbeitgebern und Arbeitnehmern klar definieren. Zugleich wurde hier zum ersten Mal im Rahmen der Subsidiaritätslehre der Grad staatlicher Intervention klar definiert (van Kersberg 1995: 221ff.). Nach diesem Prinzip lag die Verantwortung für die soziale Fürsorge immer bei den Familien und Freiwilligenverbänden. Erst bei deren Versagen sollte der Staat sozialpolitische Verantwortung übernehmen (Spiker 1991: 4; Naldini 2003: 26).

Übersicht 4: **Rigider Laizismus und Parteienbildung religiöser Parteien**

	Historische Vorbedingungen		Laizismus	Parteipolitische Aktivität religiöser Interessen		Auswirkungen auf Sozialstaatsentwicklung
	Theologische Grundlagen	Konflikt Staat - Religion		Parteistrategie	Soziallehre	
Türkei	- sunnitischer Islam: religiöse Eliten fusionieren mit Staatsapparat, inhaltliche Kontrolle des Staates über die Religion. - Keine religiösen Institutionen	*Kemalistische Türkei (1923 -1950):* Konflikt zwischen zwei Verwaltungseliten über die inhaltliche Gestaltung der türkischen Modernisierung	*Kemalistische Türkei (1923 -1950):* Institutionalisierung des rigiden Laizismus - Institutionelle Inkorporation und Kontrolle der Religion durch den Staat (Kontinuität) - Säkularisierung = Domestizierung des Islams	*Postkemalistische Türkei (1950 – heute):* - Gründung einer religiös konservativen Partei, in Konkurrenz mit anderen politischen Akteuren	Eher Betonung von lokalen und persönlichen Maßnahmen und Aktionen	- kein Einfluss religiöser Eliten auf Ausbildung einer Sozialpolitik - keine religiösen Anbieter sozialer Fürsorge und Pflegeangeboten
Frankreich	Katholische Kirche: - Staat und Kirche sind institutionell getrennt. - Konkordat, Allianz Kirche mit Staat	*3. Französische Republik (1871 – 1945):* sozioökonomischer Konflikt unterschiedlicher sozialer Gruppen (Großbürgertum in Allianz mit Klerus, gegen Kleinbürgertum und Arbeiter) um den „Zugang" zur politischen Macht	*3. Französische Republik (1871 – 1945):* - Trennung von Kirche und Staat, Aufhebung des Konkordats, Staat ist religiös neutral - Säkularisierung = Schwächung der Kirche	*4. Französische Republik (1944 - 1958):* MRP, christdemokratische Partei	katholische Soziallehre, durch Familien- und Sozialpolitik der MRP vertreten	- Einfluss der Christdemokratie auf die Familie und Sozialpolitik in den 1950er und 1960er Jahren in der 4. Republik - bescheidene karitative Leistungen

Im Frankreich des 19. Jahrhunderts schufen französische Philanthropen wie *LePlay, Ozanam* oder *De Mum* die ideologischen Grundlagen für eine französische sozialkatholische Lehre. Insbesondere die an einem patriarchalischen Familienbild orientierte Gesellschaftslehre von *Frederic LePlay* hatte einen wichtigen Einfluss auf die Familienbewegung des französischen Sozialkatholizismus, welche die Stärkung der Familie zum Ziel hatte. Von solchen paternalistischen Vorstellungen geleitet, gründeten die katholischen Unternehmer die ersten Familienausgleichskassen (*allocation familiales*) im Frankreich der Dritten Republik. Diese Ideen fanden ihren Weg in die sozialkatholische Familienpolitik der späteren christdemokratischen *MRP*, die sie in die natalistische Familienpolitik der 4. Französische Republik einbringen konnte (Bahle 1995, Kaufmann 2003). Im Gegensatz zur Türkei war somit in Frankreich die Artikulation einer katholischen Soziallehre legitim. Der Grund dafür liegt darin, dass der französische Laizismus den politischen Einfluss der Katholischen Kirche, als vom Staat unabhängige Institution, aber nicht die Artikulation politischer Vorstellungen die sich auf religiösen Vorstellungen stützen, einschränkt. Dahingegen versucht der türkische Laizismus den Islam institutionell und inhaltlich zu kontrollieren, indem er ihn in staatliche Institutionen einbindet und somit die Artikulationen von religiös-politischen Ideen, die nicht vom Staat als legitim betrachtet werden, verhindert.

Das Fehlen einer islamischen Soziallehre und die Vertretung religiöser Interessen durch das konservative türkische Parteienspektrum verhinderten einen Einfluss religiöser Eliten bei der Gestaltung der türkischen Sozialpolitik. In der Logik der türkischen Modernisierung war die türkische Sozialpolitik ein Instrument der türkischen Modernisierung. Die Staatseliten hatten ein sozialpolitisches Monopol. Dies zeigte sich nicht nur in der Familien- und Sozialpolitik, sondern auch den industriellen Beziehungen. Eine Vorstellung über die Pflichten der Arbeitgeber und Arbeitnehmer kannte der Islam im Gegensatz zum Katholizismus nicht. Der rigide türkische Laizismus, verbunden mit einer administrativen Kontrolle religiöser Einrichtungen, führte auch dazu, dass in der Türkei religiös fundierte soziale Dienstleistungen fehlen. So besitzt die *Diyanet,* das Präsidium für religiöse Angelegenheiten, keine eigenen Wohlfahrtseinrichtungen. Im Verständnis des türkischen Staates soll sich die *Diyanet* auf kultische Angelegenheiten konzentrieren. Auch anderen nicht-staatlichen religiösen Akteuren wurde die Möglichkeit verwehrt, soziale Pflege- und Betreuungsdienste anzubieten. Damit teilt die heutige Türkei mit Frankreich in gewisser Hinsicht die geringe Präsenz bzw. Nichtexistenz religiöser Akteure in der sozialen Fürsorge und Pflege. Aufgrund eines anderen Verständnisses von Laizismus entwickelte sich auch hier eine andere Wohlfahrtsstruktur.

In Frankreich gelang es den katholischen Eliten zwar, ihre familienpoliti-
schen Vorstellungen in die Sozialpolitik einzubringen. Dennoch verhinderten das
Gesetz von 1905 und die damit verbundene finanzielle Schwächung der Katholischen Kirche, dass sie ein wichtiger Akteur in der französischen Sozialpolitik
wurde. Religiös fundierte soziale Pflegeleistungen blieben in Frankreich
schwach entwickelt. So ist etwa der Anteil der katholischen Vereine an den Vorschulen mit 12 % gering (Archambault 1997; Bahle/Pfenning 2001). Dafür konnte sich in Frankreich eine säkulare Wohlfahrtsverbändestruktur entwickeln, meist
von staatlichen Anbietern und der Arbeiterbewegung getragen.

2.1.3 Fazit

Der türkische Modernisierungspfad unterscheidet sich durch die Kombination
einer staatszentrierten defensiven Modernisierung und eines rigiden Laizismus
von den Modernisierungspfaden anderer europäischer Gesellschaften. Ein genauerer Vergleich mit dem Deutschen Kaiserreich und der Dritten Französischen
Republik zeigt, dass diese beiden Merkmale im türkischen Kontext eine spezifische Bedeutung haben, da sie auf ganz anderen strukturellen und historischen
Voraussetzungen basierten. Auch wenn die Türkei auf dem ersten Blick mit dem
Deutschen Kaiserreich eine ähnliche (defensive) staatszentrierte Modernisierung
teilt, so unterscheiden sich beide doch sehr stark voneinander, vor allem was die
Beziehung zwischen (autoritärem) Staat und (schwachem) Parlament betrifft. Im
Deutschen Kaiserreich wurde die Modernisierung zwar durch eine Staatselite
initiiert, aber die Interessen der Adressaten der Modernisierungsmaßnahmen
wurden dennoch berücksichtigt. Im türkischen Kontext bedeute staatszentrierte
Modernisierung jedoch ein vollkommenes Monopol der staatlichen Eliten bzw.
Beamten, ohne vorherige Konsultation mit den betroffenen Adressaten die Mo-
dernisierung. Dadurch konnten sich im Osmanischen Reich und in der heutigen
Türkei – zumindest bis Mitte der 1990er Jahre – keine vom Staat unabhängigen
Gruppen entwickeln, die eigene Interessen artikulierten und durchsetzten. Der
Sozialstaat war deshalb in der Türkei ein rein bürokratisches Projekt, während
die Sozialgesetzgebung im Deutschen Kaiserreich zwar auch ein stark bürokratisches Projekt war, aber mit einer gewissen Zusammenarbeit mit einigen Gruppen.

Was den rigiden Laizismus betrifft, so zeigt ein Vergleich mit Frankreich,
wie unterschiedlich der türkische Laizismus war und ist. Im französischen Kontext bedeutet Laizismus die klassische Trennung von Kirche und Staat, im Rahmen eines konfessionell neutralen Staates, mit dem Ziel die Katholische Kirche
zu schwächen. Im türkischen Fall bedeutet er die Inkorporation religiöser Institu-

tionen in staatliche Strukturen. Der Staat hat de jure zwar keine Staatsreligion, aber bietet eine Reihe religiöser Dienstleistungen an. Gleichzeitig versucht er jeden Einfluss des Islams auf die politische Entscheidungsfindung zu unterbinden. In beiden Ländern versuchen die religiösen Eliten auf unterschiedliche Art und Weise, ihre Vorstellungen in den politischen Entscheidungsprozess einzubringen. In Frankreich wurde eine christdemokratische Partei gegründet, welche eine eigene Soziallehre formulierte. In der Türkei konkurrierte der politische Islam mit anderen konservativen Parteien, um die Stimmen der gläubigen Wähler. Er entwickelte auch keine islamische Soziallehre zur Mobilisierung religiöser Wähler.

Diese unterschiedliche Kombination von Laizismusinstitutionalisierung, Parteipolitik religiöser Eliten und die Artikulation einer Soziallehre beeinflusst die Sozialstaatsbildung in der Türkei und in Frankreich. In Frankreich wurde die Katholische Kirche zwar geschwächt, aber sozialkatholische Vorstellungen bestimmten in der IV. Französischen Republik die Familienpolitik. In der Türkischen Republik spielten religiöse Sozialvorstellungen in der Sozialpolitik dagegen keine Rolle und wurden als ein Angriff auf den Fortbestand der laizistischen Türkei betrachtet.

Die Türkei weist demnach zwei sehr originäre historische Merkmale auf, die in ihrer Ausprägung von keiner europäischen, aber auch von keiner islamischen Gesellschaft geteilt werden. In den islamischen Ländern fehlen sowohl starke staatliche Strukturen, als auch ein rigider Laizismus, mit Ausnahme von Tunesien, Turkmenistan und Aserbaidschan. Aus diesem Grunde unterscheidet sich die Gestaltung des Sozialstaates nicht nur gegenüber den westlichen, sondern auch gegenüber den islamischen Staaten. In islamischen Staaten sind die staatlichen Strukturen des Sozialstaates sehr schwach ausgebildet, während es eine Vielzahl von Wohlfahrtseinrichtungen des politischen Islams gibt (Rieger 1996; Faathet al. 2003; Bonner et al. 2003; Clark 2004; Petersen/ Sparre 2007).

2.2 Entwicklung und institutionelle Merkmale des türkischen Sozialstaates

In diesem Kapitel werden die Entwicklung des türkischen Sozialstaates sowie seine institutionellen Merkmale beschrieben. Von einem modernen türkischen Sozialstaat kann man erst seit den 1940er Jahren sprechen. Davor bestand der türkische Sozialstaat aus einer kaum ausgebauten sozialen Fürsorge und einigen wenigen Pensionskassen für Beamte. Die intakten Familienverbände einer noch stark agrarisch geprägten Gesellschaft waren in dieser Zeit die eigentlichen Institutionen, welche sich um den Einzelnen kümmerten, wenn dieser unverschuldet in Not geriet. Deshalb wird in diesem Kapitel zuerst dieser rudimentäre „Sozialstaat" beschrieben. Danach wird der türkische Sozialstaat seit der Einführung der Sozialversicherung 1946 dargestellt. Diesen beiden historischen Darstellungen folgt eine Beschreibung der Institutionen des türkischen Sozialstaates bis zur Sozialstaatsreform von 2008. Dabei wird zuerst das türkische Sozialversicherungssystem, dann das System der öffentlichen Fürsorge und Pflege und schließlich das türkische Gesundheitssystem vorgestellt.

2.2.1 Der rudimentäre „Sozialstaat" vor 1946

Die historischen Wurzeln einer türkischen „Sozialpolitik" gehen bis zu den *Osmanen* zurück, deren Grundlage die Soziallehre des Islams war, mit der Verpflichtung des einzelnen Gläubigen gute Taten zu erbringen und seine Verwandten zu unterstützen. Zudem mussten alle wohlhabenden Muslime 2,5 % ihres Besitzes als Almosensteuer (*Zekat*) an die Armen und Bedürftigen spenden. Die Zekat war neben dem täglichen Gebet, der Pilgerfahrt, dem Glaubensbekenntnis und der Fastenpflicht im Monat Ramadan eine der fünf Säulen des Islams, d. h. die Verpflichtungen, die ein – in diesem Fall vermögender - gläubiger Moslem erfüllen musste (Schirmacher 1983: 53ff; Ahi 2001: 228). Doch die Befolgung der einzelnen Glaubensgrundsätze blieb immer eine Angelegenheit zwischen dem einzelnen Gläubigen und *Allah*. Sie konnte von keiner weltlichen Institution oder Instanz sanktioniert werden, weshalb sich auch in der Geschichte des Osmanischen Reiches keine Kirchen mit Wohlfahrtsverbänden entwickelten. Vielmehr reifte ein Stiftungswesen heran, dass von reichen Privatpersonen gegründet und getragen wurde. Diese Stiftungen (sing.: *Vakıf,* plural: *Evkaf*) finanzierten sich aus dem Stiftungskapital des Gründers. Dabei handelte es sich bei den *Evkaf* nicht nur um Wohltätigkeitsorganisationen. Die *Evkaf* bauten auch eine Vielzahl von öffentlichen Einrichtungen, welche mit der klassischen Armenhilfe wenig zu tun hatten, wie z. B. Moscheen, Brücken, Straßen, Brunnen. Da im Osmanischen Reich Ämter nicht vererbt wurden, diente ein Teil des Stiftungskapitals auch als eine Art „Hinterbliebenenrente" und wurde für die Versorgung der Hinterbliebenen des Stifters verwendet. Dennoch reifte ab dem 12. Jahrhundert aufgrund der *Evkaf* ein Netzwerk von Armenküchen, Krankenhäusern, Waisenheime, usw. heran (Ahi 2001: 229). Eine weitere Säule der traditionellen türkischen „Fürsorge" waren die alten Berufsverbände der *Ahi Bünde* und der *Lonca Zünfte*. Während die *Lonca* traditionelle Handwerkszünfte darstellten, waren die *Ahi Bünde* auch Berufsverbände, die sich aber um einen spirituellen Führer sammelten. *Ahi Bünde* und *Lonca Zünfte* gewährten ihren Mitgliedern, wenn diese unverschuldet in Not geraten waren, eine Reihe von monetären Beihilfen. Zum Beispiel be-

Übersicht 5: **Die Entwicklung des türkischen Sozialstaates**

Vor 1800	- Gründung einzelner Sparkassen (*Avarız*) der Lonca Zünfte
Seit 1800	- Gründung einzelner Hilfsvereine auf Gegenseitigkeit für Beamte im Osmanischen Reich
1866	- Gründung der Pensionskasse der Armee
1881	- Gründung der Pensionskasse der Zivilbeamten
1921	- Gründung der Hilfskasse für die Minenarbeiter der Region Ereğli
1945	- Das Gesetz über die Sozialversicherung tritt in Kraft
1946	- Gründung der Sozialversicherungsanstalt für Arbeitnehmer (*Sosyal Sigorta Kurumu; SSK*) - Vereinigung der einzelnen Hilfskassen auf Gegenseitigkeit der Beamten zur Rentenkasse der Beamten (*T.C. Emekli Sandığı; ES*) - Einführung des Sozialschutzes gegen Berufsunfälle und Berufskrankheiten für alle Beschäftigte (außer Landarbeiter und Beschäftigte in der Schiff- und Luftfahrt)
1949	- Einführung der öffentlichen Kranken- und Mutterschaftsversicherung für Arbeitnehmer in der Privatwirtschaft
1957	- Einführung der Alters- Invaliden- und Hinterbliebenenrente für Arbeitnehmer in der Privatwirtschaft im Rahmen der *SSK*
1961	- Einführung des Sozialstaatspostulats in die neue türkische Verfassung
1964	- Gründung der ersten Versicherungskassen für Beschäftigte im Banken- und Versicherungswesen.
1971	- Gründung der Sozialversicherungsanstalt für Selbstständige (*Bağımsız Çalışanlar Kurumu; BAĞ KUR*) - Einführung von Alters- Invaliden- und Hinterbliebenenrente sowie von medizinischer Versorgung für Gewerbetreibende, Händler, Hausfrauen im Rahmen der *BAĞ KUR*
1976	- Einführung der Altersrente für Bedürftige alte Menschen über 65
1983	- Selbstständige Landwirte werden in die *BAĞ KUR* integriert - Gründung der Anstalt für Kinderschutz und soziale Dienste
1984	- Landarbeiter werden in die *SSK* integriert
1986	- Einführung des; Fonds für soziale Fürsorge und gegenseitige Unterstützung (*Sosyal Yardım ve Dayanışma Teşvik Fonu; SYDTF*) und der Stiftungen für soziale Fürsorge und gegenseitige Unterstützung (*Sosyal Yardım ve Dayanışma Vakıflari; SYDV*)
1992	- Einführung der „Grünen Karte": kostenlose medizinische Behandlung für Bedürftige
1999	- Einführung der Arbeitslosenversicherung (*İŞ KUR*)
2001	- Einführung privater Zusatzrenten (*Bireysel Emeklilik*)
2008	- Vereinigung von *SSK, ES, BAĞ KUR* zur „Anstalt für Sozialschutz" (*Sosyal Güvenlik Kurumu; SGK*) - Institutionelle Trennung der Alters- Invaliden- und Hinterbliebenenrente

| | von den monetären Leistungen bei Krankheit, Arbeitsunfall und Mutter-schaft
- Einführung einer beitragsfinanzierten Krankenversicherung
- Ausweitung von Leistungen des Schutzes vor kurzfristigen Einkommens-verlusten auf Landwirte, Landarbeiter, Gewerbetreibende und Handwer-ker |

Quellen: Şakar (2004), Güzel/Okur (2005)

saßen die *Lonca* Sparkassen, die *Avarız Sandığı*, in welche die Meister und Ge-sellen einen Teil ihres Einkommens einzahlten und aus denen Kredite und auch soziale Beihilfen für die Mitglieder gezahlt wurden (Ortaylı 2003a: 97). Als jedoch im 16. Jahrhundert Westeuropa das Osmanische Reich wirtschaftlich überholte, führte dies auch zu einem Niedergang der einheimischen Wirtschaft mit seinem Handwerks- und Kleingewerbe. Dem Niedergang der traditionellen Wirtschaft folgte auch ein Niedergang der alten Berufsverbände und Gilden, die ihre früheren sozialen Funktionen nicht mehr erfüllen konnten. Aufgrund der finanziellen Schwierigkeiten des Staates wurden ihre Einkünfte nun besteuert, was ihren Handlungsspielraum dramatisch einschränkte. Im 19. Jahrhundert verloren die *Evkaf* endgültig ihre administrative und finanzielle Unabhängigkeit. Der Staat stellte sie 1826 unter die Aufsicht eines zentralen Stiftungsministeri-ums (*Nezar ı Evkaf*).

Im 19. Jahrhundert veränderte sich jedoch auch das sozialpolitische Selbstverständnis des osmanischen Staates. Eine von Bürokraten getragene poli-tische und gesellschaftliche Modernisierung rückte nun den Staat selbst in das Zentrum der sozialpolitischen Versorgung der Bevölkerung. Ab Mitte des 19. Jahrhunderts baute er eigene Kranken-, Armen- und Waisenhäuser und vergab finanzielle Beihilfen für bedürftige Untertanen, womit der erste Grundstein einer rudimentären staatlichen Fürsorge gelegt wurde (Özbek 2003, Koray 2005). Auch mischte er sich nun administrativ in das Sozial- und Arbeitsleben seiner Untertanen ein. So regelte zum Beispiel die Verordnung des *Dilaver Paşa (1868)* den Arbeitsschutz, die Arbeitszeiten und die Entlohnung der Arbeitnehmer im Bergbau (Ahi 2001: S. 231). Mit Beginn des 19. Jahrhunderts wurde der osmani-sche Staat somit selbst zu einem sozialstaatlichen Akteur. Dabei verwandelte sich das Verständnis der osmanischen „Sozialpolitik" ansatzweise von einem traditionellen, religiös-philanthropischen Almosenverständnis zu einem moder-nen Sozialpolitikverständnis.

Doch die sozialpolitischen Bestrebungen des Osmanischen Reiches hatten mit seiner Niederlage im Ersten Weltkrieg ein Ende. Erst mit der Gründung der Republik in den 1920er Jahren erhielt die Sozialpolitik neue Anstöße. Zwar wurde schon vor der Gründung der Türkischen Republik ein Gesetz zum Schutz der Arbeiter der Bergwerke in der Region *Ereğli* 1921 verabschiedet. Doch die ersten sozialpolitischen Gesetze der noch jungen Republik waren 1925 das Gesetz über den freien Tag am Wochenende und 1930 das Gesetz zum Schutz von weiblichen Arbeitnehmerinnen und Kindern. Misserfolge der anfänglich liberalen Wirtschaftspolitik Ende der 1920er Jahren und die Einführung einer staatlichen Wirtschaftspolitik verzögerten jedoch die Weiterentwicklung der gesetzlichen Regelungen zur Sozialpolitik. Erst 1936 wurde das Arbeitsleben durch das neue Arbeitsgesetz (*İş Kanunu*) umfassend geregelt. Doch viele Neuerungen (zum Beispiel die Regelungen des Mindestlohns oder die Einführung einer Sozialversicherung für Arbeitnehmer) wurden erst viel später eingeführt. Ebenso fehlte ein Streik- oder Gewerkschaftsrecht in diesem Gesetzestext (Tomanbay 1990; Ahi 2001; Koray 2005). Während aber im Osmanischen Reich der Staat nur einer von vielen sozialpolitischen Akteuren war, schaltete die spätere kemalistische Türkei die nicht-staatlichen Akteure aus. Alle religiösen Orden wurden vom kemalistischen Staat verboten und die religiösen Stiftungen der Aufsicht eines zentralen Stiftungsministeriums unterstellt. Dadurch wurde die traditionelle Angebotsstruktur der sozialen Fürsorge und Pflege der religiösen Akteure zerschlagen. Aber die Tätigkeit des neuen kemalistischen Staates im institutionellen Pflegebereich blieb bescheiden, weil der Staat auf die intakten Familienbeziehungen einer stark agrarisch geprägten Gesellschaft vertraute. Bis in die 1960er Jahre gab es in der Türkei keine umfassende soziale Fürsorge oder Pflege.

2.2.2 Die Entwicklung des türkischen Sozialstaates seit 1946

Bis 1946 war der türkische Sozialstaat nur rudimentär entwickelt. Erst als 1946 das kemalistische Regime „demokratisiert" wurde und auch Oppositionsparteien im Parlament zugelassen wurden, kam es zu einem Ausbau des Sozialstaates. 1945 trat das erste „Allgemeine Gesetz über die Sozialversicherung" (*Genel Sosyal Sigorta Kanunu*) in Kraft, mit dem alle Beschäftigten außerhalb der Landwirtschaft, Schiffs- und Luftfahrt im Rahmen einer Pflichtversicherung gesetzlich gegen den Verdienstausfall durch Arbeitsunfälle und Berufskrankheiten abgesichert wurden. 1946 wurde dann die „Sozialversicherungsanstalt" für die Arbeiter 1946 (*SSK: Sosyal Sigorta Kurumu; Sozialversicherungsanstalt*) gegründet und das Gesetz von 1945 somit auch institutionell umgesetzt, womit der erste Grundstein für einen staatlichen Sozialschutz gelegt wurde. 1949 wurde die öffentliche Kranken- und Mutterschaftsversicherung eingeführt. Zugleich wurden die verschiedenen Pensionskassen der Beamten zu einer einzigen Versicherungskasse für Beamte vereint, der Rentenkasse der Türkischen Republik

(T.C. Emekli Sandığı; Rentenkasse für Beamte). 1957 wurde die Alters-, Hinter-
bliebenen- und Invalidenrente für Arbeitnehmer eingeführt (Alper 1997, Arıcı
1998; Alper 1998; Ahi 2001, Şakar 2004).

1960 putschte das türkische Militär gegen die damalige konservative Regierung Menderes, weil diese nach zehnjähriger Herrschaft immer autokratische-
re Züge angenommen hatte. Für die Putschisten – eine Allianz aus Militärs und
oppositionellen Zivilisten – war es klar, dass ein möglicher Machtmissbrauch
durch eine Regierung nur durch die Stärkung von nichtparlamentarischen, im
weitesten Sinne auch „zivilgesellschaftlichen" Institutionen und Kräften verhindert werden konnte. Somit sollte eine außerparlamentarische Opposition aufgebaut werden. In der Logik der Putschisten sollten die Arbeitnehmer und die
Gewerkschaften als außerparlamentarische Kraft wirtschaftlich und politisch
gestärkt werden. Das bisher rigide Gewerkschaftsrecht, das den Arbeiternehmern
Tarifverhandlungen mit den Arbeitgebern ermöglichte, ihnen aber politische
Betätigung und jegliche Form von Streik untersagte, wurde liberalisiert und 1963
durch ein Streik- und Aussperrungsgesetz ergänzt (Koray 2005).

Gleichzeitig arbeiteten die Putschisten eine neue Verfassung aus, die den
Bürgern eine Reihe von liberalen Freiheiten gab. Mit dieser neuen „Verfassung
von oben" akzeptierte der Staat zum ersten Mal auch eine sozialpolitische Verpflichtung gegenüber der Gesellschaft. Mit der Verfassung von 1961, von Experten ausgearbeitet, die in den 1930er Jahren bei meist deutschen Exilanten gelernt
hatten, wurde zum ersten Mal ein Sozialstaatspostulat in die Verfassung eingeführt. Dadurch sollte die ökonomische und sozialpolitische Situation der Arbeitnehmer gestärkt und verfassungspolitisch legitimiert werden. Allerdings wurden
die meisten der im Sozialstaatspostulat implizierten Regelungen nicht angewen-
det, weshalb er von Koray (2005) als ein „Sozialstaat der Versprechungen" bezeichnet wurde. Dennoch wurde der Sozialschutz auch in den 1970er Jahren
ausgeweitet, einer durch Wirtschaftskrisen und politische Instabilität ge-
kennzeichneten Zeit. 1971 wurde die Sozialversicherungsanstalt für Selbststän
dige (*BAG KUR Bağımsız Çalışanlar Kurumu; Sozialversicherungsanstalt für
Selbstständige*) eingeführt, welche den Selbstständigen in den Städten – aber
vorerst nicht den selbstständigen Landwirten - und den Hausfrauen einen Sozialschutz gewährte (Alper 1997, Alper 1998; Ahi 2001; Koray 2005).[12] 1973 wurde
mit dem so genannten 65er Gesetz eine beitragsfreie und bedürfnisgeprüfte Altersrente für Menschen über 65 eingeführt. Von dieser Rente sollten alle Bürger

---

12 Das türkische Sozialversicherungssystem bietet Hausfrauen die Möglichkeit, sich freiwillig
gegen Alter, Tod und Invalidität zu versichern, indem sie Beiträge an die Sozialversicherungsanstalt
für Selbstständige (BAĞ KUR) zahlen.

Übersicht 6: **Einführung der monetären Sozialleistungen des Sozialschutzsystems**

	Beamte Militärpersonal (T.C. ES)	Arbeitnehmer Freiberufler (SSK)	Landarbeiter (SSK)	Gewerbetreibende Handwerker (BAĞ KUR)	Landwirte (BAĞ KUR)
Alters-, Invaliden-, Hinterbliebenenrente	19. u. 20. Jahrhundert 1946 (einheitlich)	1957	1984	1971	1983
Unfallgeld	(2007)	1949	2007	2007	2007
Arbeitslosengeld	-	1999	-	-	-
Krankengeld	(2007)	1957	2007	2007	2007
Mutterschaftsgeld	(2007)		2007	2007	2007

Quellen: Alper (1997); Şakar (2004), Güzel/Okur (2005)

über 65 Jahren profitieren, welche keinen Anspruch auf eine beitragsfinanzierte Rente hatten und von ihren Familienmitgliedern finanziell nicht versorgt werden konnten.

Insbesondere die 1980er und 1990er Jahre waren durch einen stetigen Ausbau des Sozialstaates gekennzeichnet. Schon während der Herrschaft der Militärjunta (1980 - 1983) wurden 1983 die Landwirte und andere bisher nicht versicherte Selbstständige in die Sozialversicherungskasse der Selbstständigen und 1984 die Landarbeiter in die Sozialversicherungsanstalt für Arbeitnehmer integriert. Mit dieser letzten Ausweitung des Kreises der Versicherten wurde die gesamte Landwirtschaft, welche ja die Mehrheit der Beschäftigten ausmachte, in das öffentliche Sozialversicherungssystem integriert (Alper 1997, Arıcı 1998; Alper 1998; Ahi 2001; Şakar 2004).

1992 wurde die staatliche Krankenversorgung für die Ärmsten ausgebaut. Mithilfe der so genannten „Grünen Karte" kamen die Ärmsten in den Genuss einer kostenlosen medizinischen Grundsicherung (Ahi 2001). 1999 wurde der Ausbau des türkischen Sozialschutzsystems mit der Einführung einer Arbeitslosenversicherung abgeschlossen. Damit waren alle Berufsgruppen in das öffentliche Sozialschutzsystem integriert und zumindest die Arbeiter und Beamten waren gegen alle Risiken des Erwerbsausfalls abgesichert.

2.2.3 Institutionelle Beschreibung des türkischen Sozialstaates bis 2008

Die türkische sozialpolitische und sozialjuristische Fachliteratur (Ahi 2001; Şakar 2004; Demirbilek 2005; Güzel/Okur 2005; Koray 2005) betrachtet den türkischen Sozialstaat als ein System aus zwei Säulen. Die erste dieser beiden Säulen stellt das System der sozialen Sicherung bzw. des Sozialschutzes (*sosyal güvenlik*) dar, unterteilt in das Sozialversicherungssystem *(sosyal sigorta sistemi* bzw. *pirimli rejim)* und in das System der sozialen Dienstleistungen und der sozialen Fürsorge *(sosyal yardım ve sosyal hizmet sistemi* bzw. *pirimsiz rejim)* (Güzel/ Okur 2005). Mit dem Begriff *pirimli rejim* bzw. *pirimsiz rejim* wird in der türkischen sozialrechtlichen und sozialpolitischen Literatur zwischen dem beitragsfinanzierten *(pirimli)* Sozialversicherungssystem und dem nicht beitragsfinanzierten *(pirimsiz)* System der sozialen Fürsorge unterschieden. Übersicht 7 stellt den Aufbau dieser zwei Säulen anhand der Dimensionen Leistungsart (Geld- vs. Sachleistungen) und Finanzierungsart (beitrags- vs. steuerfinanziert) dar.

Das aus den Beiträgen der Versicherten finanzierte Sozialversicherungssystem (*Säule 1.I.: Sosyal Güvenlik*) sichert durch regelmäßige monetäre Transferzahlungen (Alters-, Invalidenrenten, Krankengeld, Arbeitslosengeld, usw.) das Einkommen des Versicherten, wenn dieser vorübergehend (Arbeitslosigkeit, Krankheit, Arbeitsunfall, Schwangerschaft) oder permanent (Alter, Invalidität) nicht mehr arbeiten kann. Dieser Bereich besteht aus den drei Sozialversicherungskassen *SSK; BAĞ KUR* und *T.C. Emekli Sandigi* und der Arbeitslosenversicherung *IŞ KUR*. Im steuerfinanzierten System der sozialen Fürsorge und Dienstleistungen *(sosyal yardım ve sosyal hizmet sistemi* bzw. *pirimsiz rejim)* gewährt die soziale Fürsorge (*sosyal yardım:* 1. Säule IIa.*)* Personen, die unverschuldet in Not geraten sind und nicht durch die Familie unterstützt werden können, ein bescheidenes Grundeinkommen. Dieser Bereich setzt sich aus allen steuerfinanzierten und bedürfnisgeprüften Leistungen der unterschiedlichen öffentlichen und kommunalen Anbieter zusammen. Das System der sozialen Dienstleistung *(sosyal hizmet* 1. Säule IIb.*)* bietet für pflegebedürftige Zielgruppen wie Senioren, Behinderte und Kinder soziale Pflege- und Betreuungsleistungen an. Dies gilt insbesondere für die Leistungen für Kinder und Senioren, welche durch die staatliche Anstalt für soziale Dienstleistungen und Kinderschutz (SHÇEK) bereitgestellt werden (Çengelci 1996; Çengelci 1998; ÇSGB 2004; Demirbilek 2005; Güzel/Okur 2005).

Übersicht 7: **Die erste und zweite Säule des türkischen Sozialstaates vor 2008**

	Geldleistungen	Sachleistungen	
	1. Säule: Sosyal Gü-venlik (Soziale Si-cherheit)	*2. Säule: Sağlık sistemi (Gesundheits-system)*	
beitragsfinanziert	I. Sozialversicherung [i] (sosyal sigorta sistemi): • *SSK* • *BAG KUR* • *T.C. Emekli Sandigi* • *IS KUR (Arbeitslo-sengeld)*	• medizinische Versorgung von Ar-beitern, Selbstständigen, Landwirten und Landarbeitern in den Städten	
steuerfinanziert	II. a. Soziale Fürsorge (sosyal yardım): • *Beitragsfreie Alters-rente für bedürftige alte Menschen über 65 (65er Hilfe)* • *SYDV* • *Beihilfe für Behin-derte der SHCK* • *Kommunale Pro-gramme*	• medizinische Behandlung von Beamten • Leistungen der Gesundheitsposten auf dem Land II. b. Soziale Dienstleistung (sosyal hizmet): • *SHCEK* • *private Anbieter*	„Grüne Karte": kostenlose medizi-nische Versorgung der Armen in den Ambulanzen der Staatskrankenhäuser

I.: pirimli rejim (beitragsfinanzierte Leistungen des Systems der sozialen Sicherheit)
IIa & IIb: pirimsiz rejim (nichtbeitragsfinanzierte Leistungen des Systems der sozialen Sicherheit)

Die zweite Säule des türkischen Sozialstaates bildet das Gesundheitswe-sen. Dieses aus Beiträgen und Steuermitteln mischfinanzierte System ist für die medizinische (Grund-) Versorgung der Bevölkerung verantwortlich. Hier ist zum einen die medizinische Versorgung der Bevölkerung in den Krankenhäu-sern und Arztpraxen in den Städten zu nennen. Deren Leistungen werden im Falle der Arbeitnehmer und Selbstständigen durch die beitragsfinanzierte Kran-kenversicherung finanziert, während der Staat für die medizinische Behandlung der Beamten und öffentlichen Angestellten aufkommt. Zum anderen stellen die so genannten Gesundheitsposten (*saglık ocaklari*), für die ländliche Bevölkerung eine kostenlose rudimentäre Grundversorgung bereit. Zusätzlich gibt es das Pro-

gramm der „Grünen Karte" (*Yeşil Kart*). Ihr Ziel ist es, den Ärmsten ohne Krankenversicherung in den Ambulanzen der Staatskrankenhäuser eine kostenlose
Behandlung zu ermöglichen. Dabei wird die Bedürftigkeit der Antragssteller
durch die halbstaatlichen Stiftungen für soziale Fürsorge und gegenseitige Unterstützung *(Sosyal Yardım ve Dayanışma Vakıfları; SYDV)* geprüft (Übersicht
7).

2.2.3.1   Das System der sozialen Sicherung (Sosyal Güvenlik Sistemi)

Das Sozialversicherungssystem (*Sosyal Sigorta Sistemi* bzw. *primli rejim*)

Das türkische Sozialversicherungssystem ist eine beitragsfinanzierte Pflichtversicherung. Alle Erwerbstätigen sind in einer öffentlichen Sozialversicherungs-
versicherungskasse zwangsversichert und zahlen als Versicherungsbeitrag einen
bestimmten Anteil ihres Bruttolohns an ihre Sozialversicherungskasse. Im Gegenzug haben sie einen Anspruch auf eine Reihe von monetären Transferzahlungen (Renten, andere Geldzahlungen) wenn sie vorübergehend (Krankheit, Arbeitslosigkeit, Arbeitsunfall oder Schwangerschaft) oder permanent (Alter, Invalidität, Tod) aus dem Erwerbsleben ausscheiden. Zusätzlich werden die Versicherten und ihre nichterwerbstätigen Familienmitglieder (Ehepartner, Kinder)
medizinisch versorgt, d. h., der Versicherungsträger übernimmt die Kosten für
die medizinische Versorgung der Versicherten (Vorsorgeuntersuchungen, ambulante und stationäre Behandlung in den Krankenhäusern, Behandlung durch
Fach- und Zahnärzte, Kuren) und für verschreibungspflichtige Medikamente.
Dabei orientiert sich die Höhe der monetären Transferleistungen am Äquivalenzprinzip, d. h. die Höhe der Beiträge und die Länge des Zeitraums, in dem
der Versicherte seine Versicherungsbeiträge eingezahlt hat, bestimmen die Höhe
der Leistungen. Damit der Versicherte überhaupt einen Anspruch auf diese Leistungen hat, muss er für einen bestimmten Zeitraum (Versicherungstage) Beiträge
gezahlt haben. Dabei sind die Erwerbstätigen in verschiedenen Berufskassen
zwangsversichert, in denen sich der Umfang der Leistungen, die Höhe der Beiträge sowie die versicherungstechnischen Bedingungen unterscheiden (Demirbilek 2005; Güzel/ Okur 2005).
   Das türkische Sozialversicherungssystem bestand bis zur Sozialstaatsreform 2008 aus drei Berufskassen. Die so genannte „Sozialversicherungsanstalt"
(*Sosyal Sigorta Kurumu, SSK*) war mit ca. 35 % aller Erwerbstätigen die größte
der drei Sozialversicherungskassen. Sie war die Versicherungsanstalt aller Erwerbstätigen in der Privatwirtschaft, der Landarbeiter (Ausnahme: Saisonarbei-

ter), der Lehrlinge sowie der Rechtsanwälte, die in der türkischen Sozialrechtsgebung nicht als Selbstständige gelten. 15 % aller Erwerbstätigen waren in der „Selbstständigen Kasse" (*Bağımsız Çalisanlar Kurumu, BAĞ KUR*) versichert. Die *BAĞ KUR* war die Sozialversicherungskasse aller selbstständigen Landwirte, Gewerbetreibenden, Handwerker und der Freiberufler. In der so genannten „Rentenkasse" (*T.C. Emekli Sandığı; ES*) waren die Beamten, die öffentlichen Angestellten und das zivile und militärische Personal der türkischen Streitkräfte (*Türkiye Silahlı Kuvvetleri, TSK*) mit ungefähr 11% aller Erwerbstätigen (Tabelle 2) versichert. Die SSK stand unter der Aufsicht des Ministeriums für Arbeit und Sozialschutz (*T.C. Çalişma ve Sosyal Güvenlik Bakanlığı*), während die beiden anderen Sozialversicherungskassen dem Finanzministerium (T. C. *Maliye Bakanlığı*) unterstanden (Güzel/ Okur 2005).

Neben diesen drei großen Versicherungskassen existierten noch eine Reihe von Betriebskassen einzelner privater Banken und Versicherungen, welche für ihre Beschäftigten beitragsfinanzierte Sozialleistungen zur Verfügung stellten. Die Versicherten in diesen Betriebskassen machten jedoch nur 0,03 % aller Erwerbstätigen aus und werden deshalb auch hier nicht näher behandelt (T.C. DTP 2001a).

1999 wurde als eigenständige Institution die „Arbeitslosenanstalt" (*IŞ KUR*) gegründet, welche das Arbeitslosengeld auszahlt und die Arbeitslosen bei der Arbeitssuche unterstützt. Eine Arbeitslosenhilfe für Arbeitslose, die keinen Anspruch (mehr) auf Arbeitslosengeld haben, existiert in der Türkei nicht. Insbesondere junge Erwerbstätige, die zum ersten Mal in den Arbeitsmarkt eintreten und deshalb an die Arbeitslosenkasse keine Beiträge gezahlt haben, sind somit nicht geschützt (Şakar 2004; Güzel/ Okur 2005).

Das türkische Sozialversicherungssystem kennt im Allgemeinen keine obligatorische Zusatzversicherung. Nur für das militärische Personal existiert solch eine Zusatzversicherung, die „Unterstützungskasse der Armee" (*Ordu Yardım Aktarma Kurumu, OYAK*). Sie gewährt ihren Mitgliedern eine zweite Altersrente und weitere Beihilfen, wie zum Beispiel günstige Wohnkredite oder Beihilfen für die Ausbildung der Kinder (Akca 2006; Parla 2006).

Bis 2008 unterschieden sich die Höhe der Beiträge und der Umfang der Leistungen von Kasse zu Kasse. Zum einen wurden die einzelnen Berufsgruppen unterschiedlich finanziell belastet. In allen drei Versicherungen mussten die Versicherten einen einzigen Beitrag für die (Alters- Invaliden- und Hinterbliebenen-) Rentenversicherung bezahlen. Für die Versicherten der *SSK* und der *BAĞ KUR* betrug dieser Beitrag ungefähr 20 % des Bruttoeinkommens, für die Mitglieder der *ES* 16 %. Die Versicherten der *SSK* mussten aber neben

Tabelle 1: **Versicherte der Sozialversicherungskassen (1950 – 2004)[a]**

	1950	1960	1970	1980	1985	1990	1995	2000	2004
1. Erwerbstätige Beitragszahler			1.313.500	2.204.807	2.626.165	3.661.336	5.443.065	6.311.866	6.820.520
a. Arbeitnehmer			1.313.500	2.204.807	2.607.865	3.286.929	4.208.761	5.283.234	6.368.952
b. Erwerbstätige Rentner						300.000	980.841	843.957	274.568
SSK c. Landarbeiter					18.300	74.407	253.463	184.675	177.000
2. Rentner			145.446	635.815	1.070.681	1.596.634	2.337.755	3.339.327	4.120.866
3. krankenversicherte nicht erwerbstätige Familienmitglieder			4.324.908	7.833.550	9.879.412	14.230.000	20.743.140	22.541.181	27.292.353
BAG KUR 1. Erwerbstätige Beitragszahler				1.100.500	1.926.565	2.825.473	2.746.215	3.312.694	3.448.549
a. Selbstständige				1.100.500	1.681.747	1.967.379	1.870.219	2.181.586	2.212.299
b. Erwerbstätige Rentner						106.019	76.864	254.960	238.313
c. Landwirte					244.818	752.075	799.132	876.148	997.937
2. Rentner				138.317	294.496	595.889	880.820	1.277.444	1.519.190

3. krankenversichert erwerbs-tätige Familienmitglieder				3.301.500	5.779.695	7.911.324	8.282.543	10.446.180	11.266.245
T.C. ES 1. Erwerbstätige Beitragszahler	199.825	359.303	823.829	1.325.000	1.400.000	1.560.000	1.880.437	2.163.698	2.404.091
2. Rentner	9.302	61.862	180.895	495.669	680.142	843.443	952.360	1.296.935	1.534.576
3. krankenversicherte nicht erwerbstätige Familienmitglieder	612.291	1.139.180	2.573.784	3.605.604	3.798.440	4.179.698	5.291.090	4.850.417	5.331.249
Summe 1. Erwerbstätige Beitragszahler	199.825	359.303	2.172.329	4.708.044	5.766.390	6.898.380	8.030.271	9.707.013	11.058.754
2. Rentner	9.302	61.862	326.341	1.281.744	1.883.543	3.068.375	4.222.883	5.984.972	7.248.999
3. krankenversichert nicht erwerbstätige Familienmitglieder	61.2291	1.139.180	6.948.182	1.4847.104	1.9648.516	26.516.727	34.485.218	38.011.586	44.043.509

[a] nicht enthalten sind die Betriebskassen für die Mitarbeiter der Banken und Versicherungen

Quelle: TUIK (2006)

Tabelle 2:   **Beitragszahler und Leistungsempfänger der einzelnen Sozialversicherungskassen (2005)**

Versicherungsanstalt	Erwerbstätige, die Beiträge zahlen	in % aller Erwerbstätigen	Personen, die Alters- Invaliden- und Hinterbliebenenrenten Beziehen	Nicht erwerbstätige Familienmitglieder (Ehefrau, Kinder) die krankenversichert sind	Gesamt	Anteil an der Gesamtbevölkerung (%)
SSK	**7.651.705**	**34,7**	**4.308.186**	**29.447.871**	**41.407.762**	**57,46**
I. Erwerbstätige in der Privatwirtschaft a. Pflichtversicherte	6.918.605	31,4	4.286.028	28.735.159	39.939.792	55,42
b. Freiwillig Versicherte	226.558	1,0	-	-	266.558	0,37
c. Gruppenversicherte	47.332	0,2	-	-	47.332	0,07
II. Lehrlinge	241.032	1,1	-	-	241.032	0,33
III. Landarbeiter	178.178	0,8	22.158	712.712	913.048	1,27
T.C. Emekli Sandığı (ES)	**2.402.409**	**10,9**	**2.695.426**	**5.456.397**	**10.554.232**	**14,65**
I. Beamte	2.4024.09	10,9	1.595.973	5.456.397	9.454.779	13,12
II. Sonderrente von Kriegsveteranen	-	-	52.112	-	55.112	0,07
III. 65er Rente (steuer- finanziert)	-	-	1.047.341	-	1.047.341	1,45
BAĞ KUR	**3.354.372**	**15,2**	**1.600.294**	**11.035.587**	**15.990.253**	**22,19**
I. Selbstständige	2.329.901	10,6	1.375.681	7.963.254	11.668.836	16,19
II. Landwirte	1.024.471	4,6	224.613	3.072.333	4.321.417	6,00
Pensionskassen der Banken	**7.552**	**0,03**	**7.6027**	**154.590**	**306.169**	**0,42**
Gesamt	**13.484.038**	**61,2**	**8.679.933**	**46.094.445**	**68.258.416**	**94,72**

Quelle: T. C. SGK (2006)

Grafik 1: **Verteilung der erwerbstätigen, beitragszahlenden Versicherten (2005)[a]**

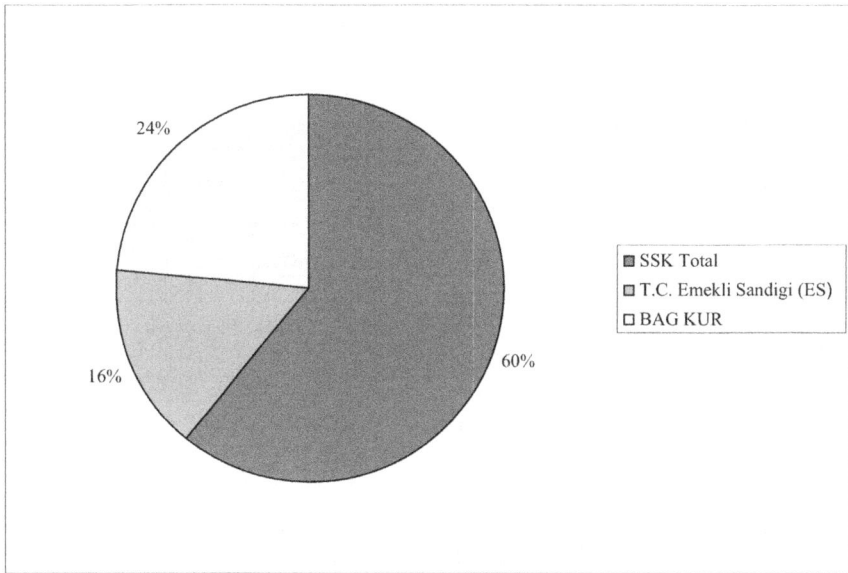

Legend:
- SSK Total
- T.C. Emekli Sandigi (ES)
- BAG KUR

Pie values: 24%, 16%, 60%

[a] in % aller Erwerbstätigen, die sozialversichert sind und Sozialversicherungsbeiträge zahlen
Quelle: T. C. SGK (2006)

diesem Beitrag für die Alters- Invaliden- und Hinterbliebenenrente zusätzlich noch Sozialversicherungsbeiträge für die Krankenversicherung und den Mutterschutz sowie für Arbeitslosenversicherung zahlen. Die Selbstständigen, die in der *BAĞ KUR* versichert waren, zahlten ebenfalls einen Versicherungsbeitrag für die Krankenversicherung, der aber nur die Behandlung in Krankenhäusern und Arztpraxen abdeckte, ohne Anspruch auf Kranken- und Mutterschaftsgeld. Die Beamten und öffentlichen Angestellten, die in der *T.C. Emekli Sandığı* versichert waren, zahlten neben dem Beitrag für die Rentenversicherung keine weiteren Beiträge. Die. Kosten für die medizinische Versorgung sowie die Lohnfortzahlung bei kurzfristiger Arbeitslosigkeit wurde durch den Staat übernommen (Güzel/ Okur 2005) (Übersicht 8)

Vergleicht man das Verhältnis zwischen eingezahlten Beiträgen und gewährten Sozialleistungen, zeigt sich, dass die Versicherten der *BAG KUR* finanziell am stärksten belastet wurden, aber zugleich die geringsten Sozialleistungen

Übersicht 8: **Höhe der Beiträge der einzelnen Sozialversicherungskassen** [a][b]

	SSK	BAG KUR	T.C. Emekli Sandığı (ES)
	Arbeitnehmer Landarbeiter Lehrlinge Anwälte	Gewerbetreibende Handwerker Landwirte Freiberufler	Beamte Militär- personal öffentl. Ange- stellte
Alters-, Invaliden-, Hinterbliebenenrente	20% (11% AG; 9 %AN)	20%	16%
Krankenversicherung	13% (6 % AG; 5% AN)	20% (nur Sachleistungen)	Leistungen steuerfi- nanziert
Mutterschaft	1 % AN	Keine Leistungen	
Arbeitsunfall	1,5 – 7% AG	Keine Leistungen	
Arbeitslosigkeit (IŞKUR)	6%: (2% AN; 3% AG; 1% Staat)	Keine Leistungen	

[a] % Anteil des Nettoeinkommens
[b] AG = Arbeitgeberanteil, AN= Arbeitnehmeranteil
Quelle: Güzel/Okur (2005)

bekamen. Die Selbstständigen in der Türkei hatten nur einen Anspruch auf Al- ters-, Invaliden- und Hinterbliebenenrente sowie medizinische Versorgung im Krankheitsfall, aber keinen Anspruch auf Kranken-, Unfall-, Arbeitslosen- und Mutterschaftsgeld. Sie zahlten den vollen Beitrag für die Alters- Invaliden- und Hinterbliebenenrente sowie für die Krankenversicherung. Dabei gaben sie auf einer 28- stufigen Einkommenstabelle ihr Einkommen aus selbstständiger Arbeit selbst an, an dem sich auch die Höhe der Beiträge richtete. Meist gaben die Ver- sicherten ein zu niedriges Einkommen an, was dazu führte, dass die Renten der *BAG KUR* meist unterhalb oder knapp über dem gesetzlichen Mindestlohn lagen (Ahi 2001, DPT 2001a; Güzel/ Okur 2005).

In der *SSK* waren Arbeitnehmer und Landarbeiter zwar zusammen versi- chert, wurden aber sozialrechtlich unterschiedlich behandelt. Nur die Arbeitneh- mer hatten sowohl einen Anspruch auf Alters-, Invaliden-, und Hinterbliebenen- rente und medizinische Versorgung als auch auf Kranken-, Mutterschafts-, Un- fall- und Arbeitslosengeld. Die erst 1983 in die SSK integrierten Landarbeiter hatten dagegen nur einen Rentenanspruch und einen Anspruch auf medizinische Versorgung, aber nicht auf Lohnfortzahlung bei temporärer Arbeitsunfähigkeit (Übersicht 9). Hier ging wohl der Gesetzgeber davon aus, dass bei Landarbeitern die traditionelle Familie das Familienmitglied versorgt, wenn es vorübergehend nicht arbeiten kann.

Im Vergleich mit den anderen beiden Versicherungskassen stellt die Versicherung der Rentenkasse der Beamten eine Art „Erste Klasse Versicherung" dar (Ahi 2001). Die Versicherten der *ES* hatten nicht nur einen Anspruch auf Alters-, Invaliden- und Hinterbliebenenrente, medizinische Grundversorgung sowie Lohnfortzahlung bei Krankheit, Arbeitsunfall und Schwangerschaft. Ebenso kamen sie in den Genuss von einmaligen Sonderzahlungen bei bestimmten Anlässen (Hochzeit, Geburt, usw.) und waren die Einzigen mit einem Anspruch auf Familienbeihilfen (*Aile Yardımı*). Die *Aile Yardımı* gewährte einen Zuschlag auf den Grundsold des Versicherten, für maximal zwei Kinder bis zum 18. (Söhne) bzw. 24. Lebensjahr (unverheiratete Töchter und Söhne in Ausbildung). Dabei durfte aber der Ehepartner des Versicherten nicht erwerbstätig sein. Die Versicherten der *ES* hatten auch eine freie Auswahl bei Ärzten, Krankenhäusern und anderen Anbietern medizinischer Leistungen, wobei der Staat alle medizinischen Kosten übernahm. Dagegen war die freie Wahl der Ärzte und Krankenhäuser für die Mitglieder der *SSK* und *BAĞ KUR* eingeschränkt. Sie konnten nur zu Ärzten und Kliniken, die einen Kooperationsvertrag mit der *BAĞ KUR* oder der *SSK* hatten. Bis zur Reform des Gesundheitswesens 2005 durften die Versicherten der *SSK* nur die speziellen Krankenhäuser der *SSK* aufsuchen (Übersicht 9). Erst seit Anfang 2007 wurde diese Beschränkung aufgehoben und alle Berufsgruppen haben nun ein Anrecht auf freie Ärzte- und Krankenhauswahl.

Doch die drei Kassen unterschieden sich nicht nur nach der Höhe der Beiträge und dem Umfang der Sozialleistungen. Sie unterschieden sich auch in den versicherungstechnischen Voraussetzungen für einen Anspruch auf diese Sozialleistungen. Zwar hatten in allen drei Versicherungskassen die Versicherten prinzipiell einen Anspruch auf eine Altersrente, aber bis zur Reform des türkischen Sozialschutzsystems Mitte 2008 unterschieden sich die versicherungstechnischen Voraussetzungen z. B. für eine Altersrente sehr stark. Die Versicherten der *SSK* mussten 7000 Tage Beiträge an die *SSK* gezahlt haben, um eine volle Altersrente zu bekommen. Wenn sie mindestens 4000 versicherungspflichtige Tage beschäftigt gewesen waren, konnten sie einen Antrag für eine Teilrente stellen. Das gesetzliche Mindestalter für eine Verrentung beträgt seit 1999 58 Jahre für Frauen und 60 für Männer. Vor 1999 existierte keine Altersgrenze, und Personen die 25 Jahre beschäftigt waren, konnten einen Antrag auf Frührente stellen. Damit konnte jemand im Prinzip schon mit 43 Jahren in Rente gehen. Die niedrigste *SSK* Rente betrug 2002 monatlich ca. 400 YTL, ungefähr 266 Euro, was knapp über dem gesetzlichen Mindestlohn von ca. 360 YTL lag. Die höchste Rente betrug 717 YTL, ca. 474 Euro monatlich (Şakar 2004; Güzel/ Okur 2005).

Übersicht 9: **Versicherungsleistungen der einzelnen Sozialversicherungs-kassen bis 2008**

	SSK	BAG KUR	T.C. Emekli Sandığı (ES)
Versicherte Berufs-gruppen	Arbeitnehmer Landarbeiter Lehrlinge Anwälte	Gewerbetreibende Handwerker Landwirte Freiberufler	Beamte öffentl. Angestellte Militärpersonal
Alters-, Invaliditäts-, Hinterbliebenenrente	Ja	Ja	Ja
Geldleistungen bei Krankheit, Mutter-schaft, Arbeitsunfall	Nur für Arbeitnehmer und Anwälte	Nein	Lohnfortzahlung durch Staat
Medizinische Ver-sorgung	Ja	Ja	Ja
Arbeitslosengeld (IŞKUR)	Nur für Arbeitnehmer	Nein	Nein

Quelle: Güzel/Okur (2005)

Die Versicherten der *BAĞ KUR* mussten dagegen ca. 9000 versicherungs-pflichtige Tage gearbeitet haben, um einen Antrag für eine volle Altersrente stellen zu können. Bei ihnen betrug das gesetzliche Rentenalter 58 bei Frauen und 60 Jahre bei Männern. Bei 5000 Versicherungstagen durften sie auch einen Antrag auf gesetzliche Teilrente stellen, bei der sich aber das gesetzliche Min-destalter auf 60 bei Frauen und auf 62 bei Männern erhöhte. Die niedrigste Voll-rente betrug 2002 monatlich 329 YTL, ca. 219 Euro. Der Großteil der *BAĞ KUR* Rentner bekam diese Mindestrente, weil sie ihren Verdienst meist zu niedrig angegeben hatten. Die höchste Rente betrug 1086 YTL, ca. 724 Euro monatlich (Übersicht 10).

Bei den Versicherten der *ES* orientierte sich der Anspruch auf eine Rente nicht an der Beitragszeit, sondern an der Zeit im öffentlichen Dienst. Die Versi-cherten der *Emekli Sandigi* brauchten 25 Jahre im öffentlichen Dienst, um einen Antrag für eine volle Altersrente stellen zu können und mindestens 15 Jahre für eine vorgezogene Teilrente. Das gesetzliche Rentenalter betrug bei Frauen 58 und bei Männern 60 Jahre. Die Höhe die Höhe der Rente richtete sich nach der Dienstzeit der Beamten und Offiziere. Bei 50 Dienstjahren hatte man Anspruch auf eine Rente in voller Höhe seiner früheren Bezüge, bei mindestens 15 Jahre Dienstjahren bekam man eine (Mindest-) Rente, von ungefähr 65% seiner frühe-ren Bezüge (Şakar 2004; Güzel /Okur 2005).

Übersicht 10: **Die türkische Altersrente bis 2008**

	SSK	BAĞ KUR	T.C. Emekli Sandığı (ES) "
I. Bedingungen			
1. versicherte Berufsgruppen	Arbeitnehmer Landarbeiter Lehrlinge Anwälte	Gewerbetreibende Handwerker Landwirte Freiberufler	Beamte öffentl. Angestellte Militärpersonal
2. Beitragszeiten (seit 1999)	Vollrente: 7000 Versicherungstage Teilrente: 4000 Versicherungstage und 25 Jahre beschäftigt	Vollrente: 25 Jahre Beiträge gezahlt Teilrente: 15 Jahre Beiträge gezahlt	Vollrente: 25 Jahre beschäftigt im öffentlichen Dienst Teilrente: 15 Jahre beschäftigt im öffentlichen Dienst
3. Gesetzliche Mindestaltersgrenze für den Erwerb einer Altersrente (seit 1999)	Frauen 58 Jahre/ Männer 60 Jahre	Bei Vollrente: Frauen 58 Jahre/ Männer 60 Jahre Bei Teilrente: Frauen 60 Jahre/ Männer 62 Jahre	Frauen 58 Jahre/ Männer 60 Jahre
II. Leistungen			
1. Berechnungsmethode	= monatlicher Bezugslohn * (durchschnittl. Jahresverdienst/12) *Bezugslohn: bis 3600 Beitragstage= 3,5% für jedes Jahr (360 Tage) 3601 – 5400 Tage: 2,0 % für jedes Jahr (360 Tage), 5400 – Tage: 1,5 % für jedes Jahr (360 Tage)	= monatlicher Bezugslohn * durchschnittl. jährliches Einkommen aus selbsttätiger Arbeit/12) Bezugslohn: 10 Jahre beschäftigt= 3,5% für jedes Jahr (360 Tage) 15 Jahre beschäftigt: 2,0 % für jedes Jahr (360 Tage), 25 Jahre und mehr beschäftigt 1,5 % für jedes Jahr (360 Tage)	25 Jahre Dienst = 75% des monatlichen Lohns Für jedes zusätzliche Jahr = 1% zusätzlich Für jedes fehlende Jahr = 1% weniger Nicht mehr als 100%
2. Referenzeinkommen	Seit 1.1.2000: Summe aller Jahreseinkommen Bis 31.12.1999: Einkommen der letzten 10 Jahre	Durchschnittliches Einkommen aus selbstständiger Arbeit, welches der Versicherte selbst angibt (24 stufige Gehaltstabelle)	Orientiert sich an durchschnittlicher Besoldung des Versicherten

| 3. Rentenhöhe (2004) | Mindestrente: 400,46 TL/monatlich = 266,97 Euro Höchstrente: 717,12 TL/monatlich = 474,74 Euro/ monatlich | Mindestrente (1. Gehalts-stufe): 329,27 TL/monatlich (219,51 Euro) Höchstrente: (24. Ge-haltsstufe): 1086,77 TL/monatlich (724,51 Euro) | |

Quellen: Şakar (2004); Güzel/ Okur (2005)

Vergleicht man die versicherungstechnische Behandlung der vier Berufs-gruppen (Beamte, Landarbeiter, Selbstständige und Arbeitnehmer), so fällt zuerst auf, dass die Beamten gegenüber den anderen Berufsgruppen deutlich bevorzugt werden, was allerdings auch in anderen Ländern der Fall ist, weil der Staat meis-tens an einer ausreichenden Versorgung der Staatsbediensteten und seiner Fami-lienangehörigen interessiert ist. Aber im türkischen Sozialversicherungswesen werden die Selbstständigen und Landwirte, die in anderen Ländern oft einen großen Einfluss über die politischen Parteien ausüben können, am stärksten fi-nanziell belastet und bekommen die geringsten Sozialleistungen. Die Arbeit-nehmer nehmen eine Zwischenstellung zwischen den sozialrechtlich privilegier-ten Beamten und den unterprivilegierten Selbstständigen und Landwirten eine (Übersicht 10).

Betrachtet man schließlich die Verteilung der öffentlichen Sozialausgaben, so ist zu erkennen, dass fast die Hälfte aller öffentlichen Sozialausgaben für die Alters-, Invaliden- und Hinterbliebenenrente ausgegeben wird (Grafik 2). Unge-fähr ein Drittel aller Ausgaben geht an die medizinische Versorgung der Bevöl-kerung, während die Ausgaben für das Mutterschafts-, Unfall-, Kranken- und Arbeitslosengeld sowie die Beihilfen für die (Beamten-) Familien insgesamt nur 16 % aller öffentlichen Sozialausgaben betragen. Das bedeutet, dass der türki-sche Sozialstaat und speziell das türkische Sozialversicherungssystem sich nur um die Personen – meist Familienväter – kümmert, welche für immer aus dem Erwerbsleben ausscheiden. Für den Fall, dass der oder die Erwerbstätige auf-grund von Krankheit, Arbeitslosigkeit oder Schwangerschaft vorübergehend nicht arbeiten kann, sind die Leistungen sehr gering bzw. nicht existent. Das türkische Sozialschutzsystem versorgt den Betroffenen in diesem Fall nur rudi-mentär. Die weitere finanzielle Unterstützung muss die Familie übernehmen.

Dabei zeigen das Fehlen einer Pflegeversicherung oder die geringen Fami-lienbeihilfen für Beamte, dass der Staat die Bemühungen und Leistungen der Fa-milie nicht ausreichend monetär entlastet. Das türkische Sozialversicherungssys-tem ist stark „rentenbezogen" (Grafik 2).

Grafik 2:   **Verteilung der öffentlichen Sozialausgaben in der Türkei (1999)**

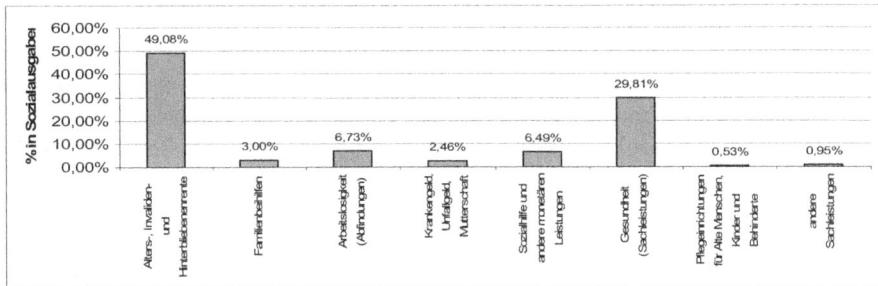

Quelle: OECD Social Expenditure Database (SOCX)

Im internationalen Vergleich sind die öffentlichen Sozialausgaben sehr niedrig. 1999 betrugen sie 14 % des Bruttoinlandsproduktes. Zwar werden 50 % aller öffentlichen Sozialausgaben für die Renten ausgegeben, aber mit nur 7 % des Bruttoinlandsproduktes sind auch diese Ausgaben nicht sehr hoch. Die meisten türkischen Renten liegen meist nur knapp über dem gesetzlichen Mindestlohn, welcher 2002 360 YTL im Monat (ca. 200 Euro), betrug (Ahi 2001).

Das System der sozialen Fürsorge und sozialen Dienstleistung (*Sosyal Yardım ve Sosyal Hizmetler Sistemi bzw. pirimsiz rejim*)

Steuermitteln. Dabei sind aber die Leistungen von *sosyal yardım* und *sosyal hizmet* nicht universell und einheitlich. Nicht alle Personen haben z. B. einen Anspruch auf einen Kindergartenplatz oder auf eine monetäre Leistung der sozialen Fürsorge. Verschiedene Behörden wie z. B. die Anstalt für soziale Dienstleistungen und Kinderschutz (*Sosyal Hizmet ve Çocuk Esirgeme Kurumu; SHÇEK*) oder der Fonds für soziale Unterstützung und Solidarität (*Sosyal Yardım ve Dayanışma Teşvik Fonu; SYDTF*) stellen für bestimmte Personengruppen (Familien mit behinderten Kindern, bedürftige Senioren über 65, usw.) unterschiedliche Programme bereit. Dabei müssen die Antragsteller bestimmte soziale, ökonomische und familiäre Bedingungen erfüllen, um einen Anspruch geltend zu machen. Die einzelnen öffentlichen Behörden stellen diese Kriterien auf und überprüfen sie auch. Meist können die Kriterien sich jährlich ändern. Einen Rechtsanspruch auf die Leistungen gibt es nicht. Die Höhe und der Umfang der Leistungen sind meist von dem Grad der „Bedürftigkeit" des Antragstellers abhängig, also von seiner ökonomischen, körperlichen und familiären

Situation. So haben z. B. bedürftige Familien eher ein Anrecht auf einen der wenigen Kindergartenplätze oder nur bedürftige Familien mit behinderten Kindern haben Anspruch auf eine Unterstützung durch die *SHÇEK*. (T.C. DPT 2001b; Güzel/ Okur 2005).

Für die soziale Fürsorge ist der 1986 gegründete „Fonds zur Förderung der sozialen Hilfe und Solidarität" (*Sosyal Yardimlasma ve Dayanışmaya Teşvik Fonu; SYDTF*) zuständig. Das Mandat des *SYDTF* zielt darauf, den Bürgern zu helfen, welche in absoluter Armut und Bedürftigkeit leben (Ahi 2001; T.C. DPT 2001b). Finanziert wird der Fonds aus den Brücken- und Autobahngebühren, Teilen der Mineralölsteuer und den staatlichen Glücksspiel- und Lotterieeinnahmen. Dabei vergibt der Fonds das Geld nicht direkt an die Bedürftigen, sondern arbeitet mit 931 regionalen „Vereinen und Stiftungen für soziale Hilfe und Solidarität" (*Sosyal Yardımlasma ve Dayanışma Vakıfları; SYDV*) zusammen, die für die Implementierung der Sozialhilfe zuständig sind (Saran 1995; Cengelci 1996: 31 ff; Şenses 1999; T.C. DPT 2001b: 64 ff), wobei die einzelnen regionalen *SYDV* auch die Bedürftigkeitskriterien für die Sozialhilfe aufstellen.

Auch wenn die *SYDV* bei ihren Vergabekriterien autonom sind, handelt es sich bei ihnen um halbstaatliche Organisationen. Meist ist der Vereinsvorsitzende gleichzeitig der Provinzgouverneur oder der Bezirksvorsteher, die anderen Vorstandsmitglieder sind der Bürgermeister der Provinz- oder Kreishauptstadt, der oberste Finanzbeamte der Provinz, der Provinzdirektor für soziale Angelegenheiten, Beamte des Gesundheitsamtes sowie drei weitere Bürger. Bei den Beihilfen der *SYDV* handelt es sich um Sachleistungen (Kleidung, Brennstoff, Medikamente, usw.) und um finanzielle Beihilfen, die einmalig oder für einen bestimmten Zeitraum ausgezahlt werden. Zusätzlich wurde 1992 in Zusammenarbeit mit dem *SYDTF* und dem Gesundheitsministerium das Programm der „Grünen Karte" (*Yeşil Kart*) eingeführt. Die "Grüne Karte" ist für Personen gedacht, die keine Leistungen von den Sozialversicherungskassen bekommen und deren Einkommen weniger als 1/3 des gesetzlichen Mindestlohns (2003: ca. 200 €) beträgt und die deshalb in den Ambulanzen der staatlichen Krankenhäuser kostenlos behandelt werden (Ahi 2001).

Als weiteres staatliches Programm der Armenfürsorge gibt es noch das „65 – Jährigen Gesetz" (*2022 sayılı 65 Yaşını Doldurmuş Muhtac Güçsüz ve Kimsezis Türk Vatandaşları Aylık Bağlanması Hakkında Kanun*) für Bedürftige über 65, die keine Familienangehörigen haben und deshalb Anspruch auf eine monatliche soziale Altersbeihilfe besitzen. Für die „Grüne Karte" und das „65er Gesetz" sind die jeweiligen kommunalen Verwaltungen zuständig bzw. die Ortsvorsteher in den jeweiligen Stadtbezirken, die auch für die Bedürftigkeitsprüfung

Tabelle 3:   **Anzahl derjenigen die steuerfinanzierte Renten beziehen (2006)**

Renten nach dem 65er Gesetz	1.243.881
- Altersrente	927.077
- Invalidenrenten	315.982
Andere nicht beitragsfinanzierte Renten	51.545
- Veteranenrente	39.821
- Kriegswitwen und Kriegswaisenrente	11.724
Andere	8.872
Total	1.304.298

Quelle: T. C. SGK (2006)

verantwortlich sind. Ausgezahlt wird die Leistung des „65-er Gesetzes" durch die Sozialversicherungskasse der Beamten, T.C. *Emekli Sandığı* (T.C. DPT 2001b).

Auch die Kommunen haben eigene Programme, bei denen es sich um unregelmäßige Sachleistungen handelt. Als weiterer staatlicher Akteur betreibt das dem Innenministerium unterstellte „Generaldirektorat für Stiftungen" (*Vakıflar Genel Müdürlüğü*) 40 Armenküchen, unterhält 60 Studentenhäuser für bedürftige Studenten und gewährt Behinderten eine regelmäßige Beihilfe (T.C. DPT 2001b). Neben den staatlichen Programmen wächst aber auch seit den 1990ern die Bedeutung nichtstaatlicher Akteure bei der sozialen Fürsorge. Dabei handelt es sich oft um einzelne Vereine und Stiftungen, die sich aus den Mitgliedsbeiträgen und Spenden finanzieren und auf lokaler Ebene den Bedürftigen zu helfen versuchen. Dennoch haben die staatlichen und insbesondere die kommunalen Hilfsprogramme eine dominante Rolle bei der Sozialhilfe gegenüber anderen nicht staatlichen Akteuren. Religiöse Organisationen spielen bei der türkischen sozialen Fürsorge so gut wie keine Rolle, trotz der Existenz einer religiösen Verpflichtung im Islam, wie der Almosensteuer. Aufgrund des schon zuvor beschriebenen rigiden türkischen Laizismus ist der türkische Staat nicht an einer Zusammenarbeit mit privaten religiösen Einrichtungen interessiert, deren Existenz er als eine Gefahr und Konkurrenz betrachtet. Ebenso spielt auch die fehlende Institutionalisierung der islamischen Soziallehre eine Rolle. Somit existieren nur einige wenige religiöse Einrichtungen neben einer Vielzahl von säkularen, mehrheitlich staatlichen Einrichtungen. Ein Merkmal, das die Türkei nicht nur von westeuropäischen Ländern unterscheidet, sondern auch von den anderen islamischen Ländern. Aus Mangel an staatlichen Einrichtungen dominieren in diesen Ländern meist Einrichtungen des politischen Islams die soziale Fürsorge. Beispiele hiefür sind die Einrichtungen der Islamischen Bruderschaft in Ägypten, der Hisbollah im Libanon oder der Hamas in Palästina (Rieger 1996; Faathet al. 2003; Bonner et al. 2003; Clark 2004; Petersen/ Sparre 2007).

Die „Anstalt für soziale Dienste und Kinderschutz" (*Sosyal Hizmetler ve Çocuk Esirgeme Kurumu; SHÇEK*), welche dem Premierminister untersteht, verwaltet die meisten öffentlichen sozialen Dienstleistungen. Der *SHÇEK* ging aus dem 1923 gegründeten halbstaatlichen Kinderschutzbund (*Çocuk Esirgeme Kurumu*) hervor, welcher 1983 von einer halbstaatlichen Einrichtung zu einer Behörde umgewandelt wurde. Sie hat die Aufgabe, hilfsbedürftige Kinder, alte Menschen und Behinderte zu schützen und ihnen durch Rehabilitationsmaßnahmen ein von der sozialen Hilfe unabhängiges Leben sowie eine Eingliederung in das gesellschaftliche Leben zu ermöglichen (Çengelci 1996; Sözer 1996; Çengelci 1998; T.C. DPT 2001b). Die Anstalt verwaltet die öffentlichen Altersheime, Waisenhäuser, Rehabilitationszentren sowie Kindertagesstätten. Die meisten dieser Alten- und Kinderheime werden von quasistaatlichen Trägervereinen getragen, die vom Oberbürgermeister der Stadt oder dem Gouverneur der Provinz geleitet werden. Somit werden 30.000 Personen (Alte, Behinderte und Waise) stationär betreut und weitere 70.000 Personen (Kinder) haben Zugang zu den ambulanten Dienstleistungen der *SHCEK*. Dennoch ist der Anteil an Pflegeeinrichtungen für Kinder und Alte, die von der öffentlichen Hand zur Verfügung gestellt werden, sehr bescheiden. Die Tatsache, dass immer mehr Frauen in der Türkei zu arbeiten anfangen– wenn auch nicht in den Maßen wie in den anderen südeuropäischen Gesellschaften – hat dazu geführt, dass heute neben den öffentlichen Betreuungseinrichtungen auch eine Vielzahl gewinnorientierter und nicht gewinnorientierter Einrichtungen existiert. Dabei handelt es sich um ein Konglomerat aus säkularen und einigen wenigen religiösen Einrichtungen, die jeweils auf kommunaler Ebene operieren. Eine überregionale Alternative zu den staatlichen Angeboten stellen diese Anbieter nicht dar. Wohlfahrtsverbände im westlichen Sinne haben sich aufgrund der türkischen Tradition einer lokal begrenzten Hilfe nicht entwickeln können.[13]

Insgesamt bleiben die Leistungen der sozialen Fürsorge und der sozialen Dienstleistungen recht bescheiden, unabhängig davon, ob sie von öffentlicher oder privater Seite angeboten werden. In der Türkei wird von der Familie erwartet, dass sie die Schutz- und Pflegeaufgaben für Kinder, Behinderte und Alte übernimmt. Erst wenn sie versagt, wird die informelle Hilfe der Nachbarschaft aktiv. Versagt auch diese Ebene, dann springt der Staat ein (Ahi 2001: 227; T.C.

---

13   Für eine Beschreibung der Unterschiede säkularer und religiöser Fürsorgeorganisationen in der Türkei, vgl. White (2003).

Tabelle 4: **Entwicklung der Stiftungen und Vereine in Istanbul (1971 - 1995)**

	1971	1975	1980	1985	1990	1995
Vereine für soziale Fürsorge	40	6	4	45	112	371
Sportvereine	39	7	8	53	57	124
religiöse Vereine	3	1	7	81	78	115
Kulturvereine	37	8	4	123	107	101
Arbeitervereine	9	1	0	1	1	2
Interessenvereinigungen	48	5	1	18	50	106
andere Vereine	73	4	3	37	54	157
Stiftungen	11	13	12	27	61	104
Gesamt	260	45	36	382	520	1.080

Quelle: Turan (1998)

Tabelle 5: **Nicht familiengestützte Pflegeeinrichtungen für Kinder, Alte und Behinderte nach Anbietern (2006)**

	Einrichtungen der SHÇEK	Einrichtungen anderer öffentlicher Anbieter	Einrichtungen gemeinnütziger Anbieter	Einrichtungen privater Anbieter
I. Kinder				
- Waisenheime (0 – 12 Jahre)	93	-	-	-
- Erziehungsanstalten (13 – 20)	110	-	-	-
- Einrichtungen für Straßenkinder	44	5		
- Kinderkrippen (0 -6)	-	-	-	475
- Kindertagesstätten (3 -6)	1.166	539	-	835
- Kindertagesstätten (3 –12)	-	-	-	76
- gemischt (0 -12)	-	-	-	87
- Vorschulen (5-6)	-	13.724	-	241
II. Alte Menschen				
- Altenheime	96	25	40	102
- Tagesstätten	5	-	-	-
III. Behinderte				
- Rehazentren	67	-	-	453

Quellen: TÜSIAD (2005); SHÇEK (2006a); SHÇEK (2006b)

DPT 2001b: 39ff.). Aus diesem Grund blieben, trotz Urbanisierung und Binnenmigration, die traditionellen Schutz- und Pflegefunktionen der türkischen Kernfamilien auch in den Metropolen erhalten. Der türkische Staat überträgt zwar einen Großteil der sozialen Pflege- und Schutzfunktion auf die Familie, aber versäumt es sie dafür (monetär) zu entlasten). Familien mit Kindern oder mit Pflegefällen werden steuerlich nicht entlastet. Monetären Leistungen für die Familie, in Form eines Familienlastenausgleiches oder einer Familienbeihilfe, wie sie in anderen westeuropäischen Sozialstaaten existieren, gibt es nicht.

Es fehlt auch eine einheitliche Struktur des türkischen *primsiz rejim*. Im Gegensatz zu Deutschland gibt es kein einheitliches sozialrechtliches Regelwerk, wie das deutsche Sozialgesetzbuch. Stattdessen existiert eine Vielzahl zuständiger Institutionen auf nationaler und kommunaler Ebene nebeneinander, mit jeweils unterschiedlichen Standards und Normen. Da es an einem System des Informationsaustausches zwischen den einzelnen Behörden fehlt, kann der Anspruch der Bedürftigen nicht richtig festgestellt werden, was zu einem Anstieg der Betrugsfälle führt.

2.2.3.2   Das Gesundheitssystem (Sağlık Sistemi)

Das türkische Gesundheitssystem ist für die medizinische Grundversorgung der Bevölkerung zuständig und bildet die zweite Säule des türkischen Sozialstaates (Übersicht 7). Bis 2008 handelte es sich dabei um ein aus Beiträgen und Steuern finanziertes „nationales" Gesundheitssystem, mit dem der Staat für alle seine Bürger eine – ursprünglich kostenlose - medizinische Grundversorgung zur Verfügung stellte. Der Staat betreibt und unterhält auch heute noch die meisten Krankenhäuser und Einrichtungen in den ländlichen Regionen, teilt sich aber diese Aufgabe in den Metropolen seit den 1990ern mit einem wachsenden privatwirtschaftlichen Sektor.

Das strukturelle Kernmerkmal des türkischen Gesundheitssystems ist sein dreistufiger Aufbau. Auf der primären Stufe des Systems sind die einzelnen Praxen und Apotheken sowie die privaten Diagnosezentren und Laboratorien angesiedelt (Sargutan 1996; Yerebakan 2000); des weiteren auch die öffentlichen Gesundheitsposten (*Sağlık Ocağı*) und Gesundheitszentren (*Saglık Merkezi*) in den ländlichen Gebieten der Provinzen, mit dem der Staat versucht, ein Minimum einer z. T. kostenlosen medizinischen Grundversorgung sicherzustellen. Ortschaften mit weniger als 3.000 Einwohnern sind meist mit einem der insgesamt 11.747 Gesundheitsposten ausgestattet, welche in der Regel mit einer Hebamme besetzt sind. Eine etwas größere Ausstattung haben die 11.461 Gesundheitszentren, die in Ortschaften mit bis zu 10.000 Einwohnern angesiedelt sind. Diese sind oft mit einem Arzt, einer Krankenschwester, einer Hebamme und einem Gesundheitstechniker, der für die Wartung der medizinischen Geräte zuständig ist, besetzt. Mit dieser Ausstattung sind diese Gesundheitszentren in der

Lage, einfachere medizinische Probleme und Krankheitsfälle zu behandeln und kleinere Operationen durchzuführen. Somit hat die erste Stufe vorrangig eine Filterfunktion. Einfachere Krankheitsfälle werden vor Ort behandelt und schwierigere Fälle an die nächste Behandlungsstufe weitergeleitet. Die zweite und die dritte Stufe des türkischen Gesundheitssystems bestehen aus 1.226 Krankenhäusern. Die Krankenhäuser in den Kreishauptstädten bilden die zweite Stufe. Auf dieser Stufe sind die meisten öffentlichen Krankenhäuser soweit ausgestattet, dass sie Erste Hilfe Maßnahmen und Routineoperationen, wie zum Beispiel eine Blinddarmoperation, durchführen können. Kompliziertere Fälle, wie zum Beispiel eine Transplantation, werden an die Krankenhäuser in den Provinzhauptstätten oder in den Metropolen (Istanbul, Ankara, Izmir, Adana, usw.) überwiesen, die die dritte Stufe des Systems darstellen (Sargutan 1996; Yerebakan 2000).

Die ursprüngliche Idee, die primäre Stufe des türkischen Gesundheitssystems als Filter zu benutzen, konnte aufgrund struktureller Probleme nicht verwirklicht werden. Zum einen sind die Einrichtungen der ersten und z. T. auch in der zweiten Stufe personell sehr schlecht ausgestattet. Insbesondere in den ärmeren Provinzen Ostanatoliens ist es schwierig, geeignetes Fachpersonal für die Provinzkrankenhäuser zu finden. Generell herrscht ein Gefälle zwischen den Metropolen und den Provinzen. Zum anderen arbeiten viele Einrichtungen in den Städten, wie Arztpraxen, Apotheken oder Laboratorien, auf privatwirtschaftlicher Basis und lassen sich die Behandlung von ihren Patienten bar bezahlen. Für viele versicherte Patienten sind deshalb die Ambulanzen und Notaufnahmen der Krankenhäuser in den Städten die erste Anlaufstelle und nicht die Arztpraxen, weil ihr Versicherungsschutz meist nur die Behandlung in den Ambulanzen abdeckt. In den Metropolen führt dies zu einer Flut von Patienten, welche die Kapazitäten der Krankenhäuser überfordert. Dabei könnten 90 % der in den Ambulanzen behandelten medizinischen Probleme auch von Hausärzten in der ersten Stufe behandelt werden (OECD 1994: 310).

Das türkische Gesundheitssystem ist durch die Existenz einer Vielzahl privater und öffentlicher Betreiber von Krankenhäusern gekennzeichnet. Das Gesundheitsministerium (*T.C. Sağlık Bakanlığı*) betreibt 755 so genannte „Staatskrankenhäuser" (*Devlet Hastanesi*) und ist somit der größte Betreiber von öffentlichen Krankenhäusern. Bis 2005 war die Sozialversicherungskasse der Arbeitnehmer (*SSK*) mit ihren 120 Krankenhäusern der zweitgrößte Betreiber von öffentlichen Krankenhäusern. Die *SSK* trat somit nicht nur als Versicherer auf, sondern war für ihre Versicherten auch gleichzeitig Anbieter medizinischer Leistungen (Sargutan 1996). Auch der „Rat für höhere Bildung" (*Yüksek Ögrenim Kurumu; YÖK*), welcher den Zugang sowie den Lehrplan in den Universitäten plant, betreibt 42 öffentliche Universitätskrankenhäuser. Neben diesen drei öffentlichen Anbietern gibt es noch weitere öffentliche Behörden, die für ihre Mitarbeiter eigene Krankenhäuser betreiben, wie zum Beispiel das Verteidigungsministerium, die kommunalen Verwaltungen der Metropolen und andere Ministerien. Neben der öffentlichen Hand gibt es 243 private Krankenhausbetreiber, welche gewinnorientiert arbeiten und einige wenige (23) nicht gewinnorientierte, gemeinnützige Anbieter. Zugleich sind aber die meisten Apotheken und Laboratorien ebenfalls in privatwirtschaftlicher Hand, wobei sich der Staat aus diesem Bereich mit der Zeit zurückgezogen hat (Tabelle 6).

Bis 2005 konnten die Versicherten der einzelnen Berufskassen ihren Arzt oder das Krankenhaus, wo sie behandelt werden wollten, nicht frei aussuchen. Nur die Versicherten der Kasse für Beamte (Emekli Sandigi) konnten den Arzt und das Krankenhaus frei aussuchen, weil der Staat für die medizinische Behandlung aufkam. Die Versicherten der Kasse für Selbstständige (BAĞ KUR) wurden nur in den Staatskrankenhäusern, die Arbeitnehmer der SSK Kasse wurden nur in den Krankenhäusern der *SSK* und bei einigen Vertragsärzten medizinisch versorgt. Da aber viele Versicherte der *SSK* direkt zu den Ambulanzen der *SSK* Krankenhäuser gingen, waren die Ambulanzen meist überlastet und die Patienten mussten lange Wartezeiten und eine mangelhafte Behandlung in Kauf nehmen. Im Laufe der Strukturreform im Gesundheitswesen wurde Anfang 2005 diese Beschränkung für die Versicherten der *SSK* und der *BAĞ KUR* aufgehoben. Durch diese Maßnahmen soll eine Entlastung der überlasteten Ambulanzen in den Krankenhäusern gewährleistet werden.

Trotzt der Idee eines nationalen Gesundheitssystems, ist die Türkei schon vor 2008 davon abgegangen, das Gesundheitssystem nur aus Steuern zu finanzieren. Mit der Zeit hat sich ein gemischt finanziertes System ausgebildet, welches sich aus staatlichen Geldern, den Beiträgen der Versicherten und den Zuzahlungen der Patienten zusammensetzt. Das öffentliche Gesundheitswesen wird heute nur noch zu 42 % aus Steuern finanziert, meist für den Unterhalt der

Tabelle 6: **Verteilung der Krankenhäuser und der Krankenhausbetten nach Anbieter (2003)**

	Gesundheitsministerium	SSK (bis 2005)	Universitäten	Verteidigungsministerium	andere öffentliche Anbieter	private Anbieter
Krankenhäuser	668 (57,0 %)	121 (10,3%)	50 (4,3 %)	42 (3,6%)	19 (1,6%)	272 (23,2%)
Betten	91.202 (50,4%)	15.900 (8,8%)	29.157 (16,1%)	3.676 (2,0%)	26.162 (14,5%)	14.700 (8,1%)

Quelle: T.C. Sağlık Bakanlığı (2004)

meisten öffentlichen medizinischen Einrichtungen sowie für das System der „Grünen Karte" und die medizinische Versorgung der Beamten. Die privaten Zuzahlung- en der Patienten machen ungefähr 33% der Finanzierung aus, meist für Medikamente und die Gebühren der Krankenhäuser für gewisse Dienstleis-tungen (Rönt-gen , MR, EKG, usw.). Den letzten Einnahmenposten bilden mit 24% die Versicherungsbeiträge der *SSK* und der *BAĞ KUR*, die meist nur eine Grundversorgung in den öffentlichen Einrichtungen ermöglichen. Weitere Be-handlungen mussten und müssen auch heute noch zusätzlich aus eigener Tasche bezahlt werden, besonders in den privaten Einrichtungen. Im Großen und Gan-zen hat die mangelhafte finanzielle Situation im türkischen Gesundheitssektor dazu geführt, dass öffentliche Gelder und Versicherungsbeiträge nicht mehr ausreichen, um die Behandlungskosten zu decken. Die Patienten sind immer mehr gezwungen für die Behandlungskosten selbst aufzukommen, was natürlich die Ärmsten benachteiligt. Diese kommen nur in den Genuss einer rudimentären medizinischen Grundversorgung, für die der Staat aufkommt (Sargutan 1996; Yerebakan 2000).

2.2.4 Fazit

Der in diesem Kapitel dargestellte türkische Sozialstaat teilt mit dem südeuropäi-schen Sozialstaatstypus (Ferrera 1996, Katrougalos/ Lazaridis 2003) eine Reihe von Merkmalen. Bis zur Sozialstaatsreform 2008 bestand das beitragsfinanzierte türkische Sozialversicherungssystem aus drei Kassen. Alle einkommensreduzie-renden sozialen Risiken wurden jeweils von einer Kasse, mit jeweils spezifi-schen Beitragshöhen und Leistungen abgedeckt. Im Gegensatz zu Deutschland gab es in der Türkei bis 2008 wie in Südeuropa keine institutionelle Trennung von Leistungen für kurzfristige (Krankengeld, Unfallgeld, Mutterschaftsgeld) und langfristige (Alters- Invaliden- und Hinterbliebenenrente) Leistungen (Über-sicht 11).

Das System in der Türkei, wie auch in Südeuropa, zielt in erster Linie darauf, den versicherten Berufstätigen ein Einkommen zu sichern, wenn diese vorübergehend oder dauerhaft nicht mehr arbeiten können. Sozialpolitisch orien-tiert sich das System der Transferzahlungen nicht am Prinzip des sozialen Aus-gleiches zwischen den Berufsgruppen (Arbeiter, Angestellte, Beamte, Landwirte) wie in Skandinavien, sondern am Prinzip des Statuserhalts, wie in Mittel- und Westeuropa. Dabei findet der Statuserhalt der Versicherten, auf Kosten bestimm-ter sozialer Gruppen, speziell von Frauen, Jugendlichen und Arbeitslosen statt, die aufgrund ihrer diskontinuierlichen Erwerbsbiografie, keinen Anspruch auf diese Transferzahlungen haben.

Übersicht 11: **Der türkische Sozialstaat bis 2008**

	öffentlich				privat
	SSK	BAĞ KUR	T.C. Emekli Sandığı (ES)	(seit 1999) IŞ KUR (Arbeitnehmer)	(seit 2004): *Bireysel Emeklilik* = private Zusatzrentenversicherung
	(Arbeitnehmer und Landarbeiter)	(Selbstständige, Landwirte, Freiberufler)	(Beamte und öffentliche Bedienstete)		
1. *Primli Rejim* (beitragsfinanzierte Geldleistungen) Sosyal Güvenlik (= System des beitragsfinanzierten Sozialschutz)	- Alters-, Hinterbliebenen-, Invalidenrente - Krankengeld - Unfallgeld - Mutterschaftsgeld - Medizinische Sachleistungen - Bereitstellung von medizinischen Einrichtungen (bis 2005)	- Alters-, Hinterblieben-, Invalidenrente - Medizinische Sachleistungen	- Alters-, Hinterbliebenen-, Invalidenrente - Krankengeld - Unfallgeld - Mutterschaftsgeld - Familienbeihilfe - einmalige monetäre Sonderzahlungen - medizinische Sachleistungen	- Arbeitslosengeld	
2. *Primsiz rejim* (steuerfinanzierte Geldleistungen) Sosyal Yardım ve Hizmet (= System der nicht beitragsfinanzierten sozialen Fürsorge und Dienstleistungen)	65 er Programm Altersrente für bedürftige Personen über 65	SHCEK - regelmäßige finanzielle Beihilfen für Familien mit Behinderten Kindern - Bereitstellung von Pflegeeinrichtungen für Kinder, und Alte	SYDV - regelmäßige finanzielle Beihilfen für Bedürftige - Yesil Kart: kostenlose medizinische Behandlung von Bedürftigen	Kommunen Einmalige Sachleistungen	- Private Betreuungs- und Pflegeeinrichtungen für Kinder und Alte

3. Sağlık Sistemi (Gesundheitssystem)				
1. Behandlungsstufe[a]	Nationale Gesundheitszentren und Gesundheitsherde in den Provinzen und in den Städten			Private Arztpraxen und Diagnosezentren
2. Behandlungsstufe[a]	Krankenhäuser der SSK	staatliche Krankenhäuser	Universitätskrankenhäuser	Private Krankenhäuser
3. Behandlungsstufe[a]			andere öffentliche Krankenhäuser	

[a] 1. Behandlungsstufe: ambulante Behandlungen, 2. Behandlungsstufe: kurze stationäre Behandlungen, z. B. Blinddarm Operation, 3. Behandlungsstufe: längere stationäre Behandlungen, z. B. Herztransplantation

Quelle: Güzel/ Okur (2005)

Im Bereich der sozialen Fürsorge und Dienstleistung teilt die Türkei mit den anderen südeuropäischen Gesellschaften ein rudimentär entwickeltes öffentliches System. In allen diesen Gesellschaften hat die Familie als Stütze der sozialen Fürsorge und Hauptlieferant sozialer Pflegedienstleistungen eine hohe sozialpolitische Bedeutung. Gleichzeitig wird die Familie aber nicht durch familienspezifische monetäre Transferleistungen entlastet, im Gegensatz zu den anderen europäischen Sozialstaaten.[14] Auch die Pluralität der öffentlichen Anbieter in der sozialen Fürsorge, mit sich überschneidenden Kompetenzen, fehlende sozialrechtliche Standards und unklaren Bedingungen zur Gewährung von Sozialleistungen, teilt der türkische Sozialstaat mit den südeuropäischen Sozialstaaten (Übersicht 11).

Bis 2008 hatte die Türkei wie die anderen südeuropäischen Sozialstaaten ein nationales Gesundheitssystem. Dabei werden aber alle dem Prinzip einer umfassenden medizinischen Versorgung der ganzen Bevölkerung nicht gerecht. Auch finanziert sich das Gesundheitswesen nicht alleine aus Steuergeldern, sondern aus einer Mischung von Steuern, Versicherungsbeiträgen und Zuzahlungen der Patienten (Katrougalos/ Lazaridis 2003). Eine weitere Gemeinsamkeit bildet der Mix aus privaten und öffentlichen Anbietern von medizinischen Dienstleistungen.

In historischer Perspektive haben die türkische staatszentrierte Modernisierung und der rigide Laizismus der Türkei die Institutionalisierung des türkischen Sozialstaates stark beeinflusst. Die Beschreibung der Entwicklung des türkischen Sozialstaates bringt die besondere Logik der türkischen Modernisierung klar zum Vorschein. Schon die rudimentäre Sozialpolitik vor 1946 war von diesen beiden historischen Merkmalen beeinflusst. Zum einen übernahm der Staat, im Kontext der staatszentrierten türkischen Modernisierung, ab Mitte des 19. Jahrhunderts immer mehr sozialpolitische Kompetenzen. Während im Osmanischen Reich die soziale Fürsorge traditionell Aufgabe der religiösen Stiftungen war, entmachtete der Staat ab Mitte des 19. Jahrhunderts diese Stiftungen und erklärt die Sozialpolitik zu seinem Aufgabenbereich. Es ist der Staat, welcher im Alleingang die notwendigen Gesetze formuliert, ohne vorher die betroffenen Adressaten (Unternehmer, Arbeiter) zu konsultieren. Auch unterband der rigide Laizismus der Kemalisten jede sozialpolitische Initiative religiöser Akteure. Gab es im Osmanischen Reich eine Armenfürsorge, die sich auf religiöse Akteure und Motive stützte, wurde diese in der kemalistischen Türkei durch den Staat beseitigt, ohne dafür einen adäquaten institutionellen Ersatz zu schaffen.

Auch die Einführung des türkischen Sozialstaates 1946 wurde historisch von den beiden Merkmalen beeinflusst. Der türkische Sozialstaat bzw. das Sozi-

---

14 Die sozialpolitische Behandlung der Familie durch den Sozialstaat wird in einem Vergleich mit Griechenland und Spanien untersucht.

alversicherungssystem für die Arbeiter von 1946 war das Projekt der türkischen Staatseliten. Die Formulierung einzelner Sozialprogramme, die Aufnahme des Sozialstaatspostulats in die Verfassung sowie die Ausweitung des Sozialschutzes auf die einzelnen Bevölkerungsgruppen war meist auf die Initiative der türkischen Verwaltungsbürokratie zurückzuführen. Anders als in den westeuropäischen Wohlfahrtsstaaten ging der Entstehung und Ausweitung des türkischen Sozialstaates kein Klassenkonflikt oder sozialer Konflikt voraus. Auch hatte es keine vorherige gesellschaftliche Diskussion über die Gestaltung des Sozialstaates gegeben. Vielmehr orientierten sich die türkischen Beamten einfach an den deutschen sozialpolitischen Institutionen und holten in den 1940er Jahren deutsche Sozialpolitiker ins Land. Das Fehlen einer sozialpolitischen Diskussion in der Türkei hatte nicht nur mit dem kemalistischen Staatsverständnis zu tun, nach dem nur der Staat das alleinige Monopol in der Formulierung des „gesellschaftlichen Wohls" hatte. Vielmehr wies die Türkei 1949 auch keine „soziale Frage" auf, wie zum Beispiel das Deutsche Kaiserreich 70 Jahre zuvor. Weder das Osmanische Reich noch die kemalistische Türkei kannten eine Arbeiter- oder soziale Frage.

Der Einfluss der staatszentrierten Modernisierung auf die Institutionalisierung des türkischen Sozialstaates zeigte sich auch in der verschiedenen sozialrechtlichen Behandlung der unterschiedlichen Berufsgruppen. Dies gilt vor allem für die Bevorzugung der Beamten im Sozialversicherungssystem. Alle anderen Berufsgruppen, insbesondere die Selbstständigen und Landarbeiter, wurden finanziell stärker belastet, aber bekamen weniger Sozialleistungen. Dies erklärt sich dadurch, dass nur die türkischen Staatseliten den Umfang der Sozialleistungen bestimmten, die anderen ökonomischen und politischen Gruppen jedoch von Entscheidungsprozess ausgeschlossen waren. Der türkische Sozialstaat wurde so niemals ein Instrument politischer Parteien, zur Befriedigung ihrer sozialpolitischen Interessen. Insbesondere nach dem Putsch von 1980 wurde es den türkischen Parteien verboten, irgendwelche parteipolitischen Beziehungen zu Gewerkschaften oder Arbeitgebern zu unterhalten. Die türkischen Parteien kennen keine parteiinternen Arbeitgeber- oder Arbeitnehmerflügel oder Frauen- und Jugendorganisationen. Dadurch wurde die Bildung von Klientelbeziehungen verhindert. Der Sozialschutz auf andere Berufsgruppen wurde durch die Bürokratie ausgeweitet, die sich dabei an wirtschafts- und gesellschaftspolitischen Vorstellungen orientierte. Die Landarbeiter bekamen nur eine Alters-, Invaliden-, und Hinterbliebenenrente und für sich und ihre Angehörigen eine medizinische Versorgung, aber keine Lohnfortzahlung im Krankheitsfall oder bei Arbeitslosigkeit, denn der Staat ging dabei von der familistischen Vorstellung aus, dass in diesem Fall sich die Familienverbände um den Versicherten kümmern sollen. Auch bei den Gewerbetreibenden ging mal vom „Bild des Basars", einem idealisierten Bild der „Gemeinschaft der Händler" aus, die sich bei kurzfristigen Krisen gegenseitig unterstützen.

Diese sozialpolitische Dominanz des Staates zeigte sich aber nicht nur in der historischen Institutionalisierung des türkischen Sozialschutzes. Man erkennt sie auch in der Dominanz staatlicher und quasistaatlicher Einrichtungen im medizinischen Bereich oder in der Pflege von Kindern und alten Menschen. Auch halbstaatliche Vereine, wie den *SYDV*, die mit dem türkischen Sozialstaat kooperieren, haben eine große Bedeutung in der sozialen Fürsorge.

Der rigide Laizismus wiederum bewirkte einen Ausschluss religiöser Akteure aus dem Sozialbereich. Im Unterschied zu den europäischen Gesellschaften beschränkt sich in der Türkei die Aktivität religiöse Akteure auf den Bildungsbereich, und es existieren keine religiösen Wohlfahrtsverbände. Da die Aktivität religiöser Akteure vom Staat nicht legitimiert ist, treten religiöse Vereine meist im Namen von Privatpersonen auf. Die Religion kann so kein Partner des Staates im sozialen Bereich sein. Auch konnten die sozialpolitischen Vorstellungen religiöser Akteure im Kontext einer von türkischen Staatseliten monopolisierten Sozialstaatsbildung nicht in die Sozialgesetzgebung einfließen.

Im Großen und Ganzen bestätigt sich in diesem Kapitel die Aussage aus dem vorherigen Kapitel. Staatszentrierte Modernisierung und rigider Laizismus, zwei originäre Merkmale der neueren türkischen Geschichte, übten einen Einfluss auf die Institutionalisierung des türkischen Sozialstaates aus. Er ist und bleibt ein Produkt einer türkischen staatszentrierten Modernisierung. Jegliche Beteiligung anderer gesellschaftlicher, insbesondere religiöser, Akteure an der inhaltlichen Formulierung und Gestaltung des Sozialstaates, wird durch eine türkische Staatselite unterbunden oder zumindest eingeschränkt. Dabei zeigt sich allerdings auch, dass der türkische Sozialstaat (bis 2008) institutionell den südeuropäischen Sozialstaaten ähnelte. Dennoch bildeten die beiden historischen Merkmale der Türkei einen bestimmten Entwicklungsrahmen, in dessen Grenzen sich der türkische Sozialstaat institutionalisiert und weiterentwickelt hat. In diesem Punkt unterscheidet sich der türkische Sozialstaat von den an sonst institutionell ähnlichen südeuropäischen Sozialstaaten.

2.3 Die Probleme des türkischen Sozialstaates und die Reform von 2008

Der türkische Sozialstaat und insbesondere das türkische Sozialschutzsystem stehen einer Reihe von strukturellen und finanziellen Problemen gegenüber, sodass seit 1999 die türkischen Regierungen wichtige Sozialstaatsreformen einführen mussten. Dieses Kapitel handelt von diesen Problemen sowie den sozialpolitischen Reformversuchen der türkischen Regierungen.

Vor allem vier Probleme belasten den türkischen Sozialstaat. Erstens, die katastrophale Finanz- und Haushaltslage des türkischen Sozialversicherungswesens. Zweitens, die ungleiche Verteilung der türkischen Sozialleistungen auf verschiedene Bevölkerungs- und Berufsgruppen. Drittens, die Koordinierungsprobleme, die aus dem Nebeneinander unterschiedlicher Behörden und Kompetenz resultieren. Viertens, die staatlichen Eingriffe in die finanzielle und administrative Autonomie der Sozialversicherungskassen.

Diese vier Probleme werden im ersten Teil dieses Kapitels behandelt, wobei der Schwerpunkt bei den Finanzproblemen liegt. Im zweiten Teil werden die Reformversuche der türkischen Regierungen behandelt, insbesondere die Sozialstaatsreform der *AKP (Adalet ve Kalkınma Partisi,* Partei für Gerechtigkeit und Aufbruch) Regierung (2002 - heute), welche z. T. Anfang 2007 und z. T. Mitte 2008 in Kraft trat und tief greifende institutionelle Veränderungen mit sich brachten.[15] So wurden vor allem die drei Sozialversicherungskassen vereinigt, sodass ab Mitte 2008 alle Beschäftigten einheitliche Sozialversicherungsbeiträge zahlen und einheitliche Sozialleistungen erhalten. Die Probleme und Reformen des türkischen Sozialstaates, speziell des Sozialversicherungssystems, werden in einem späteren Kapitel mit Spanien und Griechenland nochmals verglichen.

2.3.1   Probleme und Mängel des türkischen Sozialstaates

Trotz der Ausweitung des Sozialschutzes auf weite Teile der Bevölkerung und des kontinuierlichen Anstiegs der öffentlichen Sozialausgaben weist der türkische Sozialstaat eine Reihe von Problemen auf. Dabei stellt die Finanzierung des Sozialversicherungssystems das größte Problem dar. Bis Ende der 1990er betrug das Haushaltsdefizit aller drei türkischen Sozialversicherungskassen zusammen ca. 4,5 % des Bruttoinlandsproduktes. Nur durch Transfers aus dem Staatshaushalt konnte das System vor dem endgültigen Zusammenbruch bewahrt werden (T.C. DPT 2001a; Teksöz 2005). Doch diese Transfers belasteten den türkischen Haushalt. Im Staatshaushalt 2005 machten die Ausgaben für den Sozialstaat, nach Zinsen, Schuldentilgung und Personalausgaben, den größten Anteil der öffentlichen Ausgaben aus. Zwar wurde schon 1999 versucht, die langfristige Finanzierung des türkischen Sozialstaates zu verbessern. Doch der Zusammenbruch des Bankensystems im November 2000 und die Wirtschaftskrise im Februar 2001 beeinträchtigten die ersten Erfolge. Infolge dieser Wirtschaftskrisen wurden viele Personen entlassen und konnten deshalb ihre Sozialver-

---

15   Ein Teil der Reform trat am 1.1.2007 in Kraft, ein anderer Teil der Reform musste erneut überarbeitet werden, weil das Verfassungsgericht einer Verfassungsklage stattgab. Dieser überarbeitete Teil der Reform trat am 1.10. 2008 in Kraft. Siehe auch Fußnote 12.

sicherungsbeiträge nicht zahlen. Aufgrund dieses plötzlichen und massiven Ausfalls der Beiträge stiegen die Haushaltsdefizite der Kassen weiter an, sodass das System in seiner bisherigen Form nicht mehr zu finanzieren war. Die Notwendigkeit, die Finanzierung des türkischen Sozialschutzsystems, insbesondere des beitragsfinanzierten Sozialversicherungssystems, zu sichern, wurde jedoch sowohl von der Regierung als auch von den Sozialpartnern akzeptiert (Alper 2005; Teksöz 2005). So setzte die im November 2002 an die Macht gekommene *AKP* Regierung eine tief greifende Reform des Sozialschutz- bzw. Sozialversicherungssystems auf ihre Prioritätenliste (AKP 2002). Bis 2006 wurde ein umfassendes Reformwerk ausgearbeitet, welches z. T. Anfang 2007 und z. T. Mitte 2008 in Kraft trat. Dabei deckten sich die Reformpläne mit den Wünschen der *Weltbank* und des *IMF*. Beide Institutionen hatten nach der Wirtschaftskrise 2001 der Türkei Kredite mit der Auflage gebilligt, den türkischen Haushalt und damit auch die Finanzierung des Sozialversicherungssystems zu sanieren.

Zwei Entwicklungen hatten zum Finanzierungsproblem des türkischen Sozialversicherungssystems geführt. Zum einen sanken die Einnahmen der Kassen. Das System hatte große Probleme, den kontinuierlichen Zahlungsfluss der Sozialversicherungsbeiträge zu sichern. Die Sozialversicherungsbeiträge konnten von den Erwerbstätigen nicht richtig eingetrieben werden. Das System begünstigte dies auch dadurch, dass ihre Beiträge nachgezahlt werden konnten. Dabei wurden oft ein Teil der Beiträge, aber auch obligatorische Strafgelder erlassen. Viele Versicherte und auch Arbeitgeber gaben aber auch falsche Einkommen an, um weniger Beiträge zahlen zu müssen. So sanken die Einnahmen des beitragsfinanzierten Sozialversicherungssystems. Gleichzeitig war aber das Sozialschutzsystem verpflichtet, die Versicherten weiterhin mit Sozialschutzleistungen zu versorgen, wie zum Beispiel Renten, medizinischen Sachleistungen, usw. Das Finanzierungsproblem wurde durch die Existenz des informellen Sektors verschärft. Schätzungsweise 51% der arbeitenden Bevölkerung waren Ende der 1990er Jahre bei keiner Sozialversicherungskasse registriert (T.C. DPT 2001a; T. C. ÇSGB 2004). Zwar zahlten diese informell beschäftigten Erwerbstätigen keine Beiträge, sie waren aber über die Krankenversicherung eines versicherten erwerbstätigen Familienmitglieds mitversichert. Sie hatten somit Anspruch auf eine medizinische Behandlung, ohne dafür zu zahlen. Die Einnahmen wurden auch aufgrund der türkischen Frühverrentung reduziert. Der Großteil der Beschäftigten in den 90ern mit 38 oder 40 in Rente gegangen, sodass sie nur für einen sehr kurzen Zeitraum Beiträge entrichtet hatten (Banger 2003). Obwohl die Türkei im Vergleich zu den meisten europäischen Staaten eine sehr junge Bevölkerung hat, hat das Fehlen eines Mindestalters für den Rentenbeitritt bis 1995 eine Vielzahl von (jungen) Rentnern geschaffen. So wird geschätzt, dass 62 % der heutigen Rentner zu diesen „Frührentnern" gehören. Deren Renten werden

wiederum von den 20 – 40 jährigen Erwerbstätigen finanziert. Die Frühverrentung, ursprünglich als Alternativlösung gegen die Arbeitslosigkeit gedacht,
verschärfte die Finanzierungsprobleme der Sozialversicherungskassen (Banger
2003).

Der große informelle Sektor und der hohe Anteil von Frührentnern verrin-
gerten nicht nur die Einnahmen, sondern erhöhte gleichzeitig auch die Ausgaben
der Sozialversicherung. Die Kassen mussten für die Frührentner, welche in ihrer
produktivsten Phase aus dem Kernarbeitsmarkt ausschieden, für einen längeren
Zeitraum Rentenleistungen zahlen. Hinzu kamen noch andere Leistungen, zum
Beispiel Zuschläge für niedrige Renten, die ebenfalls nicht durch Beiträge gedeckt waren. Das Verhältnis zwischen denen, die Beiträge einzahlten und denen,
die Sozialleistungen bekamen, verschlechterte sich. Finanzierten 1999 noch 3 Erwerbstätige einen nicht (mehr) Erwerbstätigen, so sank dieses Verhältnis 2005
auf 1,7 (T.C. DPT 2001a; Banger 2003; HUV 2004).

Die Finanzierungsprobleme wirkten sich auch auf die medizinische Versorgung aus. Aufgrund der mangelhaften Zahlungsbereitschaft der Versiche-
rungsanstalten weigerten sich immer mehr private Ärzte, Laboratorien, Diagnosezentren die Versicherten der Sozialversicherungskasse der Arbeitnehmer oder
der Selbstständigen zu behandeln, es sei den die Versicherten bezahlen die Behandlung aus eigener Kasse. Dasselbe gilt für die Apotheken, welche sich wei-
gern Medikamente an die Versicherten auszugeben.

Die Finanzierung stellte jedoch nicht das einzige Problem dar. Im türkischen Sozialversicherungssystem, welches aus drei unterschiedlichen Berufskassen besteht, erhalten die Mitglieder dieser drei Klassen nicht dieselben Leistungen und müssen auch unterschiedliche Beiträge zahlen. So erhalten Beamte und
Arbeitnehmer monetäre Transferleistungen, wenn sie vorübergehend oder für
immer aus dem Erwerbsleben ausscheiden, während Landwirte, Landarbeiter,
Selbstständige und Freiberufler nur Anspruch auf Alters-, Invaliden- und Hinterbliebenenrente haben. Die verschiedenen Berufsgruppen zahlen auch unterschiedliche Versicherungsbeiträge. Die Beamten zahlen weniger Beiträge, aber
bekommen höhere Leistungen. Die Kasse der Beamten *ES,* mit 1,4 Mio. Versicherten die kleinste Berufskasse darstellt, bekommt mehr Haushaltstransfers als
die beiden anderen Kassen zusammen. Der Staat finanziert auch die medizinische Behandlung und die kurzfristige Lohnfortzahlung der Beamten aus dem
Staatshaushalt (T.C. DPT 2001a; Alper 2005). Auf der anderen Seite werden
junge Erwerbstätige zwischen 18 und 29 Jahren von den Leistungen des Sozialschutzsystems ausgeschlossen, weil sie meist prekär beschäftigt sind und kaum
Beiträge gezahlt haben.

Die ungleiche Behandlung verschiedener Berufs- und Bevölkerungsgruppen durch das Sozialschutzsystem kollidiert nicht nur mit dem verfassungsrecht-

lichen Gleichheitsgrundsatz, sondern trägt auch zu den finanziellen Problemen bei. Die Existenz von drei Berufskassen bedeutet einen enormen Verwaltungsaufwand und damit Kostenfaktor. Zudem werden die Leistungen der Beamten zu großen Teile vom Staatshaushalt finanziert, was einen weiteren Kostenfaktor für den türkischen Staatshaushalt darstellt (T.C. DTP 2001a; T. C. ÇSGB 2004; HUV 2004).

Komplizierte Rechtsgrundlagen, bürokratische Prozesse und eine unzureichende Informationsinfrastruktur, unterschiedliche versicherungstechnische Normen und Standards beeinträchtigen die Effizienz der Sozialversicherungsinstitutionen. So sind diese nicht in der Lage, die Zahl der Versicherten zu ermitteln, Ansprüche festzulegen und Einnahmen und Ausgaben effizient zu überwachen (Arici 1998; T.C. DPT 2001a; T. C. ÇSGB 2004). Aber die Ineffizienz der Behörden betrifft nicht nur das Sozialversicherungssystem. Auch das System der staatlichen Fürsorge ist gekennzeichnet durch eine Vielzahl von Programmen der sozialen Fürsorge, welche von unterschiedlichen Behörden verwaltet werden. Meist ist sogar die Bewilligung der Fürsorgeleistungen willkürlich, weil sie nicht von den Behörden direkt überprüft werden, sondern durch den Vorsteher des Stadtviertels (Buğra 2006a). Es gibt keinen einklagbaren rechtlichen Anspruch auf diese Leistungen. Dies führt dann dazu, dass das System nicht in der Lage ist, die Bedürftigkeit des Einzelnen zu überprüfen. So gibt es in der Türkei keine national festgelegte Armutsgrenze. Vielmehr hat jedes Programm eigene Armuts- und Bedürftigkeitskriterien. Diese Überlappung von Kompetenzen und Zuständigkeiten tritt in Kombination mit einer mangelhaften Koordination und einem dürftigen Informationsaustausch zwischen den einzelnen Behörden auf, was zu Missbrauch einlädt (Ahi 2001). Manche Personen erschwindeln sich verschiedene Leistungen von unterschiedlichen Behörden, obwohl sie keinen Anspruch auf diese Leistungen haben.

Die Leistungen des Sozialversicherungssystems und der sozialen Fürsorge bei der Armutsbekämpfung sind ineffizient. Die meisten beitragsfinanzierten Renten sind sehr niedrig und liegen meist unter dem gesetzlichen Mindesteinkommen. Dies gilt insbesondere für die Renten von Selbstständigen (Arici 1998; T. C. ÇSGB 2004). Dasselbe gilt für die Leistungen der sozialen Fürsorge, zum Beispiel die beitragsfreie Rente für bedürftige Alte ab 65. Viele kommunalen Fürsorgeleistungen sind meist ad hoc Leistungen, die zu bestimmten Anlässen vergeben werden, und damit weit davon entfernt von einer regelmäßigen, effektiven Fürsorgeleistung sind (Buğra 2006a). Auch das Angebot öffentlicher sozialer Dienstleistungen (*sosyal hizmet*) reicht nicht aus. Zwar ist es immer noch die türkische Familie, welche sich mehrheitlich um die Pflege und Betreuung von Kindern, Alten und Behinderten kümmert. Aber die Tatsache, dass immer mehr Frauen in den Metropolen gezwungen sind, zu arbeiten, führt zu einem Anstieg der Nachfrage nach nichtfamiliengestützten sozialen Dienstleistungen. Das derzeitige Angebot reicht nicht aus, um diese Nachfrage zu befriedigen. Ein weiteres Problem ist der Staatseinfluss in der Selbstverwaltung der Sozialversicherungskassen. Obwohl die Kassen der Arbeitnehmer und der Selbstständigen das Recht auf Selbstverwaltung in Verwaltungs- und Finanzierungsfragen haben, hat sich im Laufe der Zeit die Zahl der Vertreter des Staates in den Entscheidungsgremien erhöht. Der Grund dafür liegt darin, dass der Staat sich immer mehr zum Finanzierer des maroden türkischen Sozialversicherungssystems entwickelt hat. In dieser Situation wurden die finanziellen Möglichkeiten der Kassen von den politischen Kräften für ihre Zwecke missbraucht, meist zur Finanzierung defizitärer Staatsbetrieben (T. C. ÇSGB 2004).

2.3.2 Die Reform von 2008

Die oben aufgeführten Probleme des türkischen Sozialstaates, insbesondere des Sozialversicherungssystems, wurden Mitte der 90er Jahre zum ersten Mal in der Öffentlichkeit diskutiert. Berichte staatlicher Institutionen, wie die des Präsidialamtes (1996) und des Parlamentes (1997), sowie nicht staatlicher Einrichtungen, wie der Union der Handwerkskammern (1997), wiesen zum ersten Mal daraufhin, dass das System langfristig nicht mehr zu finanzieren sei. Der erste wirkliche Bericht, der nicht nur die Probleme aufzählte, sondern auch mögliche Lösungen vorschlug, war der so genannte „Bericht über die Reform des Sozialschutzsystems" (*Sosyal Güvenlik Reform Raporu* 1998), der vom Finanzministerium (*T.C. Maliye Bakanlığı*) und der ILO zusammen verfasst und von der Weltbank finanziert wurde. Dieser schlug vor, das Rentenalter in den nächsten 10 Jahren bei Frauen auf 58 und bei Männern auf 60 zu erhöhen (Gönencan 2005).

Aufbauend auf diesen Bericht versuchte 1999 die damalige Regierung Ecevit zum ersten Mal das türkische Sozialversicherungssystem zu reformieren. Drei Neuerungen brachte die Reform von 1999 mit sich. Zum ersten Mal wurde eine Arbeitslosenversicherung eingeführt, die „Anstalt für Arbeit" (*İŞ KUR*)". Diese wurde durch Versicherungsbeiträge der Arbeitnehmer und Arbeitgeber sowie durch eine Beteiligung des Staates finanziert. 2002 begann die *IS KUR* mit der Auszahlung der ersten Arbeitslosengelder. Die Einführung von neuen Management- und Informationstechnologien und einer strengeren Kontrolle der Einnahmen und Ausgaben wirkte sich positiv auf den Haushalt der „Anstalt für Arbeit" (*İŞ KUR*) aus.

Die zweite Neuerung war die Einführung einer Behörde für soziale Sicherheit (*Sosyal Güvenlik Kurulu, SGK*), die als Bindeglied zwischen den einzelnen Sozialversicherungskassen einheitliche Normen und Standards für die

Sozialleistungen und Grundprinzipien für eine einheitliche Sozialschutzpolitik aufstellen sollte. Doch nur die Kasse der Arbeitnehmer (*SSK*) und die Kasse der Selbstständigen (*BAĞ KUR*) wurden unter die Aufsicht der *SGK* gestellt. Die Kasse der Beamten (*EMEKLI SANDIĞI; ES*) sowie die unterschiedlichen Programme der steuerfinanzierten Sozialhilfeprogramme blieben weiterhin selbstständig, weshalb das Ziel einer einheitlichen Sozialschutzpolitik durch die *SGK* nicht verwirklicht werden konnte.

Die dritte Neuerung war die Reform des Rentensystems, mit der das Rentenalter schrittweise bei Frauen auf 58 Jahre und bei Männern auf 60 Jahre angehoben wurde. Ebenso sollte der Mindestbeitragszeitraum ab dem 1.1.2000 schrittweise von 5000 auf 7000 Versicherungstage steigen. Dabei sollte sich die Höhe der Sozialversicherungsbeiträge an der Einkommenssteuer der Versicherten orientieren. Vorher hatte sich die Beitragshöhe an dem Einkommen orientiert, welches die Versicherten selbst angaben. Das Ziel dieser Rentenreform war es in kürzester Zeit die Einnahmen zu erhöhen und die Ausgaben zu reduzieren. Dabei wurden die Versicherten stärker belastet, weil sie für einen längeren Zeitraum arbeiten und auch Beiträge zahlen mussten (T.C. TBMM 1999a; Alper 2005; Gönencan 2005).

Mit dem Gesetz 4729 (T.C. TBMM 1999b) wurden die Leistungen der Arbeitnehmerkasse SSK für die Alters- Invaliden- und Hinterbliebenenrente von den Leistungen für Mutterschaft, (Berufs-)Unfall und Krankheit administrativ voneinander getrennt und zwei eigenständigen Abteilungen unterstellt. Ziel dieser Reform war es, zusammen mit dem Gesetz 4447 die Haushaltsdefizite der *SSK* abzubauen. Dies gelang auch. Schon Juli 2000 konnte die Reform mit dem Rückgang des Haushaltsdefizits erste Erfolge verbuchen. Doch der Zusammenbruch des Bankensystems im November 2000 sowie die darauf folgende Wirtschaftskrise im Februar 2001 führten zu einem Ende dieser Erfolge, weil die Beiträge ausblieben. Die Reform von 1999 war damit gescheitert (Alper 2005).

Erst unter der liberalislamischen *AKP* Regierung (2002 –) wurde ein Neuanfang gemacht und die umfangreichste Reform des türkischen Systems des Sozialschutzsystems eingeleitet. Im Gegensatz zur Reform von 1999 handelte es sich dabei nicht um eine reine finanzielle Reform, mit dem Ziel die langfristige Finanzierung der Renten zu sichern. Vielmehr betraf sie sowohl die beitragsfinanzierten Leistungen des Sozialversicherungssystems (*pirimli rejim*) als auch die steuerfinanzierten Leistungen der sozialen Fürsorge (*primsiz rejim*).

Den Kern dieser Reform bildete die Reform des Sozialschutzsystems (*Sosyal Güvenlik Reformu*). Er bestand aus drei Gesetzespaketen: Das Gesetz über die Sozialversicherungen und die Allgemeine Krankenversicherung *(5510 sayılı Sosyal Sigortalar ve Genel Sağlık Kanunu*), das Gesetz über die Behörde für Sozialschutz (*5502 sayılı Sosyal Güvenlik Kurumu Kanunu*) und das Gesetz über die sozialen Hilfsprogramme und die nichtbeitragsfinanzierten monetären Leistungen (*Sosyal Yardımlar ve Primsiz Ödemeler Kanunu*) die am 20.5.2006 bzw. am 16.6 2006 im türkischen Gesetzesanzeiger veröffentlicht wurden (T. C. ÇSGB 2004; T.C. TBMM 2006a; T.C. TBMM 2006b; T.C. TBMM 2006c). Die Gesetze Nr. 5502 und Nr. 5510 traten am 1.1.2007 und am 30.10.2008 in Kraft. Ziel dieser Mamutreform war es ein transparentes Sozialversicherungssystem zu schaffen, effektiv bei der Armutsbekämpfung und langfristig finanzierbar (T. C. ÇSGB 2004; Alper 2005).[16]

Einen ersten Schritt in diesem paradigmatischen Wandel bildete die Reform des Gesundheitswesens. In ihrem Rahmen wurden die vorher eigenständigen Krankenhäuser der *SSK* ab dem 1. Januar 2005 dem Gesundheitsministerium unterstellt. Somit trennte sich die Versicherung der Arbeitnehmer von ihren versicherungsfremden Aktivitäten. Medizinische Sachleistungen wurden institutionell von den Kassen getrennt, welche nun Leistungen von den einzelnen öffentlichen und privaten medizinischen Anbietern kaufen bzw. ihnen die Kos- ten erstatten. Seit dem 16.6.2007 können nun alle Versicherten, unabhängig von ihrem Versicherungsstatus, ihren öffentlichen oder privaten medizinischen Anbieter direkt auswählen. Ebenso wurden ab dem 1.7.2007 die Zuzahlungen der Patienten in den öffentlichen Einrichtungen der ersten Stufe abgeschafft. Am 1. Januar 2005 wurde als ein Pilotprojekt ein Hausarztsystem in der Provinz Düzce eingeführt, um ein nationales Hausarztsystem zu erproben, das ab Mitte 2008 in

---

16   Die Einführung der Reform des türkischen Sozialversicherungssystems verzögerte sich, weil Staatspräsident Ahmed Necdet Sezer – ein ehemaliger Verfassungsrichter – eine Verfassungsklage gegen die Reform einreichte, woraufhin das türkische Verfassungsgericht am 15. 12. 2007 entschied, dass die Erhöhung der versicherungspflichtigen Beitragzeiten für die Beamten und die dadurch bedingte sozialrechtliche Gleichstellung der Beamten mit anderen Berufsgruppen, gegen die Verfassung verstoße. Anfänglich plante die Regierung Erdoğan, die Einführung des einheitlichen Sozialversicherungssystems vom 1.1.2007 auf den 1.7. 2007 zu verschieben. Doch aufgrund der vorgezogenen Parlamentswahlen am 22.7.2007 wurde die Einführung der Reform wieder verschoben. Nur das verfassungskonforme Gesetz 5502 über die Vereinigung der früheren drei Kassen zur SGK wurde am 1.1.2007 umgesetzt. Der „verfassungskonforme" Teil des Gesetzes 5510, also nur der Teil über die „Allgemeine Krankenkasse" sowie das Gesetz über die Reform der sozialen Fürsorge traten am 1.7.2007 in Kraft. Das Gesetz über die Reform der Sozialversicherung, welches ja nur die Alters-, Invaliden- und Witwenrente betrifft, wurde im Parlament noch mal überarbeitet und trat für die Arbeitnehmer und Selbstständigen und für die Beamten ab dem 1.10.2008 in Kraft (Referans 18.1 2007; Referans 20.1.2007, Referans 10.2.2007). Für eine Darstellung des Urteils des Gerichts vgl. den Artikel in der Wirtschaftszeitung Dünya vom 1.1.2006, für eine Kritik an den Reformen siehe Adar (2007).

Übersicht 12: Der türkische Sozialstaat nach 2008

	öffentlich				privat
	Sosyal Güvenlik Kurumu (Alle Beschäftigten, Beamte, Bauern und Selbstständige)				
1. Primli Rejim (beitragsfinanzierte Geldleistungen) Sosyal Güvenlik (= System der beitragsfinanzierten Sozialschutzleistungen)	*Genel Sigortalar Genel Müdirlügü (2008)* - Alters-, Hinterbliebenen-, Invalidenrente (Rentenversicherung)	*Genel Sağlık Sigortasi Genel Müdirlügü (2007)* - Krankengeld - Unfallgeld - Mutterschaftsgeld - Medizinische Sachleistungen - Familienbeihilfen (Krankenversicherung)	*IŞ KUR (seit 1999)[a]* - Arbeitslosengeld (Arbeitslosenversicherung)		*Bireysel E-meklilik* = private Zusatzrentenversicherung
2. Primsiz rejim (steuerfinanzierte Geldleistungen) Sosyal Yardim ve Hizmet (= System der nicht beitragsfinanzierten sozialen Fürsorge und Dienstleistung)	65 er Programm - Altersrente für bedürftige Personen über 65 - kostenlose medizinische Behandlung von Bedürftigen	SHCEK[b] - regelmäßige finanzielle Beihilfen für Familien mit Behinderten Kindern - Bereitstellung von Betreuungs- und Pflegeeinrichtungen für Kinder, Behinderte und Alte	SYDV[c] - regelmäßige finanzielle Beihilfen für Bedürftige	Kommunen einmalige Sachleistungen	- private Betreuungs- und Pflegeeinrichtungen für Kinder und Alte

3. Sağlık sistemi (Gesundheitssystem)				
1. Behandlungsstufe [d]	Hausarztsystem mit „gate keeper Funktion" (ab 2008)			private Arztpraxen und Diagnosezentren
2. Behandlungsstufe [d] 3. Behandlungsstufe [d]	staatliche Krankenhäuser	Universitätskrankenhäuser	andere öffentliche Krankenhäuser von Kommunen und vom Militär	private Krankenhäuser

[a] Türkiye Is Kurumu; Türkische Anstalt für Arbeit

[b] Sosyal Hizmet ve Cocuk Esirgeme Kurumu; Anstalt für soziale Dienstleistung und Kinderschutz

[c] Sosyal Yardim ve Dayanisma Vakiflari; Stiftungen für soziale Fürsorge und gegenseitige Unterstützung

[d] 1. Behandlungsstufe: ambulante Behandlungen , 2. Behandlungsstufe: kurze stationäre Behandlungen, z. B. Blinddarm Operation, 2. Behandlungsstufe: längere stationäre Behandlungen, z. B. Herztransplantation

Quelle: T.C. ÇSGB (2004)

Übersicht 13: **Höhe der Beiträge der einzelnen Sozialversicherungskassen (vor und nach Sozialstaatsreform)** [a]

	Türkei vor Sozialstaatsreform 2008			Türkei nach Sozialstaatsreform 2008
	SSK [b]	BAG KUR [c]	T.C. Emekli Sandigi [d]	Sosyal Güvenlik Kurumu (SGK) [e]
Berufsgruppen	Arbeitnehmer Landarbeiter Lehrlinge Anwälte	Gewerbetreibende Handwerker Landwirte Freiberufler	Beamte Militärangehörige öffentl. Angestellte	Alle Berufsgruppen
Alters-, Invaliden-, Hinterblieben-enrente	20% (11% AG; 9 %AN)	20%	16%	20 % (11% AG; 9% AN)
Kranken-versicherung	13% (6 % AG; 5% AN)	20% (nur Sachleistungen)	Leistungen werden durch Staatshaushalt finanziert	12,5 % (7,5 % AG; 5 % AN)
Mutterschaft	1 % AN	entfällt		1 % AN
Arbeitsunfall	1,5 – 7% AG	entfällt		1,5 – 7 % AG
Arbeitslosigkeit (ISKUR)	6%: (2% AN; 3% AG; 1% Staat)	entfällt		6%: (AN 2%; 3% AG, 1% Staat) nur Arbeitnehmer

[a] % Anteil des Nettoeinkommens
[b] Sosyal Sigorta Kurumu; Sozialversicherungsanstalt
[c] Bagimsizlar Kurumu; Sozialversicherungsanstalt für Selbstständige
[d] T.C, Emekli Sandigi; Rentenkasse der Türkischen Republik
[e] Sosyal Güvenlik Kurumu; Sozialschutzanstalt
AG = Arbeitgeberanteil, AN= Arbeitnehmeranteil
Quelle: Güzel/Okur (2005)

der ganzen Türkei eingeführt werden soll. Ähnlich wie das englische Vorbild ist ein öffentlicher Hausarzt für die primäre medizinische Versorgung für eine bestimmte Anzahl von Patienten zuständig, mit einer so genannten „gate keeper Funktion". Erst wenn weitere Behandlungen notwendig sein sollten, wird der Patient in eine nächst höherer Stufe weitergeleitet. Damit soll die Behandlungslast der Krankenhäuser in der zweiten und dritten Stufe abgebaut und der Großteil der Behandlungen wieder auf die primäre Stufe des Gesundheitssystems geleitet werden.

Das wichtigste Element der Reform war jedoch die Vereinigung aller drei Sozialversicherungskassen zu einer Kasse, der Anstalt für Sozialschutz (*Sosyal Güvenlik Kurumu, SGK*) am 1.1.2007. Die 10 kleinen Versicherungskassen für die Beschäftigten der Banken und Versicherungen wurden am 1.1. 2008 in die SGK eingegliedert. Somit wurde diesmal im Gegensatz zur ersten Reform von 1999, auch die Kasse der Beamten mit den anderen Kassen vereinigt. Unabhängig vom Berufsstatus zahlen nun alle Versicherten einheitliche Beiträge und bekommen einheitliche Leistungen (Übersicht 13 & 14). Berufsgruppen wie die Landwirte, Landarbeiter, Handwerker, Gewerbetreibende haben nun einen Anspruch auf die selben Leistungen wie die Arbeiter und Beamten (T. C. ÇSGB 2004; Alper 2005 T.C. TBMM 2006b; T.C. TBMM 2008). Anknüpfend an die Reformen von 1999 wird das Rentenalter für die neuen Versicherten bis 2036 schrittweise auf 65 für Männer und Frauen erhöht. Zugleich wird der Beitragszeitraum für die Altersrente von 7000 Versicherungstagen auf 7200 Tage bzw. bei der Invalidenrente von bisher 900 (Arbeitnehmer) Arbeitstagen auf ca. 1800 Arbeitstage verlängert (T. C. ÇSGB2004; T.C. TBMM 2008). Ähnlich wie bei der Reform von 1999 müssen die Erwerbstätigen, die zum ersten Mal ab dem 30.4.2008 einer versicherungspflichtigen Beschäftigung nachgehen, länger arbeiten, um in Rente gehen zu können. Mit anderen Worten, es sind die versicherungspflichtigen Erwerbstätigen, welche bei dieser Reform am meisten belastet werden, um die langfristige Finanzierbarkeit des türkischen Sozialversicherungssystems zu gewährleisten.

Neben dieser Fusionierung aller drei Kassen war die langfristige Finanzierbarkeit des Systems zu gewährleisten das zweite wichtige Ziel dieser Reform. Zum einen werden die Rentenleistungen von den kurzfristigen monetären Transferleistungen für alle Berufsgruppen institutionell und administrativ getrennt. Die Leistungen der Alters- Invaliden- und Hinterbliebenenrente werden von dem *Generaldirektorat für Sozialversicherung* (*Sosyal Sigortalar Genel Müdürlüğü*), die monetären Leistungen für Mutterschaft, Krankheit und Arbeitsunfall werden von dem neu gegründeten *Generaldirektorat für die Allgemeine Krankenversicherung* (*Genel Saglik Sigortasi Genel Müdürlüğü*) verwaltet. Die Krankenversicherung übernimmt die Kosten für die medizinische Versorgung der Versicherten und ihrer Familienangehörigen. Beide sind Teil der Anstalt für Sozialschutz (*SGK*).

Die neue *Allgemeine Krankenversicherung (Genel Sağlık Sigortası)* ist beitragsfinanziert, auch die Beamten müssen nun Beiträge für die Krankenversicherung zahlen. Die „*Grüne Karte"*, die kostenlose medizinische Behandlung

Übersicht 14: **Versicherungsleistungen der einzelnen Sozialversicherungs-kassen**

	Türkei vor der Sozialstaatsreform 2008			Türkei nach der Sozial-staatsreform 2008
	SSK	BAG KUR	T.C. Emekli Sandigi	Sosyal Güvenlik Kurumu (SGK)
Berufsgruppen	Arbeitnehmer Landarbeiter Lehrlinge Anwälte	Gewerbe-treibende Handwerker Landwirte Freiberufler	Beamte öffentl. An-gestellte Militärpersonal	Alle Berufs-gruppen
Alters-, Invaliden-, Hinterbliebenen-rente	Ja	Ja	Ja	**Gleiche Leistungen für alle Versicher-ten unab-hängig vom ausgeübten Beruf**
Geldleistungen bei Krankheit, Mutter-schaft, Arbeitsun-fall	Nur für Arbeitnehmer und Anwälte	Nein	Lohnfortzahlung durch Staat	
Medizinische Ver-sorgung	Ja	Ja	Ja	
Arbeitslosengeld (ISKUR)	Nur für Arbeitnehmer	Nein	Nein	Nur für Arbeit-nehmer

Quelle: Güzel/Okur (2005)

von Bedürftigen in den Staatskrankenhäusern, wird schrittweise bis 2010 abge-schafft. Im neuen Gesundheitssystem werden die Kassenbeiträge für die Armen nun durch den Staat gezahlt. Mit anderen Worten beschränkt sich die zweite Säule des türkischen Sozialschutzsystems nach der Reform von 2008 nur auf beitragsfinanzierte Sachleistungen (Übersicht 15). Die 1999 gegründete Arbeits-losenversicherung *IŞ KUR* wurde als eigenständige Anstalt ebenfalls der *SGK* unterstellt (T.C. TBMM 2006a; T.C. TBMM 2006b; T.C. TBMM 2008).
   Durch die Trennung von beitragsfinazierten und steuerfinanzierten Leistungen sollen die Verwaltungstrukturen effizienter gestalltet werden Bisherige steuerfinanzierte Sozialhilfeprogramme des *pirimsiz rejim*, wie die Rente für bedürftige Alte über 65, welche früher von der Versicherungskasse der Beamten verwaltet und ausgezahlt wurde, werden nun vom neuen *Direktorat für*

Übersicht 15: Die erste und zweite Säule des türkischen Sozialstaates seit 2008 [a]

	Geldleistungen	Sachleistungen
	1. Säule: Sosyal Güvenlik (Soziale Sicherheit)	*2. Säule: Sağlık sistemi (Gesundheitssystem)*
Beitragsfinanziert	I. Sozialversicherung (sosyal sigorta sistemi) • *Genel Sigortalar Genel Müdürlügü (Alters-, Invaliden- und Hinterbliebenenrente)* • *Genel Sağlik Sigortasi Genel Müdürlügü (Kranken-, Mutterschafts-, Unfallgeld)* • *IS KUR (Arbeitslosengeld)*	• *Genel Sağlik Sigortasi Genel Müdürlügü* (medizinische Versorgung)
Steuerfinanziert	II.a Soziale Fürsorge (sosyal yardım) • *Sosyal Yardımlar Genel Müdürlügü: beitragsfreie Altersrente für bedürftige alte Menschen über 65 (65er Hilfe)* • *SYDV* • *Beihilfen für Behinderte der SHÇEK* • *kommunale Programme*	II. b Soziale Dienstleistung (sosyal hizmet): • *SHÇEK* • *private Anbieter*

[a] Vergleiche Überblick 7

nicht beitragsfinanzierte Leistungen (Sosyal Yardım Müdürlügü) verwaltet, einer Unterabteilung der Behörde für Sozialschutz. Damit ist die Versicherungskasse für Beamte nicht mehr mit versicherungsfremden Aufgaben beschäftigt. Das *Sosyal Yardım Müdürlügü* ist auch zuständig für die Auszahlung der Familienbeihilfe (*Aile Yardımı*), Behindertenhilfe sowie für die steuerfinanzierte Krankenversicherung für Bedürftige. Dennoch bedeutete die Einführung dieser neuen Behörde nicht, dass alle Sozialhilfsprogramme unter einem Dach vereinigt sind. Die monetären Hilfen der Kommunen, die monetären Beihilfen für Familien mit behinderten Kindern der „Anstalt für Kinderschutz und Sozialhilfe" (*Çocuk Esirgeme ve Sosyal Yardım Kurumu, SHÇEK*) sowie die Leistungen der einzelnen halbstaatlichen „Stiftungen für soziale Hilfe und Solidarität" (*Sosyal Yardım ve Dayanışma Vakıfları, SYDV)* und des „Fonds für soziale Unterstützung und Solidarität" (*Sosyal Yardım ve Dayanışma Fonu, SYDF*) bleiben weiterhin als eigenständige Einrichtungen neben der *Anstalt für nichtbeitragsfinanzierte Leistung (Pirimsiz Yardımlar Kurumu)* bestehen (Arici 2005; T.C. TBMM 2006c). Somit hebt auch diese Reform die für Südeuropa typische Pluralität der sozialen Fürsorge nicht ganz auf. Auch der Bereich der sozialen Pflege und Betreuung von Kindern und Senioren wurde nicht weiter reformiert. Weiterhin teilen sich die Einrichtungen der *SHÇEK* und private Anbieter diesen Aufgabenbereich (Übersicht 15).

Die unterschiedlichen Datenbanken der drei Versicherungskassen wurden in das einheitliche *Zentrum für Technologie und Informationssammlung (BIL-KOM)* integriert. Es dient den einzelnen Behörden des *SGK* als zentrale Datenerfassungsstelle, um die notwendigen versicherungstechnischen Informationen zu sammeln und auszuwerten und damit die Leistungsansprüche aller Versicherten effektiver, schneller und transparenter zu überprüfen. Aber auch die Einnahmen und Ausgaben sollen mithilfe einer einheitlichen Datenbank effektiver kontrolliert werden, um so Missbrauch durch die Versicherten zu verhindern (T. C. ÇSGB 2004; T.C. TBMM 2006a).

Zwar zielte die Reform der Regierung Erdoğan auf eine Reform des gesamten Sozialschutzsystems, aber der eigentliche Schwerpunkt zielte nur darauf, die beitragsfinanzierte Sozialversicherung zu sanieren. Aber hier beschränkte sich die Regierung auf eine Sanierung des derzeitigen Rentensystems. Es versuchte nicht die Rentenkassen durch die Einführung von obligatorischen Zusatzversicherungskassen zu entlasten. Es wurden keine obligatorischen Zusatzrentensysteme eingeführt. Die einzigen Ausnahmen bilden immer noch die Zusatzrenten für die Militärs (Ordu *Yardım Aktarma Kurumu; OYAK*) und die der Grundschullehrer (*Ilköğretim Sandığı; ILKSAN*) welche aus 1960ern stammte. Zwar wurde 2004 das so genannte „persönliche Renten System" (*Bireysel Emeklilik Sistemi*) eingeführt, aber diese private Zusatzrente wurde nur von einer kleinen Gruppe von Erwerbstätigen in Anspruch genommen (T.C. DPT 2001a). Vielmehr wurde das Ungleichgewicht zwischen Einnahmen und Ausgaben der Rentenkassen, durch die Erhöhung der Mindestbeitragszeiten sowie durch die Anhebung des Mindestrentenalters und durch die Vereinheitlichung der Beiträge und Leistungen, versucht zu reformieren.

Andere Bereiche des Sozialschutzsystems wurden vernachlässigt. Die steuerfinanzierten Leistungen wurden nicht stärker ausgebaut, mit Ausnahme des Familiengeldes, welches auf alle Berufsgruppen ausgeweitet wurde, während früher nur Beamten diese Leistungen bekamen. Eine bedarfsgeprüftes Mindesteinkommen wie in Spanien wurde nicht eingeführt. Somit versäumte es der türkische Staat, den Berechtigtenkreis für steuerfinanzierte Leistungen der sozialen Fürsorge auszuweiten. Deshalb ist es fraglich, ob das Sozialschutzsystem durch die Reform bei der Armutsbekämpfung effektiver geworden ist (Arıcı 2005; Alper 2005).

Ein weiterer Kritikpunkt an der Reform von 2007 bzw. 2008 ist auch, dass sie ähnlich wie die Reform 1999 die Finanzierbarkeit des Systems auf alleine Kosten der. Arbeitnehmer und Arbeitgeber gewährleistet wurde. Diese tragen die Mehrheit der Beiträge, wohingegen der Staat sich bei den Beiträgen für die Arbeitslosenversicherung beteiligt. Die Reform 2007 / 2008, wie schon die von 1999 hat auch nicht die Verwaltungsautonomie der Sozialversicherungseinrichtungen gestärkt, um sie so vor den Zugriffen des Staates zu bewahren (Alper 2005). Auch wurde ihre Legitimität in Frage gestellt, weil sie ohne die Mitarbeit der Sozialpartner von der Regierung einfach durchgesetzt wurde. Sie wurde vielfach als das Produkt eines Diktats internationaler Geldgeber angesehen, auch wenn das neue Sozialschutzsystem alles andere als neoliberalen Vorstellungen entspricht. So wurden zum Beispiel die Sozialversicherungssysteme nicht wie in Chile vollständig privatisiert oder durch ein dreistufiges System (Grundversorgung, Betriebsrenten und private Zusatzrenten) ersetzt (Alper 2005).

2.3.3 Fazit

Wie sind Probleme und Reformen des türkischen Sozialstaates und Sozialschutzsystems zu bewerten? Erstens zeigte sich, dass in der Wahrnehmung des türkischen Staates die Finanz- und Haushaltsprobleme des Sozialversicherungssystems das wichtigste Problem darstellten. Zwar werden auch strukturelle und organisatorische Probleme sowie der ungleiche Zugang zu Sozialleistungen in den Regierungsberichten genannt. Die Finanzierungsprobleme und Haushaltsdefizite werden jedoch als drängender wahrgenommen, weil der türkische Staat nach der Finanzkrise 2001 eine Reihe von haushaltspolitischen Verpflichtungen gegenüber internationalen Kreditgebern, wie der Weltbank oder dem Internationalen Währungsfonds, eingegangen ist.

Zweitens konzentrierte sich die Reform des türkischen Sozialstaates dementsprechend primär auf die Reform der Finanzstruktur des türkischen Sozialversicherungssystems. Die Kosten sollten gesenkt und die Einnahmen erhöht werden. Zwar beteuerte der türkische Gesetzesgeber, dass mit der Vereinigung der drei Versicherungskassen die ungleiche Behandlung einzelner Berufsgruppen aufgehoben wurde. Die Fusion der drei selbstständigen Versicherungskassen diente jedoch der Senkung der Kosten. Die Tatsache, dass jetzt Beamte Krankenkassenbeiträge zahlen und der Staat nicht mehr für die medizinische Behandlung sowie für die Lohnfortzahlung bei Krankheit, Arbeitsunfall oder Schwangerschaft bei Beamten aufkommt, reduzierte ebenfalls die Kosten des Systems.

Die Erhöhung des Mindestrentenalters sowie die Erhöhung von Mindestbeitrags-
zeiten erhöhten die Einnahmen des Sozialversicherungssystems. Drittens stellte die Vereinigung der drei Versicherungskassen sowie die Einführung einer eigenständigen Krankenversicherung eine große Veränderung in der Struktur des türkischen Sozialschutzsystems dar. Es bedeutete aber keinen sozialpolitischen Paradigmenwechsel. Die eigentlichen Prinzipien, auf denen sich das System stützt, wurden nicht verändert. So wurde das beitragsfinanzierte Sozialversicherungssystem nicht durch ein steuerfinanziertes System ersetzt. Der Staat wälzte im Gegenteil einen Großteil der Kosten auf die Versicherten, durch die Betragspflicht der Beamten und die Verlängerung der Beitragszeiten. Zugleich wurden die rudimentären Leistungen der Armenfürsorge und das Angebot öffentlicher Pflege nicht ausgebaut. Soweit es einzelne Veränderungen gab, waren sie eher symbolischer Natur. Weiterhin übernimmt die Familie einen Großteil der Fürsorge- und Pflegeaufgaben, ohne dafür durch Beihilfen oder Steuererleichterungen entlastet zu werden. Ein möglicher Anstieg der weiblichen Beschäftigung zumindest in den Metropolen wird vom Gesetzesgeber nicht als Problem gesehen. Auch kann nicht davon gesprochen werden, dass die Reform die Autonomie der Versicherungskasse gestärkt hat. Die Zusammensetzung des Aufsichtsrates der *SGK* wurde nicht zugunsten der Sozialpartner verändert.

Viertens stellt sich die Frage, ob die Reform der *AKP* einen Rückzug des türkischen Staates vor seiner sozialpolitischen Verantwortung darstellt. Dies kann verneint werden. Vielmehr versucht der Staat die Finanzierung des Sozialversicherungssystems zu reformieren, um das bisherige Niveau der sozialpolitischen Leistungen zu sichern. Die Vereinigung der drei Versicherungskassen bedeutete, dass nun alle Berufsgruppen Zugang zu allen Sozialleistungen haben. Der türkische Staat versuchte die Finanzierung des türkischen Sozialschutzsystems zu gewährleisten, ohne sich seiner verfassungsrechtlichen und sozialpolitischen Verantwortung zu entziehen.

3 Das türkische Wohlfahrtsregime im Vergleich

3.1 Segmentierung: Sozialversicherung und Arbeitsmärkte

Das türkische Sozialversicherungssystem teilt mit dem spanischen und griechischen Sozialversicherungssystem eine Reihe von institutionellen Merkmalen. Alle drei werden durch Beiträge der Arbeitnehmer und Arbeitgeber finanziert. Sie kompensieren durch Transferleistungen den Verdienstausfall von Erwerbstätigen, wenn diese vorübergehend oder permanent nicht mehr erwerbstätig sind. Die Sozialversicherungssysteme bestehen aus einzelnen Berufskassen mit unterschiedlich hohen Versicherungsbeiträgen und Sozialleistungen, wobei das Ausmaß dieser institutionellen Segmentierung jedoch variiert. In der Türkei existierten bis Mitte 2008 drei, ab Mitte 2008 aber nur noch eine einheitliche Versicherungskasse, in Spanien gibt es acht Berufskassen und in Griechenland existieren über 300 Kassen.

Nur die versicherungspflichtig Beschäftigten – meist ältere männliche Erwerbstätige bzw. Familienväter, welche einen versicherungspflichtigen Beruf ausüben – haben einen Anspruch auf Leistungen des Sozialversicherungssystems. Andere Personengruppen – Frauen, junge Erwerbstätige - sind aufgrund dieser versicherungstechnischen Bedingungen von den Leistungen des Sozialversicherungssystems ausgeschlossen. Das bedeutet, dass nicht nur die Pflichtversicherung, sondern die gesamte Erwerbsbevölkerung durch die nationalen Sozialversicherungssysteme sozialrechtlich segmentiert sind.

Die Türkei teilt mit den südeuropäischen Gesellschaften eine Reihe weiterer struktureller und historischer Merkmale. Das gibt vor allem für die Form des Arbeitsmarktes und für den Prozess der Demokratisierung. In allen drei Ländern existiert eine duale Arbeitsmarktstruktur, mit einem großen Arbeitsmarkt mit informeller und prekärer Beschäftigung (Teilzeitarbeit, zeitlich befristete Beschäftigung) einerseits und einem kleinen Kernarbeitsmarkt mit arbeitsrechtlich gut geschützter versicherungspflichtiger Lohnbeschäftigung andererseits. Darüber hinaus teilt die Türkei mit Spanien und Griechenland auch den friedlichen Übergang von einem autoritären Regime zu einer parlamentarischen Demokratie

In diesem Kapitel werden die institutionelle Segmentierung des Sozialversicherungssystems und die sozialrechtliche Segmentierung der Bevölkerung in
den drei Ländern miteinander verglichen. Dabei wird der Einfluss sowohl der
Arbeitsmarktstruktur als auch des Demokratisierungsprozesses auf diese institutionelle und sozialrechtliche Segmentierung untersucht. So findet sich die Struktur des dualen Arbeitsmarktes auch in der sozialrechtlichen Segmentierung wieder. Nur die versicherungspflichtig Beschäftigten des Kernarbeitsmarktes haben
Zugang zu den Sozialleistungen des Sozialversicherungssystems. Diese *Insider*
des Arbeitsmarktes sind auch die *Insider* des Sozialversicherungssystems. Die
Beschäftigten in den anderen Arbeitsmarktsegmenten haben dagegen aufgrund
ihrer prekären und informellen Beschäftigung und diskontinuierlichen Erwerbsbiografie keinen Anspruch auf Sozialleistungen. Diese *Outsider* des Arbeitsmarktes sind daher auch die *Outsider* des Sozialversicherungssystems und müssen meist durch die *Insider* versorgt werden.

Die institutionelle Segmentierung des Sozialversicherungssystems wurde
auch durch die Art des Demokratisierungsprozesses in den drei Ländern beeinflusst. Sie war das Ergebnis eines Verhandlungsprozesses zwischen dem autoritären Staat und Vertreter ökonomischer Gruppen bzw. Berufsgruppen, die für
ihre Klientel eine Reihe sozialrechtlicher Privilegien aushandelten, die in die
Sozialgesetzgebung einflossen. Der Demokratisierungsprozess in der Türkei,
Spanien und Griechenland führte jedoch zu unterschiedlichen Resultaten, je
nachdem wie die Beziehung zwischen Staat und sozialen Gruppen institutionalisiert wurde. In Spanien entwickelten sich konzensorientierte, korporatistische
Strukturen, in Griechenland etablierten sich Klientelnetzwerke und in der Türkei
dominierte der Staat, unter Ausschluss aller nichtstaatlichen Akteure.

3.1.1 Beschäftigungsstrukturen und Arbeitsmarkt

Die wirtschaftliche Entwicklung in der Türkei, Spanien und Griechenland weicht
von den der westeuropäischen Industrienationen ab. Sie war durch eine verspätete Industrialisierung gekennzeichnet, welche sich zudem auf einige Regionen
konzentrierte. Die Mehrheit der Beschäftigten war in diesen Ländern niemals in
der Industrie beschäftigt, weshalb sich auch keine große Industriearbeiterschaft
entwickelte. Urbane kleinbetriebliche und traditionelle Produktions- und Beschäftigungsformen sowie eine arbeitsintensive traditionelle Beschäftigung in
der Landwirtschaft existierten neben der industriellen Beschäftigung weiter.
Diese sektorale Verteilung der industriellen und traditionellen Beschäftigungsverhältnisse drückte sich in einer spezifischen Segmentierung der Arbeitsmärkte
aus. Sowohl in der Türkei als auch in Spanien und Griechenland bestehen die

nationalen Arbeitsmärkte aus einem Kernarbeitsmarkt mit einer versicherungspflichtigen formellen Beschäftigung, dem ein großer Arbeitsmarkt mit „atypischer" bzw. informeller Beschäftigung gegenübersteht. Aus dieser Arbeitsmarktsegmentierung leiten sich unterschiedliche Einkommens-, Beschäftigungs- und sozialrechtliche Möglichkeiten ab (Katrougalos/Lazaridis 2003).

Die Mehrheit der türkischen, griechischen und spanischen Erwerbstätigen war lange Zeit im Agrarsektor beschäftigt. Ab den 1970er und 1980er Jahren dominierte der Dienstleistungssektor, während der Industriesektor zu keinem Zeitpunkt die Mehrheit der Erwerbstätigen beschäftigte (Tabelle 7). Insbesondere in der Türkei war die Industriebeschäftigung viel schwächer entwickelt. Zwar existierte im Osmanischen Reich Anfang des 20. Jahrhunderts eine sehr kleine Bedarfsgüterindustrie, mit meist nichtmoslemischen (Juden, Armenier, Griechen) Arbeitgebern und Arbeitnehmern, die aber mit der Gründung der Republik vertrieben wurden. Erst ab den 1930er Jahren wurden die Grundlagen für eine staatliche Schwerindustrie gelegt. Auch versuchte der türkische Staat das Kleinbauerntum zu schützten und die Landwirtschaft als wichtigsten Beschäftigungssektor zu erhalten, was die Entwicklung einer türkischen Industrialisierung ebenfalls behinderte (Keyder 1987).

Im europäischen Vergleich spielt die Beschäftigung in der Landwirtschaft in Griechenland und der Türkei noch immer eine große Rolle. In der Türkei sind 35 % aller Erwerbstätigen auf dem Land beschäftigt, in Griechenland 15 % (Tabelle 8). Dabei dominieren in beiden Ländern verstärkt kleinbäuerliche Produktionsformen mit arbeitsintensiver und „atypischer" Beschäftigung[17] Oft werden in den landwirtschaftlichen Betrieben unbezahlte Familienmitglieder beschäftigt. In der Türkei liegt der Anteil der mithelfenden Familienmitglieder bei 29 %, in Griechenland ist er zwar mit 7,8 % niedriger, liegt aber über dem gesamteuropäischen und südeuropäischen Durchschnitt (Tabelle 9).

17　Für die Entwicklung dieser kleinbäuerlichen Strukturen waren nicht nur die geografischen Bedingungen, sondern auch das gemeinsame osmanische Erbe verantwortlich. Im Gegensatz zu Westeuropa kannte das osmanische Reich keinen Feudalismus. Zwar gab es in Form des Timar eine Art Lehen für die Kommandeure der osmanischen Reiterheere. Aber dieses Timar unterschied sich vom europäischen Lehen dadurch, dass es nicht erblich war und beim Tod des Lehnsinhabers an den Staat überging, worauf hin dieser den Timar an einen anderen Lehninhaber übertrug. Den Timarinhabern gehörte nicht das Land, Sie waren keine Güterproduzenten, sondern lebten von Renteneinnahmen. Der Timarinhaber war ein Steuereintreiber, der die Steuern für den Staat von den Bauern, die den Timar bewirtschafteten, erhob und einen Teil der Einnahmen behalten durfte. Die Bauern waren keine rechtlosen Leibeignen, sie konnten ihre Rechte gegenüber dem Inhaber des Timars vor Gericht durchsetzen. Deshalb konnten sich in Griechenland und Anatolien keine Latifundien entwickeln, wie in Südspanien und Süditalien, sondern nur Ländereien von freien Kleinbauern. Vgl. Keyder (1987); Inalcık (2003).

Tabelle 7: **Entwicklung der Beschäftigung nach Wirtschaftszweigen (1950 - 2002)[a]**

		1950	1960	1970	1980	1990	2002
	Landwirtschaft	51,6	41,1	29,0	18,4	11,9	5,9
Spanien	Industrie	25,4	32,5	36,0	36,7	32,7	31,3
	Dienstleistung	23,0	26,4	35,0	44,9	55,7	62,7
	Landwirtschaft	87,0	78,7	70,7	60,5	53,6	34,9
Türkei	Industrie	6,4	10,4	11,9	15,9	18,1	23,0
	Dienstleistung	6,6	10,9	17,4	23,7	28,3	42,1
	Landwirtschaft	55,3	52,2	42,3	31,2	23,0	15,5
Griechenland	Industrie	18,8	21,2	26,2	28,5	27,3	22,8
	Dienstleistung	25,8	26,6	31,5	40,3	49,7	61,7

[a] in % aller Beschäftigten
Quelle: ILO Laborstat Onlinedatenbank

Tabelle 8: **Verteilung der Beschäftigten nach Wirtschaftszweigen (2002)[a]**

	Landwirtschaft	Industrie	Dienstleistung
Griechenland	15,9	22,5	61,7
Spanien	5,9	31,3	62,7
Italien	4,9	31,6	63,5
Portugal	12,4	33,6	54,0
Südeuropa	**9,8**	**29,8**	**60,5**
Türkei	34,9	23,0	42,1
Deutschland	2,4	32,4	65,1
Schweden	2,2	22,7	75,0
UK	1,3	24,2	74,6
EU 15	**4,1**	**28,0**	**67,4**

[a] in % aller Beschäftigten
Quellen: EU: Eurostat Onlinedatenbank (Beschäftigung); Türkei: DIE Hanehalkı Isgücü Istatistikleri Online-Datenbank

Ebenso ist der Anteil der Selbstständigen in den beiden Ländern sehr hoch. Dabei setzt sich der hohe Anteil nicht nur aus Freiberuflern (Ärzte, Anwälte, Ingenieure) oder Gewerbetreibenden (Händler, Handwerker) zusammen , sondern auch aus Personen im informellen Sektor, wie z. B. fliegende Händler. In Spanien ist der Anteil der Selbstständigen, der Beschäftigten in der Landwirtschaft und der mithelfenden Familienangehörigen geringer, liegt aber immer noch über dem gesamteuropäischen Durchschnitt (Tabelle 9).

Es gibt eine Reihe weiterer gemeinsamer Merkmale. In allen drei Ländern ist die Erwerbsquote sowie der Anteil der weiblichen Beschäftigung und der

Tabelle 9: **Beschäftigung nach Berufsstatus (2002)[a]**

	Arbeitnehmer	Arbeitgeber	Selbstständige	mithelfende Familienangehörige
Griechenland	60,2	7,6	24,4	7,8
Spanien	81,4	5,4	11,5	1,7
Italien	73,4	12,1	10,4	4,1
Portugal	73,3	6,2	18,6	1,9
Südeuropa	**72,1**	**7,8**	**16,2**	**3,9**
Türkei	37,1	4,9	29,4	28,6
Deutschland	89,4	4,8	4,8	1,0
Schweden	90,2	3,7	5,8	0,3
UK	88,5	2,8	8,3	0,3
EU 15	**84,9**	**5,3**	**8,3**	**1,5**

[a] in %aller Beschäftigten
Quellen: EU: Eurostat Onlinedatenbank (Beschäftigung); Türkei: DIE Hanehalkı Isgücü Istatistikleri Online-Datenbank

Tabelle 10: **Beschäftigung (2002)[a]**

	Beschäftigung (15 - 64 Jährige)			Beschäftigung (15 - 24)		
	Total	Männer	Frauen	Total	Männer	Frauen
Griechenland	57,5	72,2	42,9	26,5	31,5	21,4
Spanien	58,5	72,6	44,4	34,0	39,7	28,0
Italien	55,5	69,1	42,0	25,8	30,3	21,3
Portugal	68,8	76,5	61,4	42,2	47,8	36,5
Südeuropa	**60,1**	**72,1**	**47,7**	**32,1**	**31,3**	**26,8**
Türkei	46,9	66,9	27,0	33,3	42,4	24,5
Deutschland	65,4	71,8	58,9	45,7	46,9	44,5
Schweden	73,6	74,9	72,2	42,8	41,8	43,8
UK	71,3	77,6	65,2	56,1	57,6	54,5
EU 15	**64,2**	**72,9**	**55,5**	**40,5**	**43,7**	**37,2**

[a] in % aller Beschäftigten der jeweiligen Altersgruppe
Quelle: Eurostat Onlinedatenbank (Beschäftigung);

jungen Erwerbstätigen zwischen 15 -24 Jahren sehr niedrig (Tabelle 10). Die weibliche Beschäftigung ist in der Türkei geringer als in Spanien und Griechenland und ist seit 1970 auch nicht gestiegen, im Gegensatz zu den anderen südeuropäischen Staaten (Tabelle 11). Aufgrund zahlreicher Wirtschaftskrisen in den 1970ern und 1990ern Jahren gelang es der türkischen Wirtschaft nicht, die unqualifizierten Frauen, die auf dem Land als mithelfende Familienmitglieder beschäftigt waren und später mit ihren Familien in die Städte zogen, ins (formelle) Erwerbsleben, zu integrieren. Dies führte zu einer sehr niedrigen urbanen

Tabelle 11:   **Anteil der weiblichen ökonomisch aktiven Bevölkerung (1960**
– 2000)[a]

	1960	1970	1980	1990	1995	2000
Griechenland	18,9	19,5	21,4	28,8	30.8	32,5
Italien	21,2	21,9	25,7	30,7	32,2	33,2
Portugal	13,5	18,9	35,4	40,2	41,9	43,1
Spanien	14,4	18,0	20,8	27,5	30,0	32,2
Südeuropa	**17,0**	**19,6**	**25,8**	**31,8**	**33,7**	**35,3**
Türkei	42.7	35,0	30,4	30,3	33,0	35,6

[a] *Anteil in % der weiblichen Erwerbsbevölkerung zwischen 15 – 64 Jahren, d. h. . die entweder erwerbstätig sind, oder auf eine Beschäftigung warten (Beschäftigte + Arbeitslose)*
Quelle: ILO Laborstat Onlinedatenbank

Tabelle 12:   **weibliche Beschäftigung in der Türkei (2002)[a]**

	Erwerbstätige	Arbeitslose	Arbeitslose außerhalb Landwirtschaft	Unterbeschäftigte
Türkei	25,3	9,4	19,8	2,1
Stadt	15,5	18,7	19,9	3,4
Land	40,2	3,0	16,0	1,1

[a] in % aller beschäftigten Frauen
Quelle: DIE Hanehalkı Isgücü Istatistikleri Onlinedatenbank

weiblichen Beschäftigung (Tabelle 12). Aufgrund einer patriarchalischen Familienkultur der Unter- und Mittelschicht üben diese eine sehr starke soziale Kontrolle über die unverheirateten Frauen aus, was ihren Zugang zum formalen Arbeitsmarkt erschwert (White 1994; White 2003). Auch ist aufgrund des rigiden Zulassungssystems in der Türkei der Anteil der weiblichen Studenten niedrig. Wegen der damit verbundenen Kosten für die Familien wird deshalb oft nur die Weiterbildung der Söhne gefördert, sodass die Mädchen von den besseren Beschäftigungsmöglichkeiten in der Industrie und im Dienstleistungsbereich ausgeschlossen sind.

Gleichzeitig sind in Spanien, Griechenland und der Türkei berufstätige Frauen und junge Erwerbstätige zwischen 15 und 24 Jahren viel stärker von „atypischer" und prekärer Beschäftigung betroffen. Der Anteil der Frauen mit befristeter Beschäftigung, Teilzeitarbeit sowie nicht bezahlter Familienarbeit ist generell viel höher als bei Männern. Nur in der Türkei ist der Anteil der Männer mit befristeter Beschäftigung höher als bei den Frauen, weil die formelle weibliche Beschäftigung in der Türkei viel niedriger ist als in Spanien und Griechenland (Tabelle 13 & 14). Darüber hinaus fällt bei den „atypischen" Beschäftigungsformen auf, dass die Teilzeitarbeit im Gegensatz zu den nord- und mitteleuropäischen Ländern keine Rolle spielt. Dort dient die Teilzeitarbeit auch dazu, die Rückkehr der Frauen nach einer Babypause in den Arbeitsmarkt zu erleichtern. Den spanischen, griechischen und türkischen Frauen wird eine solche Möglichkeit des Widereinstieges nach der Babypause erschwert. Insbesondere die türkischen Frauen in den Städten sind meist bis zum ersten Kind beschäftigt und ziehen sich danach vom Arbeitsmarkt „freiwillig" zurück (Abadan – Unat 1985).

Auch die 15 - 24 Jährigen werden vom formellen (Kern-) Arbeitsmarkt ausgegrenzt, was sich in einer sehr hohen Jugendarbeitslosigkeit zeigt. Insbesondere in Griechenland und Spanien ist jeder vierte Jugendliche arbeitslos, während der Anteil in der Türkei niedriger ist. Dies gilt auch für junge Frauen. Während diese in den südeuropäischen Ländern viel häufiger erwerbstätig sind als junge Männer, ist dies in der Türkei nicht der Fall (Tabelle 15). Junge unverheiratete Frauen sind oft als unbezahlte Familienarbeiter in der türkischen Landwirtschaft oder der kleinbetrieblich organisierten Textilindustrie beschäftigt. Sie sind eher bereit sich bei wirtschaftlichen Krisen aus dem Erwerbsleben zurückzuziehen und als Hausfrau zu leben (White 1994).

Somit existiert in Spanien, Griechenland und der Türkei eine duale Arbeitsmarktstruktur, in welcher der Zugang von Faktoren wie Alter und Geschlecht abhängt. Der Kernarbeitsmarkt in diesen Ländern ist sehr viel kleiner als in anderen europäischen Ländern. Die Beschäftigten in diesem Arbeitsmarkt (meist ältere Familienväter) sind arbeitsrechtlich vor Entlassungen geschützt, haben festgeschriebene Urlaubsansprüche, zahlen Sozialversicherungsbeiträge und Einkommensteuern. Ein weit aus größerer Teil der Erwerbsbevölkerung ist dagegen entweder arbeitslos (Spanien), arbeitet illegal im informellen Sektor oder geht einer atypischen Beschäftigung nach, als mithelfendes Familienmitglied in der Landwirtschaft (Griechenland und die Türkei) bzw. mit einer

Tabelle 13: „atypische" Beschäftigung (2002)[a]

	Teilzeit		befristete Beschäftigung		mithelfende Familienangehörige	
	Frauen	Männer.	Frauen	Männer	Frauen	Männer
Griechenland	8,0	2,3	13,6	10,5	14,2	1,1
Spanien	16,8	2,6	34,8	29,6	2,9	0,7
Italien	16,9	3,5	12,0	8,4	5,9	2,9
Portugal	16,4	7,0	23,4	19,9	2,8	0,9
Türkei	13,7	4,0	6,2	8,6	49,0	9,6
Südeuropa	**13,1**	**3,9**	**21,0**	**17,1**	**6,5**	**1,4**
Deutschland	39,5	5,8	12,2	11,8	0,0	0,3
Schweden	33,1	11,1	17,6	12,8	0,3	0,4
UK	43,8	9,6	7,2	5,6	0,4	0,2
EU 15	**6,6**	**33,5**	**12,1**	**14,3**	**2,4**	**0,9**

a in % aller Beschäftigten zwischen 15 – 64 Jahren
Quellen: EU: Eurostat Onlinedatenbank (Beschäftigung);; Türkei: DIE Hanehalkı Isgücü Istatistikleri Online-Datenbank

Tabelle 14: „atypische" Beschäftigung junger Erwerbstätiger (2002)[a]

	Teilzeit		befristete Beschäftigung		mithelfende Familien-angehörige	
	Frauen	Männer.	Frauen	Männer	Frauen	Männer
Griechenland	4,5	6,0	22,1	18,4	13,4	11,6
Spanien	11,2	7,5	55,5	58,3	2,2	4,5
Italien	8,9	6,2	24,3	21,3	8,1	9,4
Portugal	9,5	3,6	47,8	38,5	2,0	3,8
Südeuropa	**8,5**	**3,9**	**21,0**	**17,1**	**6,5**	**1,4**
Türkei	-	-	6,5	11,6	51,3	33,2
Deutschland	10,5	9,7	47,7	52,3	-	-
Schweden	54,3	26,5	56,5	41,0	-	2,0
UK	27,7	25,9	12,5	12,0	-	-
EU 15	**31,1**	**17,1**	**4,8**	**4,7**	**1,5**	**2,6**

[a] in % aller Beschäftigten zwischen allen 15 – 24 Jahren
Quellen: EU: Eurostat Onlinedatenbank (Beschäftigung); Türkei: DIE Hanehalkı Isgücü Istatistikleri Online-Datenbank

Tabelle 15: Arbeitslosigkeit (2002)[a]

	Arbeitslosigkeit (15 -64 Jährige)			Jugendarbeitslosigkeit (15 -24 Jährige)		
	Total	Männer	Frauen	Total	Männer	Frauen
Griechenland	10,3	6,8	15,6	26,8	19,9	35,3
Spanien	11,1	8,1	15,7	24,2	19,2	35,3
Italien	8,6	6,7	11,5	23,1	19,4	27,8
Portugal	5,0	4,1	6,0	11,6	9,7	13,9
Südeuropa	**8,8**	**6,4**	**12,2**	**21,4**	**17,1**	**28,1**
Türkei	10,3	10,7	9,4	19,1	20,4	17,0
Deutschland	8,2	7,1	9,4	14,2	13,0	15,4
Schweden	4,9	5,3	4,6	11,9	12,0	11,8
UK	5,1	5,6	4,5	12,1	13,7	10,2
EU 15	**7,7**	**6,9**	**8,7**	**14,6**	**14,3**	**15,0**

[a] in % der Erwerbsbevölkerung
Quelle: Eurostat Onlinedatenbank (Bevölkerung)

befristeten Beschäftigung (Spanien). So wird geschätzt, dass die Hälfte der türkischen Erwerbstätigen im informellen Sektor arbeiten und deshalb bei den Behörden nicht registriert sind (TUIK 2006). Dabei sind bestimmte Personengruppen – Frauen, junge Erwerbstätige – viel häufiger vor Arbeitslosigkeit und vor informeller, prekärer oder „atypischer" Beschäftigung betroffen als andere.

    Diese spezifische Segmentierung der türkischen und südeuropäischen Arbeitsmärkte hat eine Reihe von Folgekosten für einzelne Personen- bzw. Bevölkerungsgruppen. Diese drücken sich in der Chance aus, in den primären Arbeitsmarkt einzutreten. Die rigiden arbeitsrechtlichen Entlassungs- bzw. Einstellungsbestimmungen des primären Arbeitsmarktes, welche die Beschäftigten – die *Insider* – beschützen, verhindern eine Ausweitung dieses Arbeitsmarktes.

Ihnen stehen diejenigen Beschäftigten gegenüber, denen der Zugang zu sicheren Arbeitsplätzen verwehrt wird (Ferrera 1996). Für diese *Outsider* gibt es nur die Möglichkeit, in die nichtformellen Arbeitsmärkte auszuweichen, arbeitslos zu werden oder, im Falle der Frauen, sich vollständig vom Arbeitsmarkt zurückzuziehen (Jurado-Guerro 1995).

Diese gemeinsame südeuropäische Arbeitsmarktsegmentierung erklärt sich durch die im europäischen Vergleich verspätete Industrialisierung, in der sich formelle fordistische Beschäftigungsstrukturen nicht entwickeln konnten. Der industrielle Sektor im formellen und regulären Kernarbeitsmarkt wurde nie zum dominierenden Erwerbssektor. Auch versuchte der Staat die Klein- und Familienbetriebe, als traditionelle Produzenten und Hauptarbeitgeber, zu beschützen. Meist waren diese traditionellen Betriebe und Beschäftigungsformen nicht der staatlichen Kontrollen unterworfen, auch weil sie unter den Bedingungen des formellen Industriesektors nicht überlebt hätten (Mingione 1990; 1991).

Durch den Wandel der internationalen Arbeitsteilung ab den 1970er Jahren wurden die Kleinbetriebe mit ihrer atypischen Beschäftigung und flexiblen Produktion allerdings immer wichtiger. Die Nachfrage nach flexiblen und kostengünstigen Produktionsformen und –abläufen zwang die Großbetriebe einen Teil ihrer Produktionsabläufe an die flexiblen Klein- und Familienbetriebe abzugeben, die so zu Subunternehmen der Großbetriebe wurden. So entstand eine südeuropäische Arbeitsmarktstruktur, in der eine große atypische Beschäftigung in Kleinbetrieben neben einer geringen regulären und formellen Beschäftigung in Groß- und Mittelbetrieben existiert (Sapelli 1995, Mingione 1991).

3.1.2 Der Demokratisierungsprozess

Die Türkei, Spanien und Griechenland teilen neben der verspäteten Industrialisierung und der gesellschaftlichen Modernisierung, auch einen relativ gewaltfreien Übergang von einem autoritären Regime zu einer parlamentarischen Demokratie.[18] In diesem Prozess wurde die Beziehung zwischen dem Staat und den sozialen, kulturellen und ökonomischen Gruppen (Gewerkschaften, Verbände, u. a.) neu geregelt und diese Gruppen in den politischen Entscheidungsprozess eingebunden, allerdings in den drei Ländern in unterschiedlicher Weise. Der Zusammenbruch der autoritären Regime in Spanien und Griechenland wurden

---

18   Eigentlich müsste man von einem zweiten Übergang zur parlamentarischen Demokratie sprechen, da es in allen diesen Ländern vor der autoritären Phase parlamentarische Regime gab, mit einem allgemeinen Männerwahlrecht, wie z. B. die liberale Phase des spanischen Königreiches im 19. Jahrhundert oder die Erste Spanische Republik, die Zweite Meşruiyet im Osmanischen Reich (1908 -1913) oder das Griechische Königreich vor und nach dem Zweiten Weltkrieg.

von internen (Streiks, Terrorismus, Demonstrationen, Tod des Herrschers) und externen (Kriege, Ölkrise) Ereignissen beeinflusst. Die spanische und griechische Demokratisierung war der Versuch der alten Machteliten, den Zerfall der staatlichen Ordnung zu verhindern, indem sie Vertreter der bisher verfolgten linken Opposition einbanden. Die bis dahin illegalen Oppositionsparteien wurden wieder zugelassen und gewannen später die ersten freien Wahlen. In Spanien herrschte nach dem Tod Francos und dem Terror der baskischen ETA ein Machtvakuum, welches die alten Machthaber füllen mussten, um die territoriale Einheit Spaniens zu bewahren (Schmidt 2005). In Griechenland wurde die Herrschaft der Obristen durch die Niederlage im Zypernkonflikt delegitimiert. Schon vorher hatte es Demonstrationen gegen das Obristenregime gegeben, welche blutig niedergeschlagen wurden. Die herrschenden Offiziere waren schließlich gezwungen, den im Exil lebenden Zentrumspolitiker Karamanlis zum Premierminister zu berufen (Übersicht 16).

Durch den demokratischen Übergang wurde die Interessenartikulierung durch einzelne Interessengruppen neu institutionalisiert. In Spanien existierte seit der langjährigen Francoherrschaft eine korporative Gliederung der Gesellschaft. Arbeitnehmer und Arbeitgeber wurden in berufsständische Syndikate (*Sindicatos verticales*) zusammengefasst, und einem vom Regime diktierten Zwangskonsens untergeordnet. Die Demokratisierung führte zu einer – nun freiwilligen – Konsensbildung zwischen den ökonomischen, kulturellen und politischen Gruppen, in welcher der Staat als neutraler Moderator auftrat (Giner 1991). Aus diesem Grund kann der spanische Demokratisierungsprozess als „paktierten Demokratisierung" bezeichnet werden (Schmidt 2005). Die Entwicklungen in Spanien sind seit den 1980ern durch überparteiliche Übereinkünfte geprägt, mit denen wirtschaftliche und soziale Probleme unter der Moderation des Staates gelöst werden. Ein Beispiel hierfür stellt der Pakt von Toledo von 1995 dar, eine schriftlich fixierte und parteienübergreifende Vereinbarung, in der beschlossen wurde, die langfristige Finanzierung des Sozialversicherungssystems durch geeignete sozialpolitische Maßnahmen zu sichern.

In Griechenland hat sich solch eine korporatistische Tradition wie in Spanien nicht entwickelt, da die autoritäre Junta Herrschaft der Obristen (1967 - 1974) dafür viel zu kurz gewesen war. Hier existierte ein traditionelles Klientelsystem, das auch nach der Demokratisierung weiter bestand. Bisher von den staatlichen Ressourcen ausgeschlossene Gruppen wurden nun in diese bestehende Klientelnetzwerke eingebunden oder entwickelten eigene Netzwerke. Im Rahmen dieses „bürokratischen Klientelismus" (Lyziridis) lieferten sich das konservativ-bürgerliche und das linke politische Lager einen Wettkampf um die Ressourcen und um die Kontrolle des Verwaltungsapparates (Lyziridis 1984; Lavadas 2005). Während sich in Spanien die einzelnen Partikularinteressen durch überparteiliche Abmachungen gesamtgesellschaftlichen Zielen unterordnen mussten, war dies in Griechenland aufgrund des bürokratischen Klientelismus nicht möglich (Übersicht 16). Die türkische Demokratisierung begann 1946 und dauerte bis 1950. 1946 wurden zum ersten Mal Wahlen abgehalten. Diese waren nicht frei und direkt, ließen aber den Einzug einer Oppositionspartei ins Parlament zu, der *DP (Demokrat Partisi)*, welche dann bei den Wahlen 1950 die bisher regierende Staatspartei *CHP (Cumhuriyet Halk Partisi; Republikanische Volkspartei)* als Regierungspartei für die nächsten 10 Jahre ablöste. Bei der *DP* handelt dabei es sich um den moderaten, wirtschaftsliberalen Reformflügel der *CHP*, der sich wegen eines innerparteilichen Streits um die zukünftige Wirtschaftspolitik abgespalten hatte. So kam es nicht zu einem ideologischen Bruch mit dem alten Regime. Ein moderater Kemalismus blieb als Staatsideologie weiter bestehen, wohingegen die alten autoritären Ideologien in Spanien und Griechenland mit dem Übergang zur parlamentarischen Demokratie verdrängt wurden (Heper 1987; Suner/Sayarı 1991: 172ff.; Heper 1992b).

Für das Ende der autoritären Herrschaft der Kemalisten spielten gesellschaftliche Faktoren nur eine untergeordnete Rolle. Zwar hatte der 2. Weltkrieg für die neutrale Türkei negative wirtschaftliche Folgen gehabt, aber dies hatte nicht zu Unruhen, Streiks, Protesten der Arbeiterorganisationen oder Anschlägen, wie in Griechenland und Spanien, geführt. Was diesen Übergang von einem autoritären Regime zu einer parlamentarischen Demokratie ermöglichte, war die Modernisierungsvorstellung der Kemalisten, die den Übergang zur parlamentarischen Demokratie als nächste Stufe der türkischen Modernisierung ansahen (Suner/Sayarı 1991). Auch finanzielle Anreize, wie die mit Liberalisierungs- und Demokratisierungsforderungen verbundenen Hilfen des *Marshallplans,* spielten eine große Rolle bei der türkischen Demokratisierung, mehr noch als in Spanien und Griechenland (Übersicht 16).

Für die türkische Demokratisierung war es wesentlich, dass die Initiative von den kemalistischen Herrschern und nicht von der (apolitischen) Bevölkerung ausging. Die kemalistischen Beamten definierten die neuen politischen und sozialen Rechte, die das „Volk" akzeptieren musste. Dennoch vertrauten die alten kemalistischen Machthaber in Verwaltung, Justiz und Militär dem Volk und seinen gewählten Vertretern nicht. Nach dem Militärputsch gegen die *DP*-Regierung von 1960 gaben die Putschisten zwar bald die Macht an eine zivile Regierung zurück. Um die Macht des Parlamentes zu beschränken, schufen sie jedoch eine Reihe von Institutionen, vor allem das Verfassungsgericht oder den von den Militärs kontrollierten „Nationalen Sicherheitsrat" (*Milli Güvenlik Kurumu*), welche der parlamentarischen Kontrolle entzogen waren und ein Gegengewicht zu den politischen Parteien und zur Regierung darstellten. Auch wenn sie den Parteien Zugeständnisse bei wirtschaftspolitischen Entscheidungen zubilligten, behielten die alten Eliten ihre Macht und Aufsichtsfunktion über die gewählten Vertreter des Volkes in vielen Bereichen weiter (Übersicht 16). So existiert ein Dualismus zwischen Regierung (*Hükümet*) und Staat (*Devlet*).[19]

Da die Demokratisierung in der Türkei keinen Kompromiss zwischen den alten kemalistischen Eliten und den von der Macht bisher ausgeschossenen Gruppen war, wie in Spanien und Griechenland, konnten die alten kemalistischen Herrschaftseliten politische und soziale Rechte einführen und ausweiten, aber sie auch gleichzeitig wieder aufheben. Dies war oft der Fall, wenn die selbst ernannten Wächter der kemalistischen Revolution, einen „Missbrauch" dieser Rechte wahrnahmen, welche die staatliche Stabilität oder den Bestand des kemalistischen Regimes gefährden konnte. Während nach dem Putsch von 1961 eine neue liberale Verfassung ausgearbeitet wurde, mit dem Ziel „zivilgesellschaftliche" Institutionen (Gewerkschaften, Berufsverbände) gegenüber dem Parlament und der Regierung zu stärken (Versammlungsfreiheit, Streikrecht, u. a.), so wurde mit dem Putsch von 1980 diese durch eine autoritäre Verfassung ersetzt. Diese liberalen Freiheiten hatten insbesondere in den 1970er Jahren zu schweren Zusammenstößen zwischen linken und rechten Gruppen geführt. In den Augen der Eliten in Verwaltung und Militär war daher die türkische Bevölkerung noch nicht „reif" für diese Freiheiten, weshalb ihnen diese auch wieder genommen werden konnten (Suner/ Sayarı 1991: 174).

Der Demokratisierungsprozess in Spanien, Griechenland und der Türkei brachte somit in allen drei Gesellschaften unterschiedliche politische Regime hervor, in denen die Beziehung zwischen Staat und Interessengruppen unterschiedlich institutionalisiert wurde. In Spanien war das Ergebnis dieses Transformationsprozesses eine neo- korporatistische „paktierte Demokratie", in der die sozialen und politischen Gruppen in einen verbindlichen Entscheidungsprozess eingebunden waren. In Griechenland entstand ein „bürokratischer Klientelismus", in dem die Klientelnetzwerke zweier politischer Lager um die Ressourcen des Staates kämpften. Der Staat diente nur den Partikularinteressen einzelner Machtgruppen. In der Türkei war es weiterhin eine von den politischen Parteien unabhängige Bürokratie, die im Alleingang alles regelte und die gesellschaftlichen Gruppen bei politischen Entscheidungen ausschloss.

---

19   Weitere Institutionen sind der Kassationsgerichtshof und der Staatspräsident, der nicht vom Volk gewählt wird, aber mit verhältnismäßig starken Befugnissen ausgestattet ist. Mit Ausnahme des schon 1961 geschaffenen Verfassungsgerichts, wurden diese Institutionen von den Vätern des Verfassung von 1982 als eine Art Gegengewicht zum Parlament und zu den politischen Parteien eingerichtet. Die Verfassung von 1982 (wie die von 1961) selbst wurde von der damaligen Militärregierung, welche sich am 12.9.1982 (sowie am 27.5.1960) an die Macht geputscht hatten, in Auftrag gegeben. Vgl. Heper (1988); Heper (1992a), Heper (1992b).

Übersicht 16: **Der Demokratisierungsprozess in Spanien, Griechenland und der Türkei**

Spanien

August 1968	Anschlagsserie der baskischen ETA auf Funktionäre des Francoregimes
20.Dezember1973:	Attentat auf den Nachfolger von Franco, Carrero Blanco, durch die baskische ETA
20.November 1975:	Tod Francos, Juan Carlos wird König von Spanien
Juli1976:	Adolfo Suaraes wird Premierminister
15. Dezember 1976:	Volksabstimmung über politische Reformvorhaben
30. März 1977:	Bildung von freien Gewerkschaften
9. April 1977:	Die Kommunistische Partei Spaniens (KPE) wird zu den ersten freien Parlamentswahlen zugelassen
15. Juni 1977:	Erste freie Wahlen, Sieg von Suarez
31. Oktober: 1978	Verabschiedung der ersten demokratischen Verfassung
6. Dezember 1978:	Annahme der Verfassung durch Referendum
25. Oktober 1979:	Annahme des Autonomiestatuts für Katalonien und das Baskenland
28.Oktober 1982:	Sieg der Sozialisten (PSOE) bei den Parlamentswahlen

Griechenland

Dez 1967:	Gescheiterter Gegenputsch des Königs, die Obristen setzen Oberst Papadopulos als Regenten ein
März 1968:	Attentatsversuch auf Staatschef Papadopulos
März 1973:	Studenten besetzen die juristische Fakultät der Universität Athen, Einheiten der Marine meutern
16. November 1973:	Polizei und Armee beenden blutig die Besetzung des Athener Polytechnikums
November 1973:	Oberst Papadopulos wird durch Generalleutnant Giskis ersetzt.
Juli 1974:	Das Obristenregime unterstütze einen Putsch gegen den zypriotischen Präsidenten Makarios, um einen Anschluss Zyperns an Griechenland zu ermöglichen.

22. Juli 1974:	Türkische Truppen marschierten in Zypern ein und besetzen den Norden der Insel
23. Juli 1974:	Teile der Armee verweigern Generalleutnant Giskis den Befehl, gegen die Türkei die Generalmobilmachung einzuleiten. Eine Gruppe von Militärs der Oberen Ränge stürzt Giskis. Der Zentrumspolitiker Konstantinis Karamanlis wird aus dem Exil von den Obristen eingeflogen, um eine neue Regierung zu bilden.
24. Juli 1974:	Karamanlis wird Premierminister
November 1977:	freie Wahlen: Karamanlis wird in seinem Amt bestätigt
Oktober 1975	Neue Verfassung wird durch eine Volksbefragung angenommen

Türkei

4. Mai 1945:	Vier Abgeordnete der CHP legen Widerspruch gegen die Bodenreform ein
19. Mai 1945:	Staatschef Ismet Inönü verspricht politische Reformen
12.Juni 1945:	Vier Abgeordnete der CHP verlesen eine Erklärung im türkischen Parlament, in dem sie mehr liberale Freiheiten und demokratische Reformen fordern
7. Januar 1946:	Gründung der Demokrat Partisi durch die vier „Abweichler" Menderes, Bayar, Köprülü und Koraltay
14.Mai 1946:	Das Partei- Wahl- und Vereinsgesetz wird verändert
21. Juli1946:	Erste nicht direkte Wahlen: Die Demokrat Partisi bekommt 62 von 465 Mandaten
15. September 1946:	Staatschef Ismet Inönü verzichtet auf den Posten als „ewiger Parteivorsitzender" der CHP und verspricht das der Staatspräsident alle vier Jahre gewählt werden soll
12. Juli 1947:	Staatschef Inönü erklärt seine Neutralität gegenüber allen Parteien im Parlament
14. Mai 1950:	Die Demokrat Partisi gewinnt die ersten freien Wahlen und bekommt 53 % der Stimmen
22. Mai 1950:	Beginn der 10 jährigen Herrschaft der Demokrat Partisi: Menderes wird Premierminister, Bayar Staatspräsident, Koraltay Parlamentspräsident und Köprülü Außenminister
27. Mai 1960:	Putsch des Militärs gegen die Regierung Menderes; die Demokrat Partisi wird verboten, Menderes, Köprülü und Koraltay werden hingerichtet

9. Mai 1961	Eine neue liberale Verfassung, mit mehr bürgerlichen Rechten, aber mit Institutionen (Verfassungsgericht, Senat, staatliche Planungsbehörde, usw.), die von der parlamentarischen Kontrolle unabhängig sind, wird durch eine Fachkommission ausgearbeitet
12. September 1980	Putsch des Militärs, Beginn der drei jährigen Herrschaft der Militärs
7. November 1982	Eine von den Militärs in Auftrag gegeben Verfassung, mit eingeschränkten bürgerlichen Rechten, wird per Volksabstimmung angenommen

Quellen: Clogg (1997); Auernheimer (2001); Kongar (2001); Schmidt (2005)

3.1.3 Institutionelle und sozialrechtliche Segmentierung

Die Sozialversicherungssysteme in der Türkei, Spanien und Griechenland sind beitragsfinanziert (Ferrera 1996; Katrougalos/ Laziridis 2003; Güzel/ Okur 2005). Verschiedene Bevölkerungs- und Erwerbsgruppen haben einen unterschiedlichen Zugang zu Sozialleistungen, weil aufgrund des Äquivalenzprinzips der Anspruch auf Leistungen abhängig ist von dem Zeitraum, in dem Sozialversicherungsbeiträge gezahlt wurden. Nur Personen, die in versicherungspflichtigen Berufen des Kernarbeitsmarktes (ältere männliche Erwerbstätige) beschäftigt sind, können Beiträge zahlen, womit sie einen Anspruch auf Sozialleistungen erwerben, wie zum Beispiel Arbeitslosengeld, Krankenversicherung oder Altersrente. Die Erwerbsbiografie dieser Beschäftigten ist meist durch eine Kontinuität der Beschäftigung geprägt. Sie sind arbeitsrechtlich vor Entlassungen besser geschützt, damit länger versicherungspflichtig beschäftigt und können deshalb auch länger ihre Sozialversicherungsbeiträge zahlen.

In den beiden anderen Segmenten des Arbeitsmarktes sind die Beschäftigten (Frauen und junge Erwerbstätige) meist informell und/ oder prekär (Teilzeitarbeit, befristete Beschäftigung) beschäftigt. Sie sind arbeitsrechtlich weniger vor Entlassung geschützt und viel stärker von einer diskontinuierlichen und auch nichtregulären Beschäftigung bedroht. Zwar gibt es auch in anderen europäischen Arbeitsmärkten informelle und prekäre Beschäftigung. Die türkischen, spanischen und griechischen Arbeitsmärkte drücken sich aber durch eine im Vergleich viel größere informelle und prekäre Beschäftigung aus. Zum Beispiel waren 2005 nur 60 % aller türkischen Erwerbstätigen in einer der drei Sozialversicherungskassen versichert, während 40 % aller Erwerbstätigen keine Beiträge zahlten und somit auch keinen Anspruch auf Leistungen des Sozialversicherungssystems erwarben. Für die Personen ohne Anspruch auf beitragsfinanzierte Leistungen gibt es keine alternativen steuerfinanzierten Leistungen. Der Großteil der öffentlichen Sozialausgaben in der Türkei, Spanien und Griechenland wird für die Finanzierung der Alters-, Invaliden- und Hinterbliebenenrente und andere beitragsfinanzierte Beihilfen (Mutterschafts-, Kranken-, Unfall- und Arbeitslosengeld) ausgegeben. Nur in Spanien ist die medizinische Versorgung vollständig steuerfinanziert, sodass auch Personen, die nicht oder nur prekär beschäftigt sind, medizinisch versorgt werden und sie zum Beispiel ihren Arzt oder ihr Krankenhaus frei auswählen können. In Griechenland und der Türkei haben dagegen nur Personen, die für einen Mindestzeitraum Krankenversicherungsbeiträge gezahlt haben, einen Anspruch auf volle medizinische Versorgung. Personen ohne eigene Krankenversicherung oder die nicht als Familienmitglied mitversichert sind, erhalten nur eine rudimentäre medizinische Grundversorgung. Die (Erwerbs-) Bevölkerung in diesen Ländern wird somit durch die Sozialversicherungssysteme sozialrechtlich stark segmentiert. Auf der anderen Seite sind die steuerfinanzierten Leistungen der sozialen Fürsorge (Safety Nets) nur bestimmten Personengruppen zugänglich. Sie spielen bei den öffentlichen Sozialausgaben auch keine Rolle (Tabelle 16). So gibt es in allen drei Ländern zwar steuerfinanzierte Altersrenten, wie z. B. die türkische 65er Rente. Aber auf die haben alte Menschen nur Anspruch, wenn ihr Haushaltseinkommen unter einem bestimmten geringen Einkommen liegt und sie nicht auf die finanzielle Unterstützung anderer Familienmitglieder zählen können. Nur Spanien hat ein System der bedarfsgeprüften Mindestsicherung für Personen unter 60, deren Bewilligung jedoch von den verfügbaren Haushaltsmitteln der „Autonomen Re-

Tabelle 16:   **Verteilung der öffentlichen Sozialausgaben (1999)[a]**

	Türkei	Spanien	Griechenland
A monetäre Leistungen	**67,8**	**65,1**	**68,8**
1. Alters-, Invaliden-, Hinterbliebenenrenten	49,1	46,9	56,8
2. Familienbeihilfen	3,0	0,6	3,5
3. Arbeitslosengeld	6,7	7,0	2,0
4. Kranken-, Unfall-, Mutterschaftsgeld	2,5	5,5	4,8
5.Sozialhilfe	6,5	5,1	1,7
B Sachleistungen	**31,3**	**30,8**	**30,2**
1. medizinische Versorgung	29,8	27,1	21,4
2. Pflege von Alten, Kindern und Behinderten	0,5	2,1	3,4
3. andere Sachleistungen	1,0	1,6	5,5

[a] in % aller öffentlichen Ausgaben
Quelle: OECD Social Expenditure Database (SOCX), eigene Berechnungen

gionen" abhängt. Griechenland kennt dagegen überhaupt kein System der gesetzlichen Mindestsicherung und in der Türkei gibt es nur einen gesetzlichen Mindestlohn für Erwerbstätige (Übersicht 17).

Auch wenn sie viel stärker von Arbeitslosigkeit betroffen sind, können die Erwerbstätigen in den Arbeitsmärkten mit prekärer oder informeller Beschäftigung (Frauen, junge Erwachsene) viel weniger auf sozialrechtliche Leistungen zurückgreifen, als die Beschäftigten des Kernarbeitsmarktes (ältere männliche Arbeitnehmer, Familienväter). Eine gesetzliche Arbeitslosenhilfe gibt es nur in Spanien und Griechenland, aber nicht in der Türkei, wo selbst die Arbeitslosenversicherung erst 1999 eingeführt wurde. In Griechenland erhalten junge Erwerbslose bis zu fünf Monate Leistungen aus der Arbeitslosenversicherung, in Spanien bis zu sechs Monate, die aber auf 18 Monate verlängert werden kann (Europäische Kommission 2006). Anders als in Griechenland und Spanien haben junge Erwerbstätige in der Türkei eine geringere Chance Arbeitslosengeld zu bekommen. Aber auch in Spanien und Griechenland ist die Höhe und die Dauer der Leistungen sehr gering. Junge Erwachsene und Frauen sind viel stärker davon betroffen kein dauerhaftes Einkommen zu haben, ohne dass der daraus entstandene Einkommensverlust durch sozialpolitische Leistungen abgemildert wird (Übersicht 17).

Aufgrund der versicherungstechnischen Bestimmungen (Finanzierung durch Beiträge, Äquivalenzprinzip) findet sich der für den türkischen, spanischen und griechischen Arbeitsmarkt typische *Insider – Outsider Effekt* deshalb auch in der sozialrechtlichen Segmentierung der Sozialversicherungssysteme wieder. Die *Insider* des Arbeitsmarktes – die im primären Kernarbeitsmarkt beschäftigten Familienväter - stellen auch die *Insider* der Sozialversicherungssysteme dar. Sie zahlen aufgrund ihrer kontinuierlichen Erwerbsbiografie auch kontinuierliche Beiträge in das Sozialversicherungssystem und haben deshalb Anspruch auf Sozialversicherungsleistungen. Die *Outsider* des Arbeitsmarktes – prekär und informell beschäftigte Frauen und junge Erwerbstätige – sind mit den *Outsidern* des Sozialversicherungssystems identisch. Aufgrund ihrer prekären und diskontinuierlichen Erwerbsbiografie haben sie zu wenig in das Sozialversicherungssystem eingezahlt und meistens keinen Anspruch auf Sozialleistungen. Sie sind vom Sozialversicherungssystem ausgeschlossen. Dies führt dazu, dass die *Outsider* von der Unterstützung und Versorgung der *Insider* abhängig sind, wobei sie in diesen Ländern die Mehrheit der Erwerbsbevölkerung darstellen. Dieses Abhängigkeitsverhältnis wird Gegenstand des nächsten Kapitels sein.

Übersicht 17: „Safety Nets" [a]

	Türkei	Griechenland	Spanien
1. Zuschläge zur regulären beitrags-finanzierten Rente	Sosyal Yardim Zammi („sozialer Hilfszuschlag", SYZ): Leistungen: 4,69 YTL/ monatlich (2,50 Euro) - 5,85 YTL/monatlich (7,35 Euro)	Sozialer Solidaritätszuschlag für Rentner (*EKAS*) Bedingungen: über 60; Einkommenstest (persönliches Nettorenteneinkommen, Einkommen aus anderen Quellen und Haushaltseinkommen). Einkommensgrenzen (2002): € 5,474 (alleinstehende) € 7012 (Verheiratete) €10, 912 (Verheiratete mit Kindern) Leistungen: € 95,51 /Monat	(*Complementos de Minimos de Pensions de la Seguridat Social*) Zuschläge zur regulären Rente, wenn die Rente unterhalb eines gesetzlichen Minimums liegt. Leistung: bis zu € 429,33 / Monat
2. Nicht beitrags-finanzierte Altersrente	65er Gesetz (2022 Kanunu) ausgezahlt durch Rentenkasse der Beamten : Bedingungen: Mindestalter 65, türkischer Staatsbürger, keine Familienangehörigen, kein Einkommen und/ oder Rente von anderen Sozialversicherungseinrichtungen. Leistungen: monatlicher Pauschalbetrag (2004): 54,63 TL (=36,42 Euro) für Alleinstehende 81,95 TL (= 54,63 Euro) für Verheiratete	a) Unterstützungsrenten der OGA (Sozialversicherungskasse der Landwirte und Landarbeiter): Bedingungen: 65. Lebensjahre vollendet min. 25 Jahre erwerbstätig keine Rente aus einem anderen Sozialversicherungsfonds Leistungen (Pauschalbeitrag): € 170,80 /Monat b) Mindestrente der IKA (Versicherung der Arbeitnehmer) Leistungen: € 377 /Monat	a) Unterstützungsrente (Pensiones Asistenciales): Rente für Personen über 65, die keine Beiträge gezahlt haben Bedingungen: persönliches Jahreseinkommen unter € 3387,13 Leistungen: Pauschalbetrag: € 3.868,20 pro Jahr b)LISMI: Rente für Behinderte (über 65% Behinderungsgrad) Leistungen: Unter 65 Jahren: € 174,83 /Monat Über 65 Jahren: € 288,10 /Monat

3. Arbeitslosenhilfe	+ kostenlose Behandlung in den öffentlichen Krankenhäusern Keine Arbeitslosenhilfe	Arbeitslosenhilfe (seit 1.1. 2000): 1. Langzeitarbeitslose über 45 Bedingung: jährliches Familieneinkommen unter € 3000 (erhöht sich um € 587 pro Kind) (bedürfnisgeprüft) Dauer: 12 Monate Leistungen: 50% der Grundleistung = € 36,60 /Monat 2. Arbeitslose zwischen 20 und 29 Jahren, die erstmals in den Arbeitsmarkt eintreten Bedingung: Eintrag ins Arbeitslosenregister, Ableistung des Militärdienstes Dauer: 5 Monate Leistung: € 73,44 / Monat + € 2,93 / Monat für jedes Kind	Arbeitslosenhilfe (*Subsidios de desempleo*) Bedingung: kein Anrecht auf Arbeitslosengeld Arbeitslose mit Familienangehörigen (min. 3 Monate Beiträge gezahlt); Arbeitslose ohne Familienangehörige (ab 45, min. 6 Monate Beiträge gezahlt) Dauer: 6 Monate, Verlängerung auf 18 Monate möglich. Über 52: Verlängerung bis zum Rentenalter möglich Leistungen: 75% des geltenden Mindestlohns = €318, 60/Monat
4. gesetzliche Mindestsicherung	Kein allgemeines System der gesetzlichen Mindestsicherungen, nur gesetzlicher Mindestlohn (2004: 450YTL/monatlich =281,25 Euro/monatlich)	Kein allgemeines System der gesetzlichen Mindestsicherungen	IMI (*Ingreso mínimo de inserción*) Bedarfsgeprüft: Einkommen des Haushaltes muss weniger als 2/3 des Mindestlohns betragen

[a] steuerfinanzierte Transferleistungen des Sozialschutzsystems für Personen, die gar keine oder zu wenig Beiträge in das Sozialversicherungssystem eingezahlt haben

Quellen: Güzel/ Okur (2005); Matsaganis (2005); Europäische Kommission 2006

Auf der anderen Seite sind die *Insider* des Sozialversicherungssystems keine homogene Gruppe. Denn die Höhe dieser Leistungsansprüche sowie die versicherungstechnischen Bestimmungen, um solch eine Sozialleistung beanspruchen zu können, variieren von Berufsgruppe zu Berufsgruppe, die obligatorisch in den jeweiligen Berufskassen versichert sind. Manche Berufsgruppen zahlen weniger Beiträge und erhalten im Vergleich dazu bessere Sozialleistungen. Die türkischen, spanischen und griechischen Sozialversicherungssysteme sind deshalb auch institutionell segmentiert.

Zwar ist allen drei diese Segmentierung gemeinsam, aber ihr Ausmaß ist unterschiedlich, wie sich an der Zahl der Berufskassen zeigen lässt. Bis zur Sozialstaatsreform 2008 war das türkische Sozialversicherungssystem (*Sosyal Güvenlik Sistemi*) institutionell gering segmentiert und bestand aus drei großen Kassen: der *Sozialversicherungsanstalt für Arbeitnehmer in der Privatwirtschaft (SSK)*, der *Sozialversicherungsanstalt für Selbstständige (BAĞ KUR)* und der Rentenkasse der Beamten und öffentlichen Angestellten *(T.C. EMEKLI SANDI-GI)*. Landwirte und Landarbeiter, welche in den anderen Ländern meist eine eigene Versicherungskasse haben, wurden in die *SSK* (Landarbeiter) bzw. *BAĞ KUR* (Landwirte) integriert. Daneben gab es noch zahlreiche kleine Betriebskassen für die Beschäftigten der Banken und Versicherungen, in der aber nur 0,46 % aller Erwerbstätigen versichert waren. Die drei großen Kassen wurden von unterschiedlichen Ministerien verwaltet: die *SSK* vom Ministerium für Arbeit und soziale Sicherheit (*T.C. Calisma ve Sosyal Güvenlik Bakanligi*), die *BAG KUR* und die T.C. *EMEKLI SANDIĞI vom* Finanzministerium (*T.C. Maliye Bakanlığı*). 1999 wurde noch zusätzlich eine Kasse für Arbeitslose *(IŞ KUR)* gegründet, ebenfalls vom Arbeitsministerium verwaltet.

Auch das spanische System ist relativ gering segmentiert. Die Leistungen der spanischen *Seguridad Social* unterteilen sich in vier Funktionsbereiche: neben dem Instituto Nacional de Salud bzw. *INSALUD* (Gesundheitsfürsorge), dem *INSERSO* (soziale Dienstleistungen) und dem *INEM* (Schutz vor Arbeitslosigkeit), verwaltet die *INSS* (*Instituto Nacional de la Seguridad Social)* die monetären Transferleistungen (*prestationes economicas)*. Für die Eintreibung der Beiträge ist die *Tesoreria General de la Seguridat Social, TGGS,* verantwortlich. Drei Viertel der arbeitenden Bevölkerung sind im *„Allgemeinen System für Beschäftigte in der Industrie und in der Dienstleistung" (Regimen General)* versichert, aber daneben gibt es noch eine Reihe *„Spezieller Systeme für Beschäftigte in den anderen Produktionsbereichen" (Regimenes Especiales)* für Seeleute, Minenarbeiter, Hausangestellte, Landarbeiter, Landwirte und Selbstständige (Mangen 2001: 200). Die Beamten der Zentralverwaltung, der „Autonomen Regionen" und die Angehörigen der spanischen Streitkräfte sind in so genannten „Versicherungskassen auf Gegenseitigkeit" (*Clases Pasivas* und *MUNPAL*),

Beamte der öffentlichen Körperschaften und der „Autonomen Regionen" im *Regimen General* versichert. Diese quasi autonomen Berufskassen sind unter dem Dach der *INSS* untergebracht, welche als übergeordnete Behörde die Versicherungsleistungen verwaltet (Adolph 1997: 54; Mangen 2001; Europäische Kommission 2006).

Spanien und die Türkei versuchen die institutionelle Segmentierung zu verringern und die unterschiedlichen sozialrechtlichen Leistungen der einzelnen Berufskassen zu harmonisieren, mit dem Ziel eines einheitlichen Leistungsangebotes für alle Berufsgruppen. In Spanien wird seit dem Ende des Franquismus (1980er) versucht, die zahlreichen Sonderkassen der *Regimenes Especiales* in das *Regimen General* einzugliedern, sodass es nur noch zwei Sozialversicherungskassen geben soll, das *Regimen General* für alle Erwerbstätigen und das *Regimen Especial* für Selbstständige (Mangen 2001: 201). In der Türkei wurden ab Anfang 2008 die drei Kassen für Arbeitnehmer, Beamte und Selbstständige in einer einheitlichen Sozialversicherungskasse, der *Sosyal Güvenlik Kurumu SGK,* integriert, mit einer obligatorischen, beitragsfinanzierten, einheitlichen Sozialversicherungskasse für alle Beschäftigten. Beamte, Selbstständige, Arbeitnehmer in der Privatwirtschaft, sowie landwirtschaftlich Beschäftigte zahlen dieselben Beiträge und erhalten dieselben Leistungen unter denselben versicherungstechnischen Bedingungen.

Das griechische Sozialversicherungssystem (*systema koinonikis asphalisseos*) ist dagegen durch eine sehr starke institutionelle Segmentierung gekennzeichnet. Im griechischen Sozialversicherungssystem hat fast jede Berufsgruppe ihre eigene Berufskasse, mit unterschiedlichen Beitragshöhen, Leistungen und versicherungstechnischen Bedingungen. Neben der *Versicherungsanstalt für Arbeitnehmer in der Privatwirtschaft (Idrima Kinonkion Afsaliseon, IKA)*, in der ca. 40 % aller Beschäftigten versichert sind, gibt es noch ca. 236 weitere Sozialversicherungskassen für einzelne Berufsgruppen. Dabei sind in der *IKA* diejenigen versichert, welche nicht in einer der zahlreichen Sonderkassen versichert sind. So gibt es zum Beispiel neben der *IKA* noch 38 weitere Kassen für die Beschäftigten in der Privatwirtschaft, 19 Versicherungskassen für Bankangestellte, 8 Kassen für Beschäftigte in der Medienwirtschaft oder 8 Kassen für öffentliche Angestellte, usw. Zusätzlich gibt es eine Vielzahl obligatorischer und öffentlicher Zusatzkassen, die Ergänzungsleistungen zur Altersrente anbieten. Neben den beiden größten Zusatzkassen für Arbeitnehmer in der Privatwirtschaft (*IKA TEAM*) und im öffentlichen Sektor (*IKA ETEAM*) gibt es noch weitere 58 solcher Zusatzkassen (Fuduli 1998; Ministry of Labour and Social Security 2002; Livadiotis 2003).

So differenziert das griechische Sozialversicherungssystem nicht nur nach Arbeitnehmer, Selbstständige, Landarbeiter, usw., sondern auch innerhalb ein-

zelner Berufsgruppen. Acht verschiedene Kassen für Bankangestellte bedeuten
auch acht unterschiedliche versicherungstechnische Bedingungen, Beitragsätze
und Leistungen für ein und dieselbe Berufsgruppe der Bankangestellten. Erheb-
lich Unterschiede ergeben sich auch aus dem Zeitpunkt der Versicherung, vor
allem nach der Reform von 1992. So zahlen Beamte und öffentliche Angestellte,
die vor Ende 1992 versichert waren, keine Beiträge an ihre Sozialversicherungskassen. Versicherte im öffentlichen Dienst, die nach dem 1.1.1993 versichert
sind, zahlen einen Beitrag von 6,67 % zuzüglich 3 % für die obligatorische Zusatzversicherung (Ministry of Labour and Social Security 2002; Europäische
Kommission 2006).

Im Vergleich zu Griechenland sind die spanischen und türkischen Sozialversicherungssysteme nicht nur weniger institutionell differenziert, sondern auch
die sozialrechtlichen Gräben zwischen den einzelnen Berufsgruppen sind geringer. Im türkischen Fall verliefen sie bis 2008 zwischen der Beamtenversicherung
und den anderen Versicherungen; in Spanien zwischen dem *Regimen General*
und den *Regimenes Especiales*, in Griechenland dagegen zwischen den Mitgliedern der „noblen" Versicherungskassen (öffentliche Angestellte, Freiberufler)
und den „normalen" Kassen (Arbeitnehmer, Bauern), zwischen den einzelnen
Geburtsjahrgängen (Versicherte vor und nach 1992/ 1993) sowie zwischen ge-
werkschaftlich organisierten gegenüber nicht-gewerkschaftlich organisierten
Arbeitnehmern.

Die institutionelle Segmentierung der Sozialversicherungssysteme in
Griechenland, Spanien und der Türkei (bis 2008) ist auch mit unterschiedlichen
sozialrechtlichen Ansprüchen der Berufsgruppen verknüpft, vor allem in der
Beitragshöhe und des Umfangs der Sozialleistungen. In allen drei Ländern sind
die Beamten und die öffentlichen Angestellten die sozialrechtlich privilegiertes-
ten Berufsgruppen. Im Vergleich mit den anderen Berufsgruppen zahlen sie
einen sehr niedrigen Sozialversicherungsbeitrag. In Griechenland zahlen nur die
erst nach dem 1.1. 1993 versicherte Beamte bei der so genannten *GLK* (*Geniko
Legistro tou Kratos; Allgemeines Staatliches Rechnungsamt*) Sozialversicherungsbeiträge. Die Leistungen der vor dem 1.1. 1993 Versicherten werden dagegen durch den Staatshaushalt finanziert. Die Höhe der Beiträge für die spanischen Beamten in der Zentralverwaltung und beim Militär ist sogar noch geringer als der Arbeitnehmeranteil der Versicherten im "*Allgemeinen System für
Beschäftigte in der Industrie und im Dienstleistungssektor" (Regime General)*
(Übersicht 18).

Im Gegensatz zur Türkei und zu Griechenland sind aber die in den öffentlichen Betrieben Beschäftigten im *Regime General* der Arbeitnehmer versichert
und nicht bei den einzelnen Beamtenkassen der *classes passivas*. In der Türkei
zahlen die Beamten und öffentlichen Angestellten nur einen Versicherungsbei-

trag für die Rentenleistungen. Die Lohnfortzahlung bei Krankheit, Mutterschaft und Arbeitsunfall sowie die medizinische Versorgung wird vom Staatshaushalt finanziert. In Spanien ist nur die Lohnfortzahlung für die Beamten steuerfinanziert. Die Fortzahlung bei Krankheit und Mutterschaft wird über die *classes passivas* ausgezahlt. Da in Spanien das nationale Gesundheitssystem vollständig über Steuern finanziert wird, ist die medizinische Versorgung für alle Bürger kostenlos (Übersicht 18 & 19). Die Sozialversicherungsbeiträge der Arbeitnehmer sind zwar unter allen Berufsgruppen am höchsten, werden aber zusammen von den Arbeitgebern, den Arbeitnehmern und in Griechenland zusätzlich vom Staat getragen. Vergleicht man die absolute Höhe der Sozialversicherungsbeiträge, d. h. der Summe dessen, was Arbeitgeber, Arbeitnehmer und Staat zahlen müssen, dann ist dieser Beitrag in der Türkei am höchsten. Er beträgt in der Türkei insgesamt 42,5 % - 47,5 % des Bruttolohns, in Spanien 35,85 % und in Griechenland 26,2 – 38,2 % (Übersicht 20). In Spanien und Griechenland ist die finanzielle Belastung der Arbeitnehmer geringer als in der Türkei. Dort müssen die Arbeitnehmer für den Schutz vor langfristigen und kurzfristigen Erwerbsausfall ungefähr 18 % ihres Bruttolohns an die *SSK* zahlen, der Arbeitnehmeranteil macht ungefähr 38% - 42% des gesamten Versicherungsbeitrages aus, den Arbeitgeber und Arbeitnehmer zusammen zahlen müssen. Die griechischen Arbeitnehmer zahlen insgesamt 8,4 % ihres Bruttolohns an die *IKA*, was ungefähr 32 %- 23 % (je nachdem, ob sie vor oder nach dem 1.1.1993 versichert wurden) des gesamten Versicherungsbeitrages ausmacht. Die spanischen Arbeitnehmer zahlen nur 6,25 % ihres Bruttolohns an das *Regimen General*, wobei der prozentuale Arbeitnehmeranteil am Versicherungsbeitrag sogar nur ungefähr 17,5 % beträgt. Unter allen drei Ländern werden daher die spanischen Arbeitnehmer am wenigsten finanziell belastet und die türkischen Arbeitnehmer am stärksten (Übersicht 20).

In allen drei Ländern haben die Arbeitnehmer einen Anspruch auf Alters-, Invaliden- und Hinterbliebenrente, auf Kranken-, Mutterschafts-, Unfall- und Arbeitslosengeld sowie auf eine medizinische Versorgung für sich und ihre nicht erwerbstätigen Familienmitglieder. Dabei konnten sich die versicherten Arbeitnehmer in der griechischen *IKA* und bis 2005 der türkischen *SSK* nur in ganz bestimmten Krankenhäusern der jeweiligen Versicherungskasse behandeln lassen, während es in Spanien eine solche Einschränkung aufgrund des Hausarztsystems des steuerfinanzierten nationalen Gesundheitssystems nicht gab. In allen drei Ländern stellen die Arbeitnehmer mit den Beamten und den öffentlichen Angestellten diejenigen Berufsgruppen dar, die gegen alle Formen des Verdienstausfalls über das Sozialversicherungssystem geschützt sind, allerdings war

Übersicht 18: **Höhe der Beiträge nach Berufsgruppen** [a][b]

	Griechenland				Spanien			
	Arbeiter	Selbstständige	Bauern	Beamte	Arbeiter	Selbstständige	Bauern	Beamte
Alters-, Invaliden-, Hinterbliebenenrente	*Vor1993 Versicherte: 20% (6,67% AN 13,33% AG)* *Nach.1993 Versicherte: 30% (6,67% AN 13,33% AG, 10 % Staat)*	30%, (20% Selbstständige 10% Staat)	Bis 31.12.1997: keine Beiträge (steuerfinanzierte Leistungen) Beitragspflicht ab 1.1.1998: 21% (7% Versicherten 14 % Staat)	nach 1993 Versicherte: Globalbeitrag: 6,67% für Basisrente + 3% für Zusatzrente	28,3%: (4,7% AN 23,6% AG)	26,5 %	18,75 %	3,86% - 8,5 % bzw. 1,42% (Militärs)
medizinische Versorgung	1,20 % (0,4 % AN, 0,8% AG)					steuerfinanziert		
Krankengeld						3,3%, wenn freiwillig versichert	4,35%, wenn freiwillig versichert	1,19% - 1,65%
Mutterschaftsgeld		Keine Leistungen						
(Arbeits-)Unfallgeld								
Arbeitslosengeld	5% (1,33% AN, 3,67% AG)	Keine Leistungen			7,55%: (1,55% AN, 6% AG)	Keine Leistungen		

	Türkei				Türkei nach Sozialstaatsreform 2008			
	Arbeiter	Selbst-ständige	Bauern	Beamte	Arbeiter	Selbst-ständige	Bauern	Beamte
Alters-, Invaliden-, Hinterblie-benenrente	20% (11% AG; 9 %AN)	20%	Landwirte: 20% Landarbeiter: 30%	16%	20 % (11% AG; 9% AN)			
medizini-sche Ver-sorgung	12,5% (7,5 % AG; 5% AN)	20%	20%	steuerfinan-ziert	12,5 % (7,5 % AG; 5 % AN)			
Kranken-geld		Keine Leistungen						
Mutter-schaftsgeld	1 % AN					1 % AN		
(Arbeits-)Unfallgeld	1,5 – 7% AG					1,5 – 7 % AG		
Arbcitslo-sengeld	6%: (2% AN; 3% AG; 1% Staat)		Keine Leistungen		6%: (AN 2%; 3% AG, 1% Staat)		Keine Leistungen	

[a] in % Anteil des Nettoeinkommens

[b] Es werden die Beiträge der jeweils größten Versicherungskasse einer Berufsgruppe betrachtet

Türkei: Arbeitgeberanteil beim Unfallgeld ist abhängig von dem Beruf des Versicherten, Griechenland: Nicht berücksichtigt sind die Beiträge für die Zusatzversicherungskassen

AG = Arbeitgeberanteil, AN= Arbeitnehmeranteil

Quellen: Türkei: T. C. ÇSGB (2004), Güzel/Okur (2005); Griechenland & Spanien: Europäische Kommission (2006)

Übersicht 19: Versicherungsleistungen nach Berufsgruppen [a]

	Griechenland				Spanien			
	Arb	Selb.	Bau	Bea	Arb	Selb.	Bau	Bea
Alters-, Invaliden-, Hinterbliebenenrente	Ja	Ja	Ja	Ja	Ja	Ja	Ja	Ja
Krankengeld	Ja	Nein	Nein	Ja (steuerfinanziert)	Ja	nur wenn freiwillig versichert	nur wenn freiwillig versichert	Ja
Mutterschaftsgeld	Ja	Nein	Ja	Ja (steuerfinanziert)	Ja			Ja
(Arbeits-) Unfallgeld	Ja	Nein	Nein	Ja (steuerfinanziert)	Ja	Nein	Nein	Ja (steuerfinanziert)
Arbeitslosengeld	Ja	Nein	Nein	Nein	Ja	Nein	Nein	Nein
Medizinische Versorgung	Ja	Ja	Ja	Ja	steuerfinanziert			

	Türkei				Türkei nach Sozialstaatsreform 2008			
	Arb	Selb.	Bau	Bea	Arbr	Selb.	Bau	Beamte
Alters-, Invaliden-, Hinterbliebenenrente	Ja	Ja	Ja	Ja	Gleiche Leistungen für alle Versicherten unabhängig vom ausgeübten Beruf			
Krankengeld	Ja	Nein	Nein	Ja (steuerfinanziert)				
Mutterschaftsgeld	Ja	Nein	Nein					
(Arbeits-) Unfallgeld	Ja	Nein	Nein					
Arbeitslosigkeit	Ja	Nein	Nein	Nein	Ja	Nein	Nein	Nein
Medizinische Versorgung	Ja	Ja	Ja	Ja	Ja	Ja	Ja	Ja

[a] Es werden die Leistungen der jeweils größten Versicherungskasse einer Berufsgruppe betrachtet
Arb= Arbeiter; Selb= Selbstständige, Bau= Bauern; Bea= Beamte
Quellen: Europäische Kommission (2006); Türkei: T. C. ÇSGB (2004), Güzel/Okur (2005)

die finanzielle Belastung der Arbeitnehmer, wie gezeigt wurde, sehr unterschiedlich (Übersicht 20).

    Die Selbstständigen (Handwerker, Gewerbetreibende, z. T. Freiberufler) und die Bauern (Landwirte und Landarbeiter) sind dagegen in allen drei Ländern diejenigen, die am wenigsten versorgt werden. In allen drei Ländern sind Handwerker, Kaufleute, Landwirte und Landarbeiter nur gegen einen permanenten Verdienstausfall versichert und haben nur einen Anspruch auf Alters-, Invaliden-

Übersicht 20: **Arbeitnehmer und Arbeitgeberanteil an den Sozialversicherungsbeiträgen[a][b]**

	Griechenland				Spanien	
	% Bruttolohn		% der Beiträge		% Bruttolohn	% der Beiträge
	Personen, die vor dem 1.1. 1993 versichert sind	Personen, die nach dem 1.1. 1993 versichert sind	Personen, die vor dem 1.1. 1993 versichert sind	Personen, die nach dem 1.1. 1993 versichert sind		
∑ Arbeitnehmeranteile	8,4	8,4	32,1	23,1	6,25	17,4
∑ Arbeitgeberanteile	17,8	17,8	67,9	49,2	29,60	82,6
∑ Staatsbeteiligung	0,0	10,0	0 %	27,6	-	-
∑	26,2	36,2	100	100	35,85	100
	Türkei vor und nach Sozialstaatsreform 2008 [b]					
	% Bruttolohn		% der Beiträge			
∑ Arbeitnehmeranteile	18		42,3 - 37,9			
∑ Arbeitgeberanteile	23 - 28,5		54,8 - 60,0			
∑ Staatsbeteiligung	1,0		2,4 - 2,1			
∑	42 – 47,5		100			

[a] Summe aller Beiträge den Arbeitnehmer, Arbeitgeber und der Staat für die jeweiligen Sozialleistungen der größten Berufskasse für Arbeitnehmer zahlen müssen, siehe Übersicht 18

[b] Türkei: Die Höhe und der Anteil an den Sozialversicherungsbeiträgen sind abhängig von dem Arbeitgeberanteil beim Unfallgeld

Quellen: Europäische Kommission (2006), Türkei: Güzel/Okur (2005)

und Hinterbliebenenrente sowie auf eine medizinische Versorgung (ambulante und stationäre Behandlungen, Vorsorgeuntersuchungen, Kuren, Entbindungen, Zahnersatz, Medikamente). Dennoch gibt es auch hier Unterschiede. Für die selbstständigen Bauern und Landarbeiten gab es in der Türkei bis 2008 keine eigenen Kassen, sondern diese beiden Berufsgruppen waren in der Kasse für Selbstständige (Landwirte) oder Arbeitnehmer (Landarbeiter) versichert. Somit entsprachen die Beiträge für diese beiden Gruppen denen der Selbstständigen bzw. Arbeitnehmer. Aber die Landarbeiter hatten keinen Anspruch auf Kranken-Unfall-, Mutterschafts- und Arbeitslosengeld, sondern nur auf eine Alters-, Invaliden-, und Hinterbliebenenrente sowie auf eine medizinische Versorgung. In Spanien sind die „freien Berufe" (Ärzte, Anwälte, usw.) nicht in das öffentliche System der Krankenvorsorgung integriert und müssen sich privat versichern. Die spanischen Selbstständigen (Handwerker, Gewerbetreibende) und Bauern (Landwirte) in den jeweiligen *Sonderkassen für Beschäftigten in den anderen Produktionsbereichen (Regimenes Especiales)* können sich dagegen freiwillig gegen Erwerbsausfall bei Krankheit versichern lassen und haben so Anspruch auf Kranken- und Mutterschaftsgeld (Übersicht 19).

In Griechenland zahlten die in der *Anstalt für den Sozialschutz der Beschäftigten in der Landwirtschaft (OGA:* Organismos Georgikon Asfaliseon*)* versicherte Bauern bis 1998 keine Beiträge, weil das System steuerfinanziert war. Die Leistungen beschränken sich daher auf eine Alters-, Invaliden- und Hinterbliebenenrente und eine medizinische Grundversorgung. Zusätzlich muss man in Griechenland zwischen den Handwerkern und Gewerbetreibenden, die bei der *TEWE (Tamío Embóron ke Wiomichánon Elládos;* Kasse der Gewerbetreibenden und Handwerker in Griechenland) versichert sind, und den so genannten Versicherten der „noblen" Kassen für Selbstständige der Freiberufler unterscheiden, die im Vergleich zu den Versicherten der *TEWE* geringere Versicherungsbeiträge zahlen (ein Teil der Leistungen wird durch Transfers aus dem Haushalt finanziert), mehr Leistungen bekommen und in der auch die Rentenleistungen besser gestellt sind (Fuduli 1998, OECD 1999, Livadiotis 2003).

In der Türkei waren bis zur Sozialstaatsreform 2008 alle Selbstständigen, also alle selbstständigen Handwerker, Kaufleute, Landwirte und auch alle selbstständigen Freiberufler, wie Ärzte, Architekten usw. in einer einzigen Sozialversicherungskasse für Selbstständige versichert. Meist sind aber die Leistungen der *BAĞ KUR* sehr bescheiden, z. B. ist die Höhe der Rente im Vergleich zum vorherigen Einkommen sehr niedrig. Somit sind im türkischen Fall Berufsgruppen, die in anderen Ländern in eigenen Berufskassen, z. B. Ärzte oder Architekten, mit einer Reihe von sozialrechtlichen Privilegien versichert sind, in der Türkei sozialrechtlich schlechter gestellt als Arbeitnehmer und Beamten. Deshalb sind auch viele türkische Ärzte in einem öffentlichen Krankenhaus beschäftigt, gelten somit als öffentliche Angestellte und sind in der Rentenkasse der Beamten versichert. Anwälte und Notare gelten versicherungstechnisch nicht als Selbstständige und sind deshalb in der Versicherungsanstalt für Arbeitnehmer versichert.

Während also in der Türkei vor 2008 die Höhe der Beiträge, der Umfang der Leistungen und die versicherungstechnischen Bedingungen vom Berufsstatus abhängig waren, wurde diese sozialrechtlich unterschiedliche Behandlung der einzelnen Berufsgruppen nach der Sozialstaatsreform von 2008 aufgehoben. Alle Berufsgruppen zahlen nun denselben einheitlichen Beitrag und erhalten alle (fast) dieselben Leistungen. Dies stellt für die türkischen Beamten eine neue Situation dar. Zum einen muss nun der Staat als Arbeitgeber bei den Sozialversicherungsbeiträgen einen Arbeitgeberanteil übernehmen. Die Beamten zahlen nun Beiträge für die neue Krankenversicherung, denn der Staat bezahlt nicht mehr die medizinische Versorgung seiner Beamten über den Staatshaushalt. Landarbeiter und selbstständige Landwirte, Freiberufler, Handwerker und Gewerbetreibende haben im Rahmen der Krankenversicherungen auch Anspruch auf Kranken-, Mutterschafts- und Unfallgeld. Arbeitslosengeld bekommen weiterhin nur noch Arbeitnehmer, die in der Privatwirtschaft beschäftigt sind. Aber auch hier gibt es einige sozialrechtliche Unterschiede zwischen den Berufsgruppen, weil Handwerker, Freiberufler, Gewerbetreibenden und Landwirte ihre eigenen „Arbeitgeber" sind und deshalb auch den vollen Sozialversicherungsbetrag zahlen müssen, während Arbeitnehmer, Landarbeiter und Beamte nur den Arbeitnehmeranteil am Sozialversicherungsbeitrag zahlen müssen (Übersicht 18 & 19).

3.1.4 Sozialstrukturelle und politische Gründe der Segmentierung

Die institutionelle Segmentierung des Sozialversicherungssystems bzw. die sozialrechtliche Segmentierung der Bevölkerung in den drei Ländern lässt sich durch die grundlegenden sozialpolitischen Vorstellungen, die wirtschaftshistorische Entwicklung dieser Länder sowie die Variation ihrer Demokratisierungsprozesse erklären.

Im Gegensatz zu einem Sozialschutzsystem wie z. B. in England haben die Sozialversicherungssysteme in der Türkei, Spanien und Griechenland nicht den Schutz und die Versorgung der Armen zum Ziel. Deshalb existiert dort auch keine allgemeine steuerfinanzierte Grundfürsorge. Das Ziel der Sozialversicherung ist der Schutz und die Versorgung der Erwerbsbevölkerung im formellen Kernarbeitsmarkt. Die Bevölkerung ist dementsprechend sozialrechtlich segmentiert, in *Insider* und *Outsider*.

Aufgrund der türkischen und südeuropäischen Wirtschaftsentwicklung konnten sich nicht in allen Wirtschaftsbereichen formale Beschäftigungsformen mit versicherungspflichtiger Lohnarbeit durchsetzen. Meist waren die Regierungen auch daran interessiert, in der Landwirtschaft oder im kleinbetrieblich organisierten Handwerk und Gewerbe traditionelle Produktions- und Beschäftigungsformen zu erhalten. Zwar gibt es in allen Ländern mit einer beitragsfinanzierten Sozialversicherung eine sozialrechtliche Segmentierung der Bevölkerung nach ihrem Erwerbstatus. In der Türkei, Spanien und Griechenland ist allerdings die atypische, prekäre oder informelle Beschäftigung die Norm, sie ist viel größer als in den Kernarbeitsmärkten mit versicherungspflichtiger Lohnarbeit. Bestimmte Personengruppen (junge Erwerbstätige, Frauen) sind stärker als andere (ältere männliche Erwerbstätige bzw. Familienväter) von prekärer und atypischer Beschäftigung betroffen und haben damit auch keinen Anspruch auf die Leistungen des Sozialversicherungssystems.

Die Sozialversicherungssysteme in der Türkei, Spanien und Griechenland sind darüber hinaus auch institutionell segmentiert, weil die versicherungspflichtig beschäftigten *Insider* des Kernarbeitsmarktes organisatorisch nicht gleich behandelt werden. Verschiedene Berufsgruppen werden unterschiedlich (Beitragshöhe, Umfang der Leistungen, usw.) behandelt. Es geht nicht darum, wie z. B. in den skandinavischen Ländern, einen sozialen Ausgleich zwischen den Berufsgruppen zu schaffen, sondern die Unterschiede zu bewahren. Deshalb werden die Höhe der Beiträge, der Umfang der Leistungen und die versicherungstechnischen Bedingungen mit den Vertretern der jeweiligen Berufsgruppe einzeln „ausgehandelt". Dabei wurden die Berufsgruppen nicht auf einmal, sondern sukzessiv in das System der sozialen Sicherheit integriert. Meist wurden Beamte und die Industriearbeiterschaft als erste durch das Sozialversicherungssystem erfasst. Erst später wurde das System auf andere Berufsgruppen wie Selbstständige, Freiberufler und Bauern ausgeweitet, für die dann eigene sozialrechtliche Institutionen gegründet wurden.

In diesem Sinne erklärt der Leitwert der beitragsfinanzierten Sozialversicherung die institutionelle Segmentierung des Sozialversicherungssystems. Ähnliche institutionelle Entwicklungen findet man aber auch in den westeuropäischen Ländern wie Deutschland, Frankreich, Österreich oder Belgien. Der allgemeine Grund erklärt jedoch nicht die Variation der institutionellen Segmentierung zwischen den verschiedenen Sozialversicherungssystemen. Warum ist in Spanien und der Türkei die institutionelle Segmentierung relativ so gering, während sie in Griechenland sehr stark ausgeprägt ist? Warum werden in der Türkei und in Spanien die Leistungen, Beitragshöhen und versicherungstechnischen Bedingungen zwischen den Berufsgruppen harmonisiert, in Griechenland aber an der starken institutionellen Segmentierung festgehalten? Dafür bedarf es einer anderen Erklärung.

Die Variation der institutionellen Segmentierung wird hier durch den Demokratisierungsprozess in der Türkei (1946 – 1950), in Griechenland (1974 - 1982) und Spanien (1976 – 1982) zu erklären versucht. Ferrera (1996) hat den Einfluss des demokratischen Übergangs für den südeuropäischen Sozialstaat anhand von zwei signifikanten Entwicklungen gezeigt. Zum einen bedeutete der Übergang zur parlamentarischen Demokratie in Spanien und Griechenland, einen Anstieg der öffentlichen Sozialausgaben und eine Ausdehnung spezifischer Versicherungsleistungen (z. B. Arbeitslosenversicherung, Mutterschaftsschutz, usw.) auf weitere Personengruppen. So stieg der Anteil der öffentlichen Sozialausgaben im spanischen Staatshaushaltsanteil zwischen 1976 – 1982 von 36 % auf 44%, der Anteil der Ausgaben für die Arbeitslosenversicherung im selben Zeitraum von 5 % auf 16 % der öffentlichen Sozialausgaben (Guillen 1996; Mangen 2001). Zum anderen wurde mit der Demokratisierung auch die sozialpolitische

Rolle der politischen Parteien neu definiert, die die Interessen einzelner sozialer und ökonomischer Gruppen (Gewerkschaften, Arbeitgeberverbände, Berufsverbände) zu artikulieren und durchzusetzen versuchten. Einzelne Berufsgruppen (Arbeiter, Ärzte, Anwälte, Beamte) kamen so zu sozialrechtlichen Privilegien, wenn sie ihre Interessen politisch vertreten konnten.

Der Demokratisierungsprozess in Spanien, Griechenland und der Türkei verlief allerdings unterschiedlich und führte hinsichtlich der Beziehung zwischen Staat und Gesellschaft zu unterschiedlichen Resultaten. Wie beeinflussten diese Unterschiede die institutionelle Segmentierung der Sozialversicherungssysteme? Inwieweit war der Sozialstaat für die neuen politischen Eliten ein Instrument zu Integration einzelner sozialer Gruppen in das neue demokratische Regime? Wie wurde die Beziehung zwischen Staat und gesellschaftlichen Gruppen institutionalisiert?

In der Türkei war die Demokratisierung ein bürokratisches Projekt der alten kemalistischen Staatseliten, ohne gesellschaftlichen Druck der Bevölkerung. Deshalb mussten die Eliten auch keine neuen Institutionen einführen, um die Bevölkerung in das neue Regime zu integrieren. Sie waren vor allem daran interessiert, das Volk weiterhin zu „kontrollieren". Die mehrheitlich kleinbäuerlich geprägte Bevölkerung war 1950 weitgehend apolitisch und hatte auch kein Bedürfnis nach staatlichen Sozial- und Versorgungsleistungen, da die intakten Familiennetzwerke diese Aufgaben übernahmen. Die öffentlichen Sozialausgaben stiegen nicht an wie in Spanien und Griechenland und blieben über die Jahrzehnte bescheiden (Grafik 3). Zwar wurden 1950 die Sozialversicherungskasse für Arbeitnehmer und ein Jahr zuvor die Rentenkasse für Beamte gegründet, aber in der kleinbäuerlich geprägten Türkei bildeten diese Berufsgruppen einen geringen Anteil der Erwerbsbevölkerung. Auf andere Berufsgruppen (Selbstständige in den 1970ern, Landwirte und Landarbeiter in den 1980ern) wurde der Sozialschutz erst viel später ausgeweitet.

Die türkischen politischen Parteien hatten nicht dieselbe Rolle wie in Spanien und in Griechenland. Sie waren in einem ganz anderen politisch- institutionellen Kontext eingebettet. Die Parteien in der Türkei waren keine legitimen Vertreter aggregierter Partikularinteressen, auch wenn sie unterschiedliche Wählerinteressen vertraten. Sie waren in einen politisch institutionellen Kontext eingebettet, in dem sich Partikularinteressen dem von den kemalistischen Eliten in der Verwaltung definiertem Allgemeinwohl unterordnen mussten. In der kemalistischen Vorstellung war ihre Aufgabe nicht die Beteiligung am politischen Willensprozess, wie in den westeuropäischen Demokratien. Ihre inoffizielle Aufgabe besteht darin, in einem innerparlamentarischen Disput den besten Weg für die Durchsetzung der übergeordneten Ziele zu artikulieren und die entsprechenden Gesetze zu verabschieden (Heper 1988; Heper 1992a).

Grafik 3:   **Entwicklung der öffentlichen Sozialausgaben (1980 -1999)[a]**

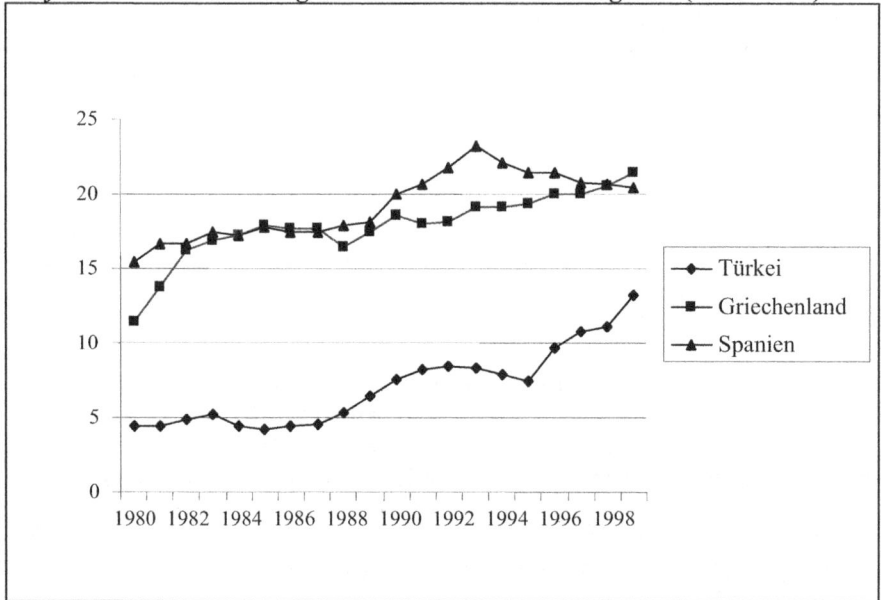

[a] in % BIP´

Quelle: OECD Social Expenditure Database (SOCX)

Inwieweit die politischen Parteien die Interessen ihrer Wählerklientel vertreten und durchsetzen konnten, wurden von den kemalistischen Eliten in Verwaltung und Justiz bestimmt. Gesetze der Regierung konnten durch ein Urteil des Verfassungsgerichts oder ein Veto des Staatspräsidenten verhindert werden. Beide Institutionen wurden von den Putschisten 1960 eingerichtet, als „korrigierende" Gegenmacht gegenüber Parlament und Regierung. So konnten z. B. die konservativen Regierungen ihre ländliche Klientel, mit einer Reihe von „Leistungen" (feste Preise für landwirtschaftliche Erzeugnisse, günstige Kredite, usw.) versorgen, weil auch die bürokratischen Eliten ein Interesse daran hatten, die Landwirtschaft zu bewahren und die Binnenmigration in die Metropolen zu bremsen.

Deshalb blieb der türkische Sozialstaat immer ein reines Projekt der türkischen Bürokratie, die ihr Handeln an übergeordneten ökonomischen und gesellschaftspolitischen Zielen orientierte. Der türkische Staat verhandelte nicht mit den politischen Parteien, Gewerkschaften oder Berufsverbänden über die Sozialpolitik. Der türkische Sozialstaat war deshalb auch institutionell gering segmentiert und die öffentlichen Sozialausgaben blieben selbst immer sehr niedrig (Grafik 3). Dies erklärt auch, warum in der Türkei alle Berufsgruppen, außer den Beamten, keine sozialrechtlichen „Privilegien" bekamen. Beispielsweise wurde gezeigt, dass bei gleicher Sozialleistung für die Arbeitnehmer in den drei Ländern die türkischen Arbeitnehmer mit den höchsten Sozialversicherungsbeiträgen belastet werden. In der Türkei konnten die Arbeitnehmer keinen Einfluss auf die Sozialpolitik ausüben, weil ihnen dies durch den Staat verwehrt wurde. Die Parteien haben keine Arbeitnehmerflügel. Das türkische Parteiengesetz, welches nach dem Putsch von 1980 in Kraft trat, zwang die Gewerkschaftsfunktionäre ihr Amt niederzulegen, wenn sie sich für ein politisches Amt oder Mandat bewarben. Ebenso verbietet es die Bildung von Parteien, die gezielt regionale, umweltpolitische oder die Interessen bestimmter Personen- und Interessengruppen vertreten. In dieser politischen Kultur waren Partikularinteressen nicht legitim. So hat der türkische Gesetzgeber in der türkischen Verfassung (*Türkiye Cumhuriyeti Anayasası*) von 1961 und 1982 in Artikel 53 bzw. 65 die Gewährung von sozialen Rechten von der wirtschaftlichen Entwicklung abhängig gemacht (Kuzu 2003).

Somit entstand eine spezifische türkische Segmentierung, in der bis 2008 nur die Bürokraten sozialrechtlich privilegiert waren. Die sozialpolitische Behandlung aller anderen Berufsgruppen orientierte sich an spezifischen wirtschafts- oder gesellschaftspolitischen Kriterien, die von den Beamten aufgestellt wurden. So wurden die türkischen Landarbeiter und Landwirte relativ spät in das Sozialschutzsystem integriert, weil für den Staat die intakten Familienverbände in den Dörfern die soziale Versorgung der einzelnen Familienmitglieder sicherten. Erst als Familienmitglieder zum Arbeiten in die Städte zogen, begann man die Landarbeiter und Landwirte in das bestehende Sozialschutzsystem zu integrieren. Wie bei den Landwirten ließen sich die kemalistische Verwaltungseliten auch bei den Handwerkern und Händlern von der Vorstellung eines traditionellen Zusammenhalts leiten, der sich in der früheren Institution des Basars widerspiegelte. Aus diesem Grund beschränkte sich der Sozialschutz für Handwerker, Händler, aber auch für freiberufliche Ärzte und andere Selbstständige auf Renten und medizinische Grundversorgung. Die Unabhängigkeit der kemalistischen Verwaltungseliten gegenüber den politischen Parteien zeigte sich auch in der Unfähigkeit der seit Mitte der 1960ern regierenden Zentrumsparteien (*Adalet Partisi, Anavatan Partisi, Doğru Yol Partisi*), an der sozialpolitischen Behandlung ihrer traditionellen Wahlklientel (Bauer, Händler und Handwerker) etwas zu verändern. Der Sozialschutz der türkischen Selbstständigen unterscheidet sich sehr stark von den „Nobelkassen" der griechischen Selbstständigen, denen es über das griechische Klientelnetzwerk gelang, ihre sozialpolitischen Partikularinteressen durchzusetzen.

In Spanien und Griechenland waren aufgrund von internen Krisen und dem Druck der Straße die alten Eliten der autoritären Regimes gezwungen, mit den zuvor meist illegalen linken Parteien zusammenzuarbeiten. Deshalb wurden die Parteien zu legitimen Vertretern bestimmter ökonomischer, gesellschaftlicher, kultureller und auch sozialpolitischer Interessen und konnten eine Reihe von sozialpolitischen Rechten und Leistungen für ihre Klientel aushandeln, was in der Türkei nicht möglich war. In beiden Ländern haben die (sozialdemokratischen) Parteien Arbeitnehmerflügel. So ist es sicher kein Zufall, dass die spanischen und griechischen Arbeitnehmer bei den Versicherungsbeiträgen finanziell nicht so stark belastet wie die türkischen Arbeitnehmer werden. Dennoch unterscheiden sich beide Länder im institutionellen Kontext, in dem Staat, alte Eliten und neue Parteien und Interessengruppen miteinander verhandelten.

Im demokratischen Spanien wurden diese Verhandlungen im Rahmen einer „paktierten Demokratisierung" (Schmidt 2005), d. h. von neokoporatistischen Sozialpakten zwischen den politischen Parteien, den Sozialpartnern und dem Staat institutionalisiert (Köhler 2004). Der Staat trat als neutraler Makler auf, der sowohl die „Interessen des Gemeinwohls" durchzusetzen versuchten, als auch zwischen den einzelnen Beteiligten vermittelte (Guillen 1992; Alphons 2001). In so einem Entscheidungssystem mussten alle Parteien Zugeständnisse machen und ihre sozialpolitischen Interessen dem „Gemeinwohl" sowie der wirtschaftlichen Stabilität und strukturellen Modernisierung unterordnen. Insbesondere die spanischen Gewerkschaften legten sich deshalb eine große Selbstdisziplin auf, um nicht durch sozialpolitische Maximalforderungen die noch junge spanische Demokratie zu gefährden (Guillen 1996; Köhler 2004).

Der Übergang zur parlamentarischen Demokratie in Griechenland (1976 – 1978) bewirkte eine Kontinuität der Klientelstrukturen und einer schwachen Verwaltungsstruktur des Zentralstaates. Anders als in Spanien konnten sich deshalb auch keine neo-koporatistischen Strukturen entwickeln, welche einzelne Partikularinteressen zähmten. Es entwickelte sich vielmehr ein „bürokratischer Klientelismus" (Lyrintzis 1984), in der Klientelnetzwerke der beiden Volksparteien die Verwaltung kontrollierten (Lyzrintzis 1984; Lavdas 2005). Jede politische und soziale Gruppe versucht, durch ihre Beziehung zu den Parteinetzwerken in der Verwaltung ihre Einzelinteressen durchzusetzen.

Eine andere Entwicklung war wiederum in der Türkei sichtbar. Der türkische Sozialstaat war ein reines bürokratisches Projekt der kemalistischen Bürokratie. Die politischen Parteien, Sozialpartner und Berufsgruppen konnten das Sozialversicherungssystem nicht kontrollieren. Dies verhinderte eine stärkere institutionelle Segmentierung. 2008 wurden alle drei Versicherungskassen durch den Staat zu einer einzelnen Versicherungskasse vereint, ohne die betroffenen Adressaten (Gewerkschaften, Arbeitgeber- und Berufsverbände) an diesem Prozess zu beteiligen. In Spanien wurden aufgrund der wirtschaftlichen Krisen in den 1980ern und 1990ern die einzelnen Sozialversicherungskassen der *Regimes Especiales* in das *Regimen General* der Arbeitnehmer integriert. Dies sollte der wirtschaftlichen Rentabilität des Systems dienen und wurde durch die politische Kultur der „paktierten Demokratie" gefördert. Da sich die spanischen Gewerkschaften und Berufsverbände in der Wirtschaftskrise der 1980er Jahre mit sozialpolitischen Maximalforderungen zurückhielten, hatte der spanische Staat genügend Freiraum, die zahlreichen sozialpolitischen Privilegien der einzelnen Berufsgruppen zu beschneiden und einzelne Partikularinteressen den übergeordneten wirtschaftspolitischen Interessen unterzuordnen. Als Folge sank die Zahl der spanischen Sonderkassen, die in das *Regimen General* integriert wurden. Sowohl in der Türkei als auch in Spanien konnte der Staat die Interessen der politischen Parteien und Sozialpartner wirtschafts- und gesellschaftspolitischen Makrozielen unterordnen, weshalb die institutionelle Segmentierung des Sozialversicherungssystems sich in Grenzen hielt (Übersicht 21).

In Griechenland waren die staatlichen Strukturen zu schwach und zu sehr von den Klientelnetzwerken der Parteien unterwandert, als dass sie sich gegen die Einflussnahme verschiedener Gruppen hätten wehren können. Dies führte zu einer starken institutionellen Segmentierung des griechischen Sozialversicherungssystems, in dem jede Berufsgruppe ihre eigene Sozialversicherungskasse bekam. Anders als in der Türkei und in Spanien hat das griechische System die Privilegien für einzelne Berufsgruppen bewahrt und ist unfähig diese zu beheben, weil die Klientelnetzwerke auf die politischen Parteien und die Verwaltung Druck ausüben (Übersicht 21)

3.1.5 Fazit

In diesem Kapitel wurde gezeigt, dass die türkischen, spanischen und griechischen Arbeitsmärkte, trotz struktureller Unterschiede, eine Reihe von Gemeinsamkeiten besitzen. In diesen Ländern hat sich der Industriesektor quantitativ schwach und meist nur regional entwickelt. Typisch ist das Nebeneinander von industriellen Beschäftigungsstrukturen in den Metropolen und kleinbetrieblichen Familienunternehmen mit meist flexibler und atypischer Beschäftigung. Die türkischen, spanischen und griechischen Arbeitsmärkte teilen deshalb eine starke Arbeitsmarktsegmentierung, die sich im Umfang der informellen, prekären und atypischen Beschäftigung von der Arbeitsmarktsegmentierung in Westeuropa unterscheidet. Die duale Arbeitsmarktstruktur ist mit einem spezifischen *Insider-*

Übersicht 21: „Demokratischer Übergang" und institutionelle Segmentierung

	Demokratisierung		„Demokratisierung der Beziehung zwischen Staat und gesellschaftlichen Gruppen"	Institutionelle Segmentierung des Sozialversicherungssystems
	politische und historische Merkmale der autoritären Regime	„Demokratischer Übergang"		
Spanien	-Franco Diktatur (1939 – 1978) -autoritäres Regime des konservativen Establishments ständestaatliche und korporative Ideologie -autoritärer Korporatismus: Staat zwingt Arbeit und Kapital in autoritäre Einheitsinstitutionen, in denen Gegensätze geregelt werden	plötzlicher Zusammenbruch der alten autoritären Regime interne Krisen und Druck von der Straße, die Reformen notwendig machen Eliten des autoritären Regimes sind gezwungen, in einer Übergangsphase mit den neuen Eliten zusammenzuarbeiten	- Konzertierung der Beziehung zwischen Arbeit und Kapital in Sozialpakten unter Führung der politischen Akteure (Parteien und Regierung)	- geringe Segmentierung - Integration der einzelnen Sonderkassen der *Regimes Especiales* in das *Regime General*
Griechenland	-semiautoritäres politisches Regime (1949 -1969); Obristen Junta (1969 -1974) -bürokratischer Klientelismus -keine ständisch autoritären Strukturen		- (Bürokratischer) Klientelismus existiert weiter: Gewerkschaften und Berufsverbände kontrollieren Parteien und Verwaltung	- starke institutionelle Segmentierung des Sozialversicherungssystems - Institutionelle Segmentierung wird nicht reduziert

| Türkei | -Kemalistisches Regime (1923 - 1950)
-Erziehungsdiktatur
-staatszentrierte Ideologie: Staat kontrolliert Gesellschaft
-Arbeitsbeziehungen = Monismus, d. h. Staat diktiert den Sozialpartnern die Gesetze bzw. wirtschaft- und sozialpolitische Regelungen | -kein Zusammenbruch des kemalistischen Regimes
-keine innenpolitischen Krisen, kein Druck für Reformen
-alte Eliten geben freiwillig ein Teil ihrer Macht an neue Eliten ab, bewahren sich eine Reihe von institutionellen Reservaten (Verfassungsgericht, Staatspräsident), die vom Zugriff des Parlamentes geschützt sind | - Staat verhindert seit 1980 durch rechtliche Hindernisse (Gewerkschaftsgesetz) die Einflussnahme der Gewerkschaften auf sozialpolitische Entscheidungen
- Fehlen einer gewerkschafts-übergreifenden Plattform
- keine Form von sozialem Dialog, Staat berücksichtigt nicht die Interessen der Sozialpartner | -geringe institutionelle Segmentierung
-sozialrechtliche Ausweitung auf andere Berufsgruppen (Landarbeiter und Landwirte) geschieht durch Integration in bestehende Versicherungs- kassen
-1.6.2008: Alle drei Kassen werden zu einer einheitlichen Versicherungskasse vereinigt! |

Outsider-Effekt verbunden, in dem Frauen und jungen Erwerbstätigen der Zugang zum regulären Kernarbeitsmarkt verwehrt wird.

Die Sozialversicherung wird von dieser Arbeitsmarktsegmentierung stark beeinflusst. Der damit verbundene *Insider – Outsider Effekt* spiegelt sich in einer sozialrechtlichen Segmentierung wieder. Die *Insider* des Sozialversicherungssystems sind die im formellen Kernarbeitsmarkt beschäftigten älteren männlichen Erwerbstätigen bzw. Familienväter. Sie haben aufgrund ihrer kontinuierlichen Erwerbsbiografie Anspruch auf monetäre Transferzahlungen und eine medizinische Versorgung für sich und ihre nicht erwerbstätigen Familienmitglieder. Die *Outsider* des Sozialversicherungssystems stellen wiederum Frauen und junge Erwerbstätige dar, mit einer diskontinuierlichen Erwerbsbiografie und ohne Anspruch auf Sozialleistungen. Doch der Anteil der *Outsider* ist so groß, dass man von einer sehr geringen *Dekommodifizierung* des türkischen, spanischen und griechischen Sozialversicherungssystems sprechen muss.

Die Sozialversicherungssysteme sind auch institutionell segmentiert. Sie bestehen aus verschiedenen Berufskassen, mit unterschiedlichen Leistungen, Beiträgen und Versicherungsbedingungen. Die Beschäftigten des Kernarbeitsmarktes bekommen nicht alle die selben Sozialleistungen und bezahlen nicht alle dieselben Sozialversicherungsbeiträge. Dabei unterscheiden sich die drei Länder im Ausmaß ihrer institutionellen Segmentierung. In der Türkei und Spanien ist sie gering, in Griechenland, mit seinen über 300 Berufskassen, sehr groß. Die Form und das Ausmaß dieser institutionellen Segmentierung wurden dabei durch den Verlauf der Demokratisierung in diesen drei Ländern beeinflusst. Sie brachte neue politische Regime hervor, in welcher die Beziehung zwischen den alten staatlichen und den neuen politischen Eliten unterschiedlich institutionalisiert wurde, und dies beeinflusste wiederum die institutionelle Segmentierung des Sozialschutzsystems. In Spanien und der Türkei wurden sozialpolitische Partikularinteressen von Gewerkschaften und Berufsverbänden durch den Staat gebändigt und wirtschaftspolitischen Makrozielen untergeordnet. Die institutionelle Segmentierung des Sozialversicherungssystems in diesen beiden Ländern blieb schwach. In Griechenland dagegen konnte ein schwacher Staat die Partikularinteressen nicht bändigen, was zu einer starken institutionellen Segmentierung des Sozialversicherungssystems führte. Die institutionelle Segmentierung der Sozialversicherungssysteme in den drei Ländern ist somit zum einen durch die Ähnlichkeit ihrer Arbeitsmarktstrukturen und zum anderen durch die Unterschiede in ihrem Prozess der Demokratisierung beeinflusst.

3.2 Sozialstaat und Haushalte: Die sozialpolitische Rolle der Familie

Die südeuropäische Familie übernimmt wichtige Versorgungs-, Unterstützungs- und Betreuungsfunktionen, die in anderen Ländern durch den Sozialstaat übernommen werden. Als eine Art „Clearingstelle" (Ferrera 1996) unterstützt sie prekär beschäftigte Familienmitglieder. Diese sind häufiger von Arbeitslosigkeit betroffen und haben aufgrund ihrer diskontinuierlichen Erwerbsbiografie keinen Anspruch auf die beitragsfinanzierten Versorgungsleistungen des Sozialstaates, weshalb sie auf die finanzielle Unterstützung der Familie angewiesen sind. Daneben gewährt die Familie Pflegeleistungen für pflegebedürftige Familienmitglieder (Kinder und Alte) und unterstützt noch nicht erwerbstätige Familienangehörige (Jugendliche in Ausbildung) finanziell. Die Türkei hat mit Spanien und Griechenland nicht nur eine ähnliche sozialstaatliche Institutionalisierung und ähnliche Arbeitsmarktstrukturen gemein, sondern auch ähnliche Haushalts- und Familienstrukturen. Die Familie hat in allen drei Ländern einen hohen Stellenwert.

In diesem Kapitel wird die sozialpolitische Rolle der Familie in der Türkei mit der in Spanien und Griechenland verglichen. Die Familienhaushalte sind eine wohlfahrtsproduzierende Institution innerhalb des türkischen, spanischen und griechischen Wohlfahrtsregimes. Drei Vergleiche sind Gegenstand dieses Kapitels. Im ersten Vergleich werden die türkischen, spanischen und griechischen Haushalts- und Bevölkerungsstrukturen (Ehe-, Scheidungsrate, usw.) gegenübergestellt. Im zweiten Vergleich werden die informellen familiären Schutzfunktionen der Haushalte in diesen Ländern untersucht. Drittens folgt eine Betrachtung der sozialpolitischen Instrumente (Familienbeihilfen, Pflegeversicherungen, usw.), mit denen der Sozialstaat die Haushalte für ihre Versorgungs- und Betreuungsleistungen eventuell entlastet, und der Arbeitsteilung zwischen den Haushalten und dem Sozialstaat innerhalb eines spezifischen Wohlfahrtsregimes.

In der Diskussion der sozialpolitischen Rolle der türkischen, spanischen und griechischen Familien werden drei Thesen aufgestellt. Erstens wird angenommen, dass die Familienhaushalte mit den Arbeitsmärkten in einer bestimmten Beziehung stehen. Die einzelnen Haushaltsmitglieder haben unterschiedliche Einkommen: Familienväter sind meist im formellen Kernarbeitsmarkt, junge Erwerbstätige im Teilsegment mit prekärer oder informeller Arbeit und Frauen sind zum Teil als Hausfrauen oder auch im informellen Arbeitsmarkt beschäftigt. Die negativen Folgen des Arbeitsmarktes für die prekär beschäftigten Familienmitglieder (mangelnder Sozialschutz, geringes Einkommen, lange Phasen von Arbeitslosigkeit, usw.) sollen dabei durch die Unterstützung der Familienhaushalte kompensiert werden.

Zweitens wird angenommen, dass eine spezifische institutionelle und sozialpolitische Arbeitsteilung zwischen dem türkischen, spanischen bzw.
griechischen Sozialstaat und den Familienhaushalten existiert. Der Sozialstaat sichert
über monetäre Transferleistungen das Einkommen des Haushaltsvorstandes,
wenn dieser vorübergehend oder permanent erwerbslos ist und versorgt ihn und
seine nicht erwerbstätigen Familienangehörigen (Ehepartner, Kinder) medizinisch. Die Haushalte stellen für Kinder, Senioren und Behinderte familiäre Pflege– und Betreuungsleistungen bereit und unterstützen jüngere Familienmitglieder, die keinen eigenen Haushalt gründen können, finanziell.

Drittens soll der Staat versuchen, durch spezifische sozialrechtliche Maßnahmen die Zusammensetzung der Haushalte zusammenzuhalten. Der Sozialstaat sichert zwar das Einkommen des Haushaltsvorstandes, vernachlässigt aber
die Einkommenssicherheit anderer Haushaltsmitglieder (Frauen, junge Erwachsene). Diese sind deshalb von dem Einkommen und den Sozialleistungen des
Haushaltsvorstandes (Krankenversicherung) abhängig, weshalb die einzelnen
Familienmitglieder gezwungen sind, in einem Haushalt zusammenzuleben.

3.2.1 Haushalts- und Familienstrukturen

Die türkischen, spanischen und griechischen Haushalte sind durch eine spezifische Zusammensetzung bestimmter Haushaltstypen und Familienformen gekennzeichnet (Naldini 2003). In allen drei Ländern dominiert zwar die Kernfamilie mit zwei (verheirateten) Erwachsenen und ihren (legitimen) Kindern, aber
die Türkei weicht mit einem Anteil von 57,4% an Kernfamilienhaushalten von
den beiden anderen südeuropäischen Gesellschaften sehr stark ab. Im europäischen Vergleich sind Einpersonenhaushalte und Haushalte mit allein erziehende
Eltern in allen drei Ländern sehr selten zu finden, meist nur in Metropolen wie
Madrid, Istanbul oder Athen. Zugleich spielt aber auch die traditionelle Großfa-
milie in diesen Ländern keine Rolle mehr (Tabelle 17).

Die meisten Spanier, Türken und Griechen leben nicht in Mietwohnun-
gen. Die meisten Familienhaushalte verfügen über Wohneigentum (Einfamilien-
häuser; Eigentumswohnungen) (Tabelle 18). Weder in der Türkei noch in Spanien und Griechenland gibt es eine umfassende Wohnbaupolitik oder günstige
Baukredite, weshalb die weiten Verwandtschaftsnetzwerke in diesen Gesellschaften die einzelnen Kernfamilien beim Kauf und Bau eines Hauses oder einer
Wohnung unterstützen müssen (Allen et al. 2004).

Die Kernfamilienhaushalte befinden sich meistens auch in der Nähe von
Verwandtschaftshaushalten. Aufgrund dieses so genannte *clustering of relatives*
(Günes- Ayata 1996: 103ff.) bzw. *proximity of kins* (Flaquer 2000: 19ff.; Tobio/

Trifiletti 2003: 24) leben die meisten Verwandten in derselben Stadt bzw. im Idealfall im selben Viertel zusammen, weshalb man auch von so genannten erweiterten Familien mit separaten (Kern-) Haushalten sprechen kann (Katrougalos/ Laziridis 2003: 71).

Dass volljährige, unverheiratete junge Menschen das Elternhaus verlassen und einen eigenen Haushalt gründen, ist in den südeuropäischen Gesellschaften sehr selten. Im Vergleich mit West- und Nordeuropa sind die spanischen, griechischen und türkischen Familien durch eine längere intergenerationale Kohabitation gekennzeichnet (Tabelle 19). Die Gründe dafür sind zum einen die hohen Immobilienpreise und ein geringes Immobilienangebot für junge Erwachsene (z. B. sind die meisten Wohnungen in der Türkei für Familien mit Kindern ausgelegt). In der Türkei ist die Heirat oft der einzig gesellschaftlich sanktionier-

Tabelle 17:   **Haushaltsmerkmale nach Haushaltstypen[a] (2002)**

	Einpersonenhaushalte	Alleinstehende mit Kind	Zwei Erwachsene ohne Kind	Zwei Erwachsene mit Kind	Drei oder mehr Erwachsene	Drei oder mehr Erwachsene mit Kindern
Griechenland	16,0	2,1	28,8	28,1	16,7	8,5
Spanien	10,1	2,0	21,9	32,4	19,0	14,7
Italien	22,0	2,4	27,1	29,8	12,3	6,3
Portugal	17,3	2,0	27,3	26,5	16,2	10,8
Südeuropa	**16,4**	**2,1**	**26,3**	**29,2**	**16,1**	**10,1**
Türkei	6,6	3,6	10,9	57,4	11,9	9,2
EU 15	**28,5**	**4,4**	**29,0**	**26,2**	**7,7**	**4,3**

[a] in % der Wohnbevölkerung
Quellen: Eurostat Onlinedatenbank (Bevölkerung); Türkei: TUIK (2007)

Tabelle 18:   **Verteilung der Haushalte nach Eigentumsverhältnissen[a][b]**

	Miete	Eigener Besitz	Andere (Pacht, usw.)
Griechenland	20,5	73,9	6,0
Spanien	11,0	83,0	6,0
Italien	25,0	68,0	6,0
Portugal	31,0	58,0	11,0
Südeuropa	**21,9**	**70,7**	**8,8**
Türkei	23,9	68,3	7,8
Deutschland	57,0	43,0	0
Schweden	44,0	39,0	17,0
UK	31,0	69,0	0

[a] in % der Wohnbevölkerung

[b] Deutschland, Griechenland, Spanien: 1999; Italien, Schweden: 1990; Portugal, Türkei, UK: 2000
Quellen: Eurostat Onlinedatenbank (Bevölkerung); Türkei: TUIK (2006)

Tabelle 19:   **Anteil derjenigen, die noch bei ihren Eltern leben (Nesthocker)[a]**

	Total	Unverheiratete	Vollzeitbeschäftigt	Teilzeitbeschäftigt
Italien	38,3	81,7	37,8	41,8
Spanien	28,5	76,2	28,4	40,1
Portugal	29,7	83,2	32,2	36,5
Türkei	32,1	86,0	32,8	35,6
Deutschland	11,4	40,4	14,7	9,2
Schweden	17,4	47,5	14,2	6,5
UK	16,9	61,2	26,3	9,2

[a] in % aller Personen zwischen 18 und 29 die noch bei Ihren Eltern wohnen
Quelle: World Value Survey (1999)

te Weg für Jugendliche einen eigenen Haushalt zu gründen. Nur türkische Studenten, die keinen Einfluss auf die Studienortsvergabe haben, sind häufig gezwungen, ihr Elternhaus mit 17 oder 18 Jahren zu verlassen

Häufig erhalten junge Familienmitglieder die finanzielle Unterstützung ihrer Eltern, wenn sie Schwierigkeiten haben in den (formellen) Arbeitsmarkt einzutreten und einen eigenen Haushalt zu gründen. Auf der anderen Seite wird erwartet, dass auch die Kinder sich später persönlich um deren Pflege kümmern. Meist ist dies die Aufgabe der Töchter und Schwiegertöchter. Diese Gesellschaften sind daher durch eine so genannte *delayed reciprocity* gekennzeichnet (Landwerlin 2002).

Mit Spanien und Griechenland teilt die Türkei auch eine ähnliche Stabilität der Familienbeziehungen. Die Ehe spielt eine wichtige Rolle und Scheidungen sind im europäischen Vergleich seltener. Das Verhältnis zwischen den jährlichen Scheidungen und Eheschließungen ist in der Türkei und den beiden anderen südeuropäischen Ländern viel niedriger als z. B. in Schweden, Großbritannien und Deutschland (Tabelle 20)

Die Scheidungsrate in der Türkei ist sehr niedrig, auch wenn das türkische Zivilrecht weniger juristische Hürden für eine Scheidung aufweist als andere europäische Gesellschaften. In Spanien erfolgt die Scheidung meist als legaler Schritt einer Trennung. So kann aufgrund des restriktiven Scheidungsrechts der Anteil der getrennt lebenden Ehepartner höher als der Anteil der legal Geschiedenen sein. Meist sind es ältere Paare aus der Oberschicht mit wenigen Kindern, die eine Scheidung erwägen. In Spanien, Griechenland und der Türkei bedeutet Familie, dass zumindest die Erwachsenen in einem Haushalt verheiratet sind, weshalb Einpersonenhaushalte oder uneheliche Kohabitation in diesen Ländern seltener zu finden sind als in den west- und nordeuropäischen Gesellschaften (Naldini 2003).

Tabelle 20:   **Ehe- und Scheidungsraten (2002)[a]**

	Eheschließungsrate [b]	Scheidungsrate [c]	Ehescheidungen in % der Eheschließung
Griechenland	5,27	1,0	19,1
Italien	4,65	0,7	15,4
Portugal	5,45	2,7	49,1
Spanien	5,07	1,0	19,9
Südeuropa	**5,20**	**1,4**	**25,9**
Türkei	6,43	0,7	11,4
Deutschland	4,75	2,5	52,1
UK	5,10	2,8	54,9
Schweden	4,26	2,4	56,1
EU 15	**5,08**	**1,9**	**27,5**

[a] Werte Türkei & UK (2003), EU 15 (1997)

[b] Eheschließungen in einem Jahr im Verhältnis zu Erwachsenenbevölkerung (19 – 64)

[c] Scheidungen in einem Jahr im Verhältnis zu Erwachsenenbevölkerung (19 – 64)

Quelle: Eurostat Onlinedatenbank (Bevölkerung)

Der zeitliche Verlauf des Verhältnisses zwischen Eheschließungs- und E-hescheidungsrate zeigt, dass die südeuropäische Eheschließungsrate im Vergleich zu anderen europäischen Gesellschaften relativ stabil geblieben ist. Zwar haben, aufgrund der Liberalisierung der meist restriktiven Scheidungsgesetze, die Scheidungen seit 1960 in allen südeuropäischen Gesellschaften zugenommen, dennoch blieb die Scheidungsrate in Südeuropa unter dem europäischen Mittelwert. Die Ehe stellt immer noch die einzige legitime Art der Familiengründung dar, mit der Kernfamilie als dominierende Familienform. Dies ist im Falle der Türkei am deutlichsten sichtbar, in der zwar Scheidungen im Verhältnis zu Eheschließungen auch zugenommen haben, aber immer noch deutlich unter dem südeuropäischen Durchschnitt liegen (Tabelle 21).

In Spanien und Griechenland und mit Einschränkungen in den westtürkischen urbanen Regionen hat die Veränderung der demografischen Strukturen dazu geführt, dass in allen Ländern später geheiratet wird, was sich auch auf die Anzahl der Kinder auswirkt. Die Geburtenrate in Südeuropa ist seit 1960 dramatisch gesunken und speziell die spanischen Geburtenraten gehören – zusammen mit den italienischen - zu den niedrigsten in Europa (Tabelle 22). Die türkischen Geburtenraten dagegen sind zwar seit 1980 ebenfalls gesunken, aber mit 2,53 Geburten pro Familie immer noch viel höher als das gesamteuropäische Mittel von 1,5 (Tabelle 22). Dabei ist die Geburtenrate in der Westtürkei und in den Metropolen (Istanbul: 1,97; Izmir 1,75) niedriger als in der Gesamttürkei (2,53), dagegen in Ostanatolien (Diyarbakir: 4,68; Mardin: 5,57) und generell auf dem Land viel höher (TUIK 2007).

Tabelle 21:   **Entwicklung des Verhältnisses von Ehescheidung und Ehe-
schließung** [a]

	1960	1965	1970	1975	1980	1985	1990	1995	2000	2002
Griechenland	4,2	4,7	5,2	4,9	10,7	11,9	10,2	17,2	22,7	19,1
Spanien	-	-	-	-	-	9,2	10,5	16,5	17,4	19,9
Italien	-	-	-	2,8	3,7	5,2	8,7	9,3	13,2	15,4
Portugal	1,1	0,9	0,6	1,5	8,1	13,1	12,9	18,7	30,0	49,1
Südeuropa	**2,7**	**2,8**	**2,9**	**3,1**	**7,5**	**9,9**	**10,6**	**15,4**	**20,8**	**25,9**
Türkei	-	-	-	-	-	6,3	5,6	6,3	7,6	11,4
Deutschland	10,7	14,3	18,1	28,1	28,4	36,1	30,0	39,4	46,4	52,1
Schweden	17,9	16,8	29,9	57,6	52,6	51,6	47,8	67,0	53,9	56,1
UK	6,6	9,8	13,4	30,0	38,2	44,6	44,1	52,8	50,5	-
EU 15	**6,8**	**8,0**	**10,1**	**17,4**	**-**	**-**	**-**	**-**	**25,0**	**27,5**

[a] Ehescheidungen in % der Eheschließungen
Quellen: EU: Eurostat Onlinedatenbank (Bevölkerung); Türkei: TUIK (2006)

Tabelle 22:   **Gesamtfruchtbarkeitsrate** [a]

	1960	1970	1980	1990	1995	2000
Griechenland	2,28	2,39	2,21	1,39	1,32	1,29
Spanien	2,86	2,90	2,20	1,36	1,18	1,24
Italien	2,41	2,42	1,64	1,33	1,18	1,24
Portugal	3,10	2,83	2,18	1,57	1,41	1,55
Südeuropa	**2,66**	**2,64**	**2,06**	**1,41**	**1,27**	**1,33**
Türkei	-	-	3,41	2,59	2,65	2,53
EU 15	**2,59**	**2,38**	**1,82**	**1,57**	**1,45**	**1,50**

[a] Lebendgeburten in einem Jahr pro 1000 Einwohner
Quelle: Eurostat Onlinedatenbank (Bevölkerung)

Tabelle 23:   **Durchschnittliches Alter der Frauen bei der Erstgeburt**

Jahr	1992	1995	2000	2002
Griechenland	27,55	28,19	-	29,40
Spanien	29,25	29,98	30,70	30,80
Italien	29,21	29,72	30,30	-
Portugal	27,60	28,00	28,60	28,90
Südeuropa	**28,40**	**28,97**	**29,87**	**29,70**
Türkei	-	-	27,20	27,10
Deutschland	27,93	28,31	28,70	29,00
Schweden	28,87	29,24	29,81	30,10
UK	27,84	28,16	28,40	28,70
EU 15	**-**	**-**	**-**	**-**

Quellen: Eurostat Onlinedatenbank (Bevölkerung); Türkei: TUIK (2006)

In allen drei Ländern stieg das Durchschnittsalter der Frauen bei der Erstgeburt. In Spanien liegt der Wert sogar über dem europäischen Mittel (Tabelle 23). Dies kann durch den Eintritt der südeuropäischen Frauen in den Arbeitsmarkt und die ökonomische Unsicherheit für junge Paare erklärt werden. Aufgrund der südeuropäischen kinder- und familienorientierten Kultur bedeutet ein Geburtenrückgang nicht, dass die Familien keine Kinder bekommen wollen, sondern dass der Kinderwunsch sich tendenziell auf ein Kind beschränkt bzw. der Kinderwunsch auf einen späteren Zeitpunkt verschoben wird (Naldini 2003). Auch in der Türkei steigt das durchschnittliche Gebäralter der Frauen, aber die Fruchtbarkeitsrate sinkt nur in den Metropolen in Westanatolien. In den meist agrarisch geprägten Provinzregionen in Ost- und Südostanatolien herrschen immer noch traditionelle Reproduktionsformen vor, mit einem niedrigen Gebäralter der Frauen und einer hohen Fruchtbarkeitsrate.

3.2.2 Familiensolidarität und Arbeitsmarkt

Die spanischen, griechischen und türkischen Arbeitsmärkte sind durch einen spezifischen *Insider – Outsider Effekt* und gewisse negative Folgekosten für bestimmte Bevölkerungsgruppen gekennzeichnet. Aufgrund der diskontinuierlichen Erwerbsbiografie können diese oft prekär beschäftigten Bevölkerungsgruppen (junge Erwachsene, Frauen) im Falle einer vorübergehenden oder permanenten Erwerbslosigkeit durch staatliche Mittel des Sozialstaates nicht oder nur unzureichend versorgt werden. Die Familienhaushalte sind dort die einzigen Institutionen, die die Folgen des dualistischen Arbeitsmarktes kompensieren können. Daneben gewährt die Familie auch Pflegeleistungen für pflegebedürftige Familienmitglieder (Kinder und Alte) und versorgt die noch nicht erwerbstätigen Familienangehörigen (Jugendliche und junge Erwachsene in Ausbildung) durch finanzielle Zuwendungen.

Diese Funktion der Familien wird zum einen durch ihre strukturellen Merkmale (längere Kohabitation mehrerer Generationen, Kernfamilie als dominante Haushaltsform, *clustering of relatives, proximity of kins*) sowie eine spezifische Familiensolidarität gestützt (Papadopulos 1998). So verweist Georgas (et al. 1997; 2001) darauf, dass in kollektivistischen Kulturen wie in der Türkei und den anderen südeuropäische Gesellschaften eine besondere emotionale Nähe zwischen einzelnen Verwandten existiert. Diese drückt sich etwa in der Anzahl der gegenseitigen Besuche und der Telefonkontakte mit den Verwandten aus (Günes-Ayata 1996: 104). Auch wenn sich die früheren Großfamilien in Kernfamilienhaushalte verwandelt haben, lebt der Einzelne nicht isoliert, sondern ist in ein enges Verwandtschaftsnetzwerk eingebunden. Die Familie ist in diesen

Kulturen nicht nur eine Quelle für materielle, sondern auch für emotionale Unterstützung (Georgas et al. 2001: 325; Naldini 2003: 142).

Die typische südeuropäische Solidarität basiert auf einer emotionalen und räumlichen Nähe der verschiedenen Verwandtschaftshaushalte, die in Form informeller Verwandtschaftsnetzwerke institutionalisiert ist. Diese Solidarität hat ihre Wurzeln in den Familienformen auf dem Land. Kyriazis verweist dabei auf die traditionelle Rollenverteilung der griechischen Bauernfamilien. Innerhalb dieser Familien wurden gemeinsame Ziele festgelegt, nach denen jedes Familienmitglied klar definierte Verantwortungsbereiche bekam. Die Familieneinheit funktionierte als ökonomische Einheit, in der die Familienmitglieder dem Familienverband ihre „Ressourcen" (Arbeitskraft, Einkommen) gaben und dafür von ihm Schutz und Unterstützung erhielten (Kyriazis 1998: 71). Diese traditionellen Beziehungsmuster verschwanden nicht mit der Urbanisierung und der Migration, sondern wurden an das neue urbane Umfeld angepasst (Papadopulos 1998). Naldini verweist in einem Vergleich von Italien und Österreich darauf, dass Italien zwar eine höhere Urbanisierungsrate aufweist als Österreich, aber die Verwandtschaftsbeziehungen in Italien dennoch wichtiger sind als in Österreich (Naldini 2003: 145). White (1994) zeigt in ihrer Arbeit, wie das Konzept des türkischen *Imece* – die gegenseitige Hilfe der Dorfangehörigen beim Häuserbau – im urbanen Kontext der informellen Heimarbeiter im Textilbereich wieder auftaucht. Oft sind die Beschäftigten in diesen Familienbetrieben informell beschäftigte mithelfende Familienmitglieder bzw. entfernte Verwandte oder Angehörige und Bekannte aus dem gleichen Dorf, mit denen man in die Großstadt gezogen ist.

Diese interfamiliäre Solidarität beeinflusst aber nicht nur die traditionellen Produktions- und Beschäftigungsformen in den urbanen Familienunternehmen. Ebenso transformiert sie urbane Familien bzw. Haushalte zu ökonomischen Einheiten, welche als „Clearingstelle" und als *shock absorber* (Ferrera 1996) die negativen Folgekosten des dualen Arbeitsmarktes für die einzelnen Familienmitglieder kompensieren. Die im Einzelnen meist nicht adäquaten Einkommen der im Haushalt lebenden Familienmitglieder werden zu einem adäquaten Haushaltseinkommen gebündelt (Mingione 1991: 412; Cousins 2000). Diese unterschiedlichen Einkommen setzten sich aus dem regulären Einkommen des Familienvaters und den meist nicht regulären Einkommen der Ehefrau und der Kinder aus „prekärer" und „atypischer" Beschäftigung zusammen. Eventuell fließt auch die Rente der Großeltern mit ein, wenn diese im selben Haushalt wohnen (Katrougalos/Laziridis 2003: 71; Ferrera 2005: 9). Der Familie gelingt es somit auch, ökonomisch nicht aktive Familienmitglieder finanziell zu unterstützen, eine sozialpolitische Funktion, welche in den west- und nordeuropäischen Gesellschaften durch den Sozialstaat ausgeübt wird. Insbesondere diejenigen, die zum ersten Mal ins Berufsleben eintreten, sind deshalb eher bereit eine „atypische" bzw. prekäre Beschäftigung anzunehmen, da der niedrige Lohn und die befristete Beschäftigung durch die Unterstützung der Eltern kompensiert werden. Auch können Familienmitglieder unterstützt werden, welche nicht mehr im selben Haushalt leben, wie zum Beispiel Neuverheiratete, die eine eigene Wohnung beziehen.

Auf der anderen Seite ermöglicht diese Schutzfunktion der Familien den weiblichen Familienmitgliedern sich vom Arbeitsmarkt zurückziehen, wenn die ökonomische Lage auf dem Arbeitsmarkt ungünstig ist, um als Hausfrauen für ihre Familie zu „arbeiten". Dies bedeutet aber, dass sie sich in eine ökonomische Abhängigkeit des männlichen „Breadwinner" (Familienvater, Ehemann) begeben, was auch die niedrige Beschäftigungsquote der Frauen in Spanien, Griechenland und besonders in der Türkei erklärt. Aufgrund des beitragsfinanzierten Sozialstaates sind die Frauen wegen ihrer diskontinuierlichen Beschäftigungsbiografie auch ökonomisch dadurch im Nachteil, dass sie zu wenige Versicherungsbeiträge gezahlt haben. Sie sind daher von den beitragsfinanzierten Sozialleistungen (z. B. Krankenversicherung, Hinterbliebenenrente) des Ehemannes oder des Familienvaters abhängig (Katrougalos/ Laziridis 2003: 71).

Somit existiert eine spezifische familistische Absicherungslogik, die sich im Rahmen einer Beziehung zwischen dem dualen, rigiden Arbeitsmarkt und der Familie entwickelt hat. Für bestimmte Bevölkerungsgruppen wird eine alternative Existenzmöglichkeit zum Arbeitsmarkt geschaffen. Frauen können sich freiwillig vom Arbeitsmarkt zurückziehen und Hausfrau werden, junge Erwachsene ein Universitätsstudium anfangen, um den Eintritt ins Arbeitsleben zu verzögern (Jurado – Guerrero 1995). Dies geschieht aber auf Kosten der ökonomischen Unabhängigkeit der betroffenen Gruppen, was aber nicht als gesellschaftliches Problem oder Makel wahrgenommen wird (Saraceno 1994; Katrougalos/Laziridis 2003). Die Frauen sind nicht gesellschaftlich stigmatisiert, wenn sie sich vom Arbeitsmarkt zurückziehen; ihr Rückzug steht im Einklang mit dem traditionellen Rollenverständnis. Lordoğlu (2000) zeigt, dass die sozialrechtlichen Nachteile informeller und nicht regulärer Beschäftigung (Fehlen von Kranken-, Renten-, Arbeitslosigkeitsversicherung) von den betroffenen türkischen Frauen nicht als Nachteil empfunden werden. Viele verweisen darauf, dass die Ehemänner bzw. Familienväter meist selbst im primären Kernarbeitsmarkt beschäftigt sind und sie somit als Familienmitglieder automatisch krankenversichert sind. Weibliche Beschäftigung ist demnach nur legitim, wenn sie zur Verbesserung der wirtschaftlichen Situation des eigenen Familienhaushalts dient und nicht zur Selbstverwirklichung der türkischen, spanischen oder griechischen Frauen (Senyapili 1985; Torns 1998; Kryzias 1998; Gonzales/ Jurardo/ Naldini

Übersicht 22: **Interaktion zwischen Arbeitsmärkten und Haushalten**

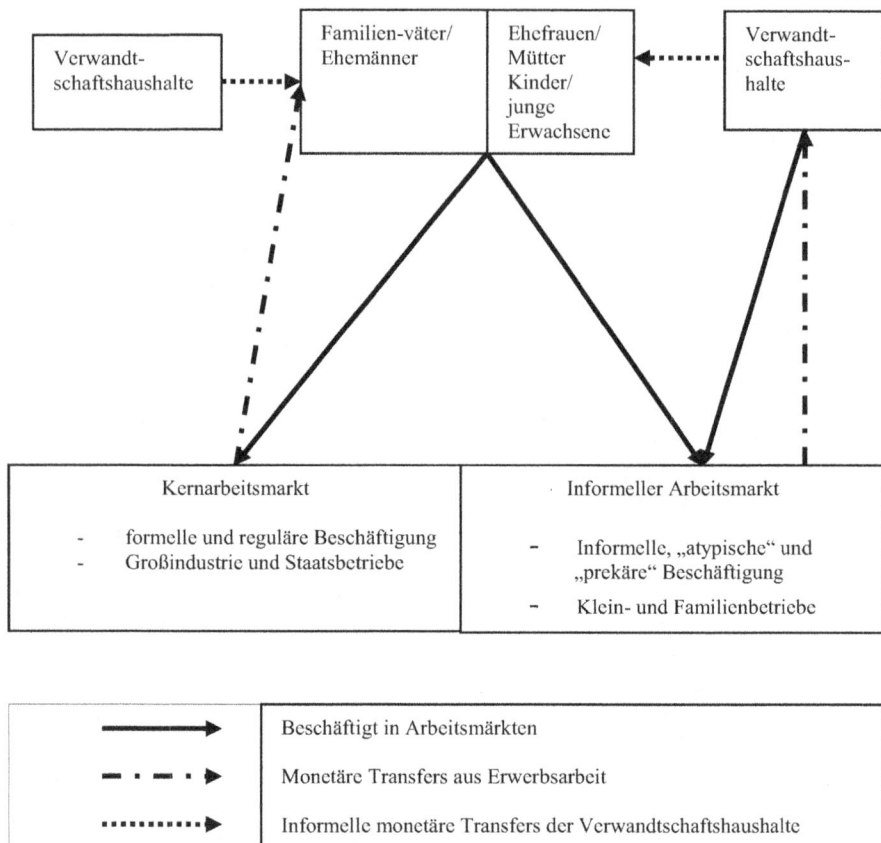

Verwandt-schaftshaushalte	Familien-väter/ Ehemänner	Ehefrauen/ Mütter Kinder/ junge Erwachsene	Verwandt-schaftshaus-halte

Kernarbeitsmarkt	Informeller Arbeitsmarkt
- formelle und reguläre Beschäftigung - Großindustrie und Staatsbetriebe	- Informelle, „atypische" und „prekäre" Beschäftigung - Klein- und Familienbetriebe

⟶	Beschäftigt in Arbeitsmärkten
– · – · ▶	Monetäre Transfers aus Erwerbsarbeit
·········▶	Informelle monetäre Transfers der Verwandtschaftshaushalte

2000; Aycan 2004:). Diese spezifische familiengestützte Absicherungslogik baut deshalb auf einer soziokulturellen Legitimierung des *Insider - Outsider Effektes* des Arbeitsmarktes (Jurardo – Guerro 1995) auf. Die negativen Folgen des Arbeitsmarktes für die *Outsider* (hohe Arbeitslosigkeit, Unterbeschäftigung) werden insofern nicht als soziales Problem wahrgenommen, als sie von den Familienhaushalten kompensiert werden (Übersicht 22). Deshalb führt in diesen Ländern eine hohe Arbeitslosigkeit nicht notwendigerweise zu gesellschaftlichen Unruhen (Bermeo 2000).

Die Absicherungslogik der Familie funktioniert aber nur, wenn mindestens ein Familienmitglied im formellen Sektor sozialversicherungspflichtig beschäftigt ist, arbeitsrechtlich vor Entlassungen geschützt ist, ein regelmäßiges Einkommen hat und Sozialversicherungsbeiträge zahlt. Torns (1998) zeigt daher, dass der Ausfall des männlichen Einkommens in der Gesellschaft als ein soziales Problem angesehen wird und erwerbslose Haushaltsvorstände durchaus gesellschaftlich stigmatisiert sind. Der Absicherungsmechanismus versagt auch bei informell oder prekär beschäftigten Familienoberhäuptern, wie zum Beispiel Tagelöhnern. Insbesondere in der Türkei wandern in der anhaltenden exzessiven Binnenmigration oft nur unqualifizierte Arbeitskräfte in die Städte, die keine Beschäftigung im Kernarbeitsmarkt finden und prekär beschäftigt sind.

Die Familiensolidarität führt in allen drei Ländern zu einer gegenseitigen Strukturierung zwischen Haushalten und Arbeitsmärkten. Auf der einen Seite beeinflusst die dualistische und rigide Natur der Arbeitsmärkte die Haushaltsstruktur (*proximity of kins, clustering of relatives*) und die spezifischen Verhaltensmustern der Familienmitglieder (längere intergenerationale Kohabitation, Ressourcenbündeln im Haushalt).

Auf der anderen Seite werden Haushalte und Familien zu Schutzinstitutionen für den Einzelnen vor den Folgekosten des dualen Arbeitsmarktes. Die Existenz eines familiengestützten Schutzmechanismus gegenüber diesen Kosten ermöglicht es bestimmten Bevölkerungsgruppen eine prekäre Beschäftigung aufzunehmen. Dadurch stehen für die informelle oder „prekäre" Beschäftigung genügend Arbeitskräfte zur Verfügung. Haushaltsstruktur und Arbeitsmärkte bedingen sich nicht nur strukturell, sie reproduzieren sich auch gegenseitig.

3.2.3 Sozialpolitik und Familie

Die Sozialstaaten in Griechenland, Spanien und der Türkei überlassen den Familienhaushalten eine Reihe von Versorgungs- und Betreuungsaufgaben. Aber sie entlasten die Familienhaushalte für ihre Bemühungen nicht durch monetäre Transferleistungen, zum Beispiel durch universelle Familienbeihilfen. Die Haushalte werden durch den südeuropäischen Sozialstaat vernachlässigt (Ferrera 1996; Katrougalos/ Laziridis 2003).

Vergleicht man die Verteilung der öffentlichen Sozialausgaben in den drei Ländern miteinander, so fällt auf, dass die Ausgaben für Familien sowie für öffentliche Pflege- und Betreuungsdienste für Kinder, Senioren und Behinderte sehr gering sind. In diesen Ländern wird über die Hälfte der Sozialausgaben für die Finanzierung der Alters-, Invaliden- und Hinterbliebenenrente und der Lohnfortzahlungen bei kurzfristiger Erwerbslosigkeit ausgegeben. Ein weiteres Drittel aller Ausgaben fällt auf die medizinische Versorgung der Bevölkerung. Die Ausgaben für die Familienbeihilfen der türkischen Beamten machen nur ca. 3,0 % aller Sozialausgaben aus. Die Ausgaben für die Familienbeihilfen sind in Spanien niedriger als in der Türkei und noch niedriger als in Griechenland mit seiner Vielzahl unterschiedlicher Familienbeihilfen. Mit dem Ende der Diktatur wurde im demokratischen Spanien, im Rahmen einer „Defrancoisierung" des spanischen Sozialstaates, die natalistische Familienpolitik Francos mit ihren großzügigen Familienbeihilfen abgeschafft (Guillen 1992; Guillen 1996). Die hohe türkische Ausgaben für die Familie erklärt sich vor allem durch die regelmäßigen und einmaligen Leistungen (Hochzeitsgratifikationen, Geburtsprämien, usw.) für Beamte mit Kindern (Tabelle 24).

Für die Pflege- und Betreuungsleistungen von Kindern, Behinderten und Senioren wird in Spanien und Griechenland mehr investiert als in der Türkei. Der türkische Sozialstaat verzichtet darauf, die Pflege von Kindern, Behinderten und Senioren zu finanzieren und vertraut dabei auf die traditionelle Tätigkeit der türkischen Familie als Pflege- und Betreuungsinstitution (Tabelle 24).

Diese skizzenhafte Darstellung der Verteilung der Sozialausgaben zeigt, dass diese sich in der Türkei, Griechenland und Spanien primär auf den Einkommensschutz der sozialversicherungspflichtig beschäftigten Erwerbstätigen (Familienväter) des Kernarbeitsmarktes konzentrieren. Die finanzielle Unterstützung junger Erwerbstätiger durch den Sozialstaat wird dagegen in allen drei Ländern stark vernachlässigt. Auch diese Aufgabe wird an die südeuropäische Familie übertragen.

Alle drei Sozialstaaten sind auch durch ein geringes Angebot an institutionellen Betreuungsmöglichkeiten für Kinder unter 6 Jahren und pflegebedürftige ältere Familienmitglieder gekennzeichnet. In beiden Fällen ist das Angebot öffentlicher, privater sowie nicht gewinnorientierter Anbieter in der Türkei sehr gering. So liegt die Belegungsdichte türkischer Kindergärten (3 - 5 Jahre) bei 11% und türkischer Vorschulen (5 – 6 Jahre) bei ca. 14 % (SHÇEK 2006b). Nur ca. 13 % der Kinder zwischen 3 – 6 haben die Möglichkeit in solchen Betreuungseinrichtungen unterzukommen.

Auch das Pflege- und Betreuungsangebot für pflegebedürftige ältere Familienangehörige ist in der Türkei kaum ausgebaut. Nur 0,5 % aller über 65 Jährigen sind in stationären Pflegeeinrichtungen wie Alters –und Pflegeheimen untergebracht. Der Anteil an ambulanten Tagesstätten für alte Menschen, in denen medizinische und psychologische Dienstleistungen angeboten werden, ist noch geringer. So gibt es in der Türkei gerade vier so genannte „Solidaritätszentren für Alte" (*Yaşlılar Dayanışma Merkzeleri*) mit ca. 1000 Mitgliedern (SHÇEK

Tabelle 24:   **Verteilung der öffentlichen Sozialausgaben (1999)**

	Türkei		Spanien		Griechenland	
	In % aller öffentlicher Sozialausgaben	In % BIP	In % aller öffentlicher Sozialausgaben	In % BIP	In % aller öffentlicher Sozialausgaben	In % BIP
A. monetäre Leistungen	67,8	8,9	65,1	13,3	68,8	16,7
1. Alters-, Invaliden-, Hinterbliebenenrenten	49,1	6,5	46,9	9,2	56,8	13,8
2. Familienbeihilfen	**3,0**	**0,4**	**0,6**	**0,1**	**3,5**	**0,9**
3. Arbeitslosengeld	6,7	0,9	7,0	1,4	2,0	0,5
4. Kranken-, Unfall-, Mutterschaftsgeld	2,5	0,3	5,5	1,1	4,8	1,2
5.Sozialhilfe und andere Geldleistungen	6,5	0,9	5,1	1,0	1,7	0,4
B. Sachleistungen	31,3	4,1	30,8	6,0	30,2	7,3
1. Medizinische Versorgung	29,8	3,9	27,1	5,3	21,4	5,2
2. Pflege von Alten, Kindern und Behinderten	**0,5**	**0,1**	**2,1**	**0,4**	**3,4**	**0,8**
3. andere Sachleistungen	1,0	0,1	1,6	0,3	5,5	1,3
Summe	100	13,0	100	19,2	100	24,0

Quelle: OECD SOCX Onlinedatenbank, eigene Berechnungen

2006a). Auch fehlt in der Türkei ein System der öffentlichen Haushaltshilfe für behinderte alte Menschen. Erst 1999 wurde ein Programm initiiert, mit dem Experten für die häusliche Pflege von alten Menschen ausgebildet werden sollten. 2002 waren allerdings erst 21 (!) Pfleger ausgebildet (SHÇEK 2006a).

In Griechenland und Spanien ist das Pflege- und Betreuungsangebot für Kinder und Senioren besser ausgebaut. In Griechenland sind ca. 37 % aller Kinder unter 6 Jahren in öffentlichen oder privaten Betreuungseinrichtungen (Krippen, Kindergärten) untergebracht, in Spanien sind es 43% (Bahle/Pfenning (2001), In Griechenland sind 0,5 % aller über 65 Jährigen in stationären Alters– und Pflegeheimen untergebracht, in Spanien ist die Belegungsdichte mit 2,4% etwas höher. Im gesamteuropäischen Vergleich ist die Belegungsdichte für Kinder und Senioren in Spanien und Griechenland jedoch sehr gering. Das Angebot an ambulanten Betreuungsmöglichkeiten für alte Menschen ist in Spanien und Griechenland auch besser ausgebaut als in der Türkei. In Griechenland existieren in 80 Gemeinden so genannte „öffentliche Schutzzentren für Alte" (*KAPI*), während es in der Türkei nur 4 solcher Einrichtungen gibt (Munday 1996; Trinatafilliou/ Mestheneos 2001; Triantafillou 2002; Smith 2003). Auch das Angebot an

Haushaltshilfen, für die Betreuung von pflegebedürftigen alten Menschen zu Hause, ist in Spanien und Griechenland besser ausgebaut. In Spanien gibt es mit der *Ayuda a Domicilio* ein System der Haushaltshilfe und -pflege für bedürftige alte Menschen, mit ca. 248 Hilfsorganisationen, wo von 212 öffentliche Anbieter sind. In Griechenland existiert ebenfalls ein überwiegend von nicht gewinnorientierten Hilfsorganisationen getragenes System der Haushaltshilfe, überwiegend für pflegebedürftige Senioren (Smith 2003). Im Gegensatz zu Spanien und in Griechenland werden in der Türkei die Betreuungskapazitäten für Kinder und Senioren nicht ausgebaut, was sicher auch mit der geringen weiblichen Beschäftigungsrate zu tun hat.

Doch der Sozialstaat in der Türkei, Spanien und Griechenland überlässt nicht nur die Pflege von Kindern, Senioren und Behinderten den Familienhaushalten. Die sind auch für die Unterstützung der nicht erwerbstätigen oder arbeitslosen (jüngeren) Familienmitglieder verantwortlich. Die wenigsten jungen Arbeitslosen haben einen Anspruch auf Arbeitslosengeld oder andere Leistungen. In der Türkei gibt es zudem keine Arbeitslosenhilfe und auch die Arbeitslosenversicherung wurde erst 1999 eingeführt. Um Anspruch auf Arbeitslosengeld zu haben, müssen türkische Arbeitnehmer in den letzten 3 Jahren 600 Versicherungstage Beiträge eingezahlt und vor Beginn der Arbeitslosigkeit mindestens 120 Erwerbstage gearbeitet haben, um für 6 Monate Arbeitslosengeld zu bekommen. In Griechenland müssen 125 Versicherungstage in den letzten 14 Monaten oder 200 Versicherungstage in den letzten 24 Monaten bezahlt worden sein, in Spanien sind es 360 Tage in den letzten 6 Jahren (Europäische Kommission 2006). In Griechenland erhalten junge Erwerbslose zwischen 20 und 29 Jahren bis zu fünf Monate Leistungen aus der Arbeitslosenhilfe, in Spanien bis zu sechs Monate, die aber auf 18 Monate verlängert werden können. Meist ist aber die Höhe der gewährten Leistungen sehr niedrig. Die Höhe des Arbeitslosengeldes beträgt in Spanien maximal 75 % des gesetzlichen Mindestlohns und in Griechenland ca. € 36 im Monat. Im Vergleich dazu ist jedoch das türkische System der Arbeitslosenversicherung noch viel restriktiver (Übersicht 23).

In der Türkei, Spanien und Griechenland gibt es auch keine einheitliche Ausbildungsförderung und kein staatliches Wohnbauprogramm, mit dem junge Erwachsene an günstigen Wohnraum gelangen können oder staatliche Mietbeihilfe für Personen mit geringem Einkommen. Meist sind die Wohnungen an Familien mit Kindern und weniger an Nichtverheiratete oder Alleinstehende

Übersicht 23: **Arbeitslosenversicherung und Arbeitslosenhilfe**

	Türkei	Griechenland	Spanien
1. Wer hat Anspruch auf Arbeitslosengeld ?	Arbeitnehmer (außer Landarbeiter)	Arbeitnehmer Jugendliche zwischen. 20 – 29, die noch nicht gearbeitet haben	Arbeitslosenversicherung: versicherte Arbeitnehmer
2. Anwartschaft	In den letzten 3 Jahren müssen mindestens 600 Tage Beiträge eingezahlt und vor Beginn der Arbeitslosigkeit muss man mindestens 120 Tage versicherungspflichtig gewesen sein	Min. 125 Arbeitstage der letzten 14 Monate oder 200 Arbeitstage in den letzten 24 Monaten versichert sein Bei erstmaligem Anspruch: min 80 Arbeitstage die letzten 24 Monate versichert	min. 360 Tage in den letzten 6 Jahren vor Beginn der Arbeitslosigkeit versichert
3. Karenztage	Keine	6 Tage	Keine
4. Dauer	Abhängig von beitragspflichtiger Beschäftigungszeit in den letzten 3 Jahren 600 Tage Beiträge eingezahlt: 180 Tage 900 Tage Beiträge eingezahlt: 240 Tage 1080 Tage Beiträge eingezahlt: 300 Tage	Abhängig von Beschäftigungsdauer: 5 Monate (125 Arbeitstage) : 12 Monate (250 Arbeitstage); jüngere Erwerbstätige, die zum ersten Mal arbeitslos sind: 5 Monate	Abhängig von beitragspflichtiger Beschäftigungszeit in den letzten 6 Jahren (4 Monate – 24 Monate)
5. Höhe	50 % des täglichen Nettoeinkommens der letzten vier Monate vor Arbeitslosigkeit, aber nicht höher als der gesetzliche Mindestlohn (= € 240/monatlich) im Industriesektor.	40% (Arbeiter) 50% (Angestellte) des Monatsgehaltes; min. 2/3 des Mindesttageslohns, max. 70% des fiktiven Entgeltes der Beitragskassen;	70% des Bezuglohns (180 Tage) danach 60% Min: 75% (ohne Kinder), 100% (mit Kindern) Max: 170% - 220% (abh. von Kinderzahl)

6. Ist Kumulierung mit anderen Sozialleistungen möglich?	Ja mit anderen Sozialleistungen (z. B. Invaliden- oder Hinterbliebenenrente), keine Kumulierung mit anderem Erwerbseinkommen	Ja mit anderen Leistungen, wenn geringer als Mindestrente. Mit Erwerbseinkommen: max. 3 Tage/Woche bzw. 12 Tage/Monat	Nicht möglich
7. Arbeitslosenhilfe	Keine Arbeitslosenhilfe	Arbeitslosenhilfe: 1. Langzeitarbeitslose über 45 mit jährlichem Familieneinkommen unter € 3000 (plus € 587 pro Kind) (bedürfnisgeprüft) Dauer: 12 Monate Leistungen: 50% der Grundleistung € 36,60 pro Monat) 2. Arbeitslose zwischen 20 und 29 Jahren, die erstmals in den Arbeitsmarkt eintreten Bedingung: Eintrag ins Arbeitslosenregister, Ableistung des Militärdiensts Dauer: 5 Monate Leistung: € 73,44 plus € 2,93 für jedes Kind pro Monat	Arbeitslosenhilfe (*Subsidios de desempleo*) 1. Langzeitarbeitslose, deren Anspruch auf Arbeitslosengeld abgelaufen ist 2. Personen, die kein Anspruch auf Arbeitslosengeld haben, das sie zu wenige Beiträge gezahlt haben Dauer: 6 Monate, Verlängerung auf 18 Monate möglich. Über 52 Jahre: Verlängerung bis zum Rentenalter möglich Leistungen: 75% des geltenden Mindestlohns: €318, 60 pro Monat

Quellen: Ministry of Labour and Social Security (2002); Güzel/ Okur (2005); Europäische Komission (2006)

vermietet. Die Chance für junge Erwerbstätige frühzeitig das Elternhaus zu verlassen, ist daher schon aufgrund des Mangels an kostengünstigem Wohnraum gering

Obwohl der türkische, griechische und spanische Sozialstaat die Betreuung und Pflege der Familie aufbürdet, ist er nicht bereit sie dafür durch monetäre Transferleistungen zu entlasten. Im Gegensatz zum deutschen und niederländischen Sozialstaat kennt das *Family/ Kinship Solidarity Model* (Naldini 2003) des Wohlfahrtsregimes in den drei Ländern keine Pflegeversicherung. Die öffentlichen Ausgaben für die Familienbeihilfen sind sehr unterentwickelt, die Leistungen eher symbolisch und nicht universell. In der Türkei hatten bis zur Sozialstaatsreform Mitte 2008 nur Beamte und öffentliche Angestellte einen Anspruch auf Familienbeihilfen (*Aile Yardımı*). Diese beschränkten sich aber auf maximal 2 Kinder unter 18 (Söhne) bzw. 25 (Töchter und Söhne in Ausbildung) Jahren. Mit der Reform 2008 wurde dieses türkische System der Familienbeihilfen auf die anderen Berufsgruppen ausgeweitet (Güzel/ Okur 2005; T.C. TBMM 2008). In Griechenland gibt es Familienbeihilfen für Großfamilien der Beamten und Arbeitnehmer in der Privatwirtschaft. Die Familienbeihilfen für Beamte werden durch Steuern und die für Arbeitnehmer durch Beiträge finanziert (Ministry of Labour and Social Security 2002; Matsaganis 2005; Europäische Kommission 2006). Die Höhe der Leistungen hängt von der Kinderzahl ab, wobei mit steigender Kinderzahl auch die Leistungssätze steigen. Dabei sind die Sätze für die Beamten höher als für die Arbeitnehmer, die mindestens 50 Tagesbeiträge gezahlt haben müssen, um überhaupt einen Anspruch auf die Familienbeihilfe zu haben. Neben diesen beiden Programmen der Familienbeihilfen gibt es noch Sonderzahlungen für Familien mit mehr als 3 Kindern sowie Mutterschaftsrenten für Mütter aus Großfamilien mit erwachsenen Kindern. Die Leistungssätze sind jedoch sehr bescheiden und haben eher symbolischen Charakter. In Spanien sind die Familienbeihilfen bedarfsgeprüft, wobei das jährliche Haushaltseinkommen nicht mehr als 8.495 € betragen darf. Es richtet sich also an arme Familien und ist, wie in den anderen südeuropäischen Sozialstaaten, nicht universell. Die Leistungen sind für jedes Kind bis zum 18. Lebensjahr pauschal und betrugen 2003 ca. 24,25 € (Matsaganis 2005; Europäische Kommission 2006) (Übersicht 24).

Die unzureichende monetäre Unterstützung der Familie erscheint auf den ersten Blick paradox. So ist in der Türkei der Schutz der Familie sogar verfassungsrechtlich verankert. Nach Artikel 41 Abs. 1 der türkischen Verfassung von 1982 bildet die Familie die Grundlage der türkischen Gemeinschaft und Artikel 41 Abs. 2 verpflichtet den Staat zum Schutz und der Familie (Kuzu 2003). Ähnliche sozialpolitische Verpflichtungen des Staates gegenüber der Familie kann

Übersicht 24: **Monetäre Leistungen für die Familie**

	Türkei	Griechenland	Spanien
1. Grundprinzip	*Aile Yardım*: Zuschlag zum Einkommen der Beamten und öffentlichen Angestellten	*DOLEM*: Beihilfen für Kinder von Arbeitnehmern (beitragsfinanziert: jeweils 1% Arbeitnehmer & Arbeitgeber) + steuerfinanzierte Familienbeihilfen für Beamte	Steuerfinanziertes System für Arbeitnehmer
2 Bedingungen	nur für Beamte (ab 2008 für alle Berufsgruppen) Ehepartner darf nicht erwerbstätig sein Leistung nur für 2 Kinder Jungen müssen unter 18, unverheiratete Mädchen unter 25 sein keine Altersbegrenzung bei behinderten Kindern	Arbeitnehmer muss min 50 Versicherungstage im letzten Jahr vorweisen Kind muss unter 18 bzw. 22 (Studium) und ledig sein keine Altersbegrenzung bei behinderten Kindern	Kind muss Wohnsitz in Spanien haben Kind muss unter 18 sein, keine Altersbegrenzung bei behinderten Kindern Familieneinkommen darf € 8495/ Jahr nicht überschreiten (ab dem 2. Kind erhöht sich Einkommensgrenze jeweils um 15%)
3. Leistungen	Zuschlag auf Einkommen: 1. Kind: 35% des Einkommens 2. Kind: 40 % des Einkommens	abhängig von der Zahl der Kinder Arbeitnehmer: 1. Kind: € 5,87 / monatlich 2. Kind: € 18 / monatlich 3. Kind: € 40 / monatlich 4. Kind: € 48 / monatlich Beamte: 1. Kind: € 17,59 / monatlich 2. Kind: € 35,30 / monatlich 3. Kind: € 70,40 / monatlich 4. Kind: € 117,40 / monatlich	€ 24,25 / monatlich pro Kind (Pauschalbetrag)

4. Leistungen bei behinderten Kindern	Beihilfen des türkischen Kinderschutzbundes (SHÇEK): bedürftige Familien mit behinderten Kinder (bedürfnisgeprüft) Leistung: 69,20 YTL/monatlich (= € 45) Dauer: abhängig von Bedürftigkeit der Familie)	zusätzlich € 3,67 monatlich auf Beihilfen für jedes behinderte Kind	unter 18 Jahren: € 48,47 monatlich (jeweils für jedes behinderte Kind) über 18 Jahre und 66% Behinderung: € 234,76 monatlich (für jedes behinderte Kind) Über 18 Jahren und 75% Behinderung: € 352,13 /monatlich (für jedes behinderte Kind)
5. Alleinerziehende	Keine besonderen Leistungen	Zusätzlich € 3,67 monatlich. Bedingungen: Elternteil verwitwet, Invalide oder Soldat (Nicht ledige oder geschiedene Alleinerziehende). Leistungen: Bei monatlichem Einkommen unter € 234,60 und mehr als 3 Kindern: zusätzlich € 20,52 monatlich sowie zusätzlich € 35,19 monatlich	Keine besonderen Leistungen
6. Weitere Leistungen	einmalige Zahlungen bei Geburten und Hochzeiten von Kindern	Unversicherte Mütter: € 439,88 (einmalig pauschal) Familien mit mehr als 3 Kindern bis 6 Jahren und Familieneinkommen von € 23.460,40 : € 131 monatlich (bedürfnisgeprüft) Familien mit mehr als 4 Kindern (bis 23 und unverheiratet): € 32,76 monatlich Rente für Mütter mit vielen Kindern, die schon außer Haus sind: € 55,35 monatlich	Geburtshilfe ab 3. Kind: € 450,76 (einmalig pauschal) Mehrlingsgeburten: 2 Kinder: € 1.842 = das Vierfache des gesetzlichen Mindestlohns (einmalig pauschal) 3 Kindern: € 3684 = achtfache des gesetzlichen Mindestlohns (einmalig pauschal) 4 und mehr Kindern: € 5.526 = zwölffache des gesetzlichen Mindestlohns (einmalig pauschal)

Quellen: Güzel/ Okur (2005); Matsaganis (2005)

man auch in den Verfassungen Spaniens und Griechenlands finden. Artikel 65 der türkischen Verfassung von 1982 macht jedoch die Höhe und Gewährung der Sozialleistungen abhängig von den verfügbaren ökonomischen Ressourcen des Staates. So kann sich der türkischen Gesetzgeber einer Unterstützung der Familien entziehen (Şakar 2004; Kuzu 2003). Darüber hinaus geht jedoch der südeuropäische und türkische Sozialstaat davon aus, dass die intakten Familienhaushalte für die Pflege und Betreuung von Senioren, Behinderten und Kindern zuständig sind und springt erst dann ein, wenn die Haushalte ihren Fürsorge- und Betreuungspflichten nicht nachkommen können (Katrougalos/ Laziridis 2003).

Zwischen dem Sozialstaat und den Familienhaushalten gibt es somit eine sozialpolitische Arbeitsteilung. Dabei geht der Staat von einem traditionellen Familienbild und einer spezifischen Arbeitsteilung innerhalb der Haushalte aus. Die Haushalte setzen sich aus einem (männlichen) Haushaltsvorstand als „Haupternährer" der Familie, den weiblichen Familienmitgliedern, die für die Betreuung und Pflege der Kinder und der Alten verantwortlich sind sowie die von den monetären und immateriellen Leistungen abhängigen Familienmitglieder (Kinder, Alte, Schüler, junge Arbeitslose) zusammen (Saraceno 1994). Der Sozialstaat in der Türkei, Spanien und Griechenland versucht diese spezifische Haushaltszusammensetzung zu bewahren und zu erzwingen. Die monetären Leistungen sind für junge Erwachsene (mangelhafte Unterstützung bei Arbeitslosigkeit, keine Ausbildungsförderung, keine Wohnbeihilfen, usw.) zu unzureichend, um sich von der ökonomischen Abhängigkeit des Familienhaushaltes zu befreien und einen eigenen Haushalt zu gründen.

Doch der Sozialstaat zwingt nicht nur junge Familienmitglieder länger in den Haushalten ihrer Eltern zu leben. Er versucht auch, die einzelnen Haushalte dazu zubringen, ältere und pflegebedürftige Familienmitglieder aufzunehmen. Da z. B. in der Türkei die Haushaltseinkommen der Unter- und Mittelschicht bescheiden sind, bedeutet die Aufnahme eines allein stehenden älteren Familienmitgliedes oft ein zusätzliches Einkommen für den Familienhaushalt.

Kennzeichnend dafür ist die türkische Witwenrente der Großmutter (der so genannte „Drei-Monatslohn", dies alle drei Monate ausgezahlt wird), mit der zusätzliche Anschaffungen für den Haushalt bezahlt werden können. In dieser Weise versucht der türkische (und auch der griechische und spanische) Sozialstaat mithilfe klassischer Transferleistungen, die Pflegebemühungen der Familie für die Alten bis zu einem gewissen Grad indirekt zu kompensieren.

Tabelle 25: **Leistungen von Einrichtungen außerhalb des Sozialversicherungssystems (2005)**

	absolute Anteile
Kommunen	15,3 %
halbstaatliche Sozialhilfefonds (SYDV)	22,6 %
Verwandte/ Nachbarn	65,2 %
„philanthropische" Einrichtungen	2,5 %
andere	2,4 %

Quelle: TUIK (2007)

Tabelle 26: **Art der Hilfen, welche türkische Haushalte empfangen oder liefern**

Art der Hilfe	Haushalte, die Hilfe empfingen [a]	Haushalte, die Hilfe gaben [b]
Essen	35,1	34,4
Kleidung	8,9	22,2
Haushaltsmöbel	1,3	0,5
Brennmaterial	23,9	2,2
Medizin	1,4	0
Geld	47,8	84,7
Stipendien	1,4	2,4
Beihilfen für Miete	25,9	0,5
Andere	0,4	1,4

[a] in % aller Haushalte die Sach- und Geldleistungen empfangen

[b] in % aller Haushalte die Sach- und Geldleistungen spenden

Quelle: TUIK (2007)

Dennoch stellt sich die Frage, inwieweit diese indirekte Kompensation die südeuropäischen und türkischen Haushalte entlastet. Der südeuropäische und türkische Sozialstaat weist nicht nur eine schwache *Dekommodifikation* (Dominanz der Sozialversicherung, Schwäche der Sozialhilfe) auf, sondern auch eine sehr schwache *Defamilisierung*, da ein großer Teil der Bevölkerung von der Betreuung (Senioren, Kinder, Behinderte) und ökonomische Unterstützung (junge Erwerbstätige, Frauen) der Familienhaushalte abhängig ist. Aus diesem Grund sind die Haushalte auf zusätzliche informelle monetäre Transferleistungen innerhalb von Verwandtschaftsnetzen angewiesen, um ein adäquates Haushaltseinkommen zu erzielen, mit dem sie die abhängigen Verwandten versorgen können. Laut einer Studie des *„Türkischen Anstalt für Statistik" (Türkiye Istatistik Kurumu; TUIK)* werden die meisten Haushalte nicht durch den Sozialstaat oder Wohlfahrtsverbände finanziell versorgt, sondern von Verwandten und Nachbarn (Tabelle 25). Dabei dominieren unregelmäßige monetäre Hilfen sowie Sachleistungen diese familiengestützten bzw. nachbarschaftlichen Unterstützungsleistungen (Tabelle 26). Im türkischen Fall sind diese Verwandtschafts- und Nachbarschaftsnetzwerke nicht in Form von formellen Nachbarschaftsvereinen institutionalisiert, wie zum Beispiel in den brasilianischen Favelas. Sie bleiben meist informell und ihr Handeln bzw. ihre Hilfen haben eher einen „ad hoc" Charakter (Buğra/ Keyder 2003).

Bei den türkischen, spanischen und griechischen Haushaltseinkommen spielen auch Miet- und Pachteinkünfte eine große Rolle, wenn die Familie ein Haus mit mehreren Wohneinheiten oder noch Land in ihren ursprünglichen Dörfern besitzen und diese an ein anderes Familienmitglied verpachtet hat. Diese Grundstücke dienen als Kapitalanlagen, welche bei größeren Anschaffungen verkauft werden können (Buğra/ Keyder 2003).

Die sozialpolitische Arbeitsteilung zwischen den Haushalten und dem Sozialstaat ist durch ein spezifisches familistisches Paradigma (Saraceno 1994, Bimbi 2000) des Wohlfahrtsregimes in der Türkei und in Südeuropa gekennzeichnet. Dieses wird durch eine Kombination von sozialstrukturellen und kulturellen Merkmalen beeinflusst. Als strukturelles Merkmal sind die Haushalts- und Arbeitsmarktstrukturen zu nennen. Die Haushaltsstrukturen sind durch eine Dominanz der Kernhaushalte, eine hohe intergenerationale Kohabitation und eine räumliche Nähe einzelner Verwandtschaftshaushalte gekennzeichnet. Die Arbeitsmarktstrukturen sind durch einen rigiden, meist für die männlichen Familienoberhäupter beschränkten, Zugang zu den Kernarbeitsmärkten, eine geringe weibliche Beschäftigung im formellen Kernarbeitsmarkt und eine Verdrängung jüngerer Arbeitnehmer in „prekäre" Beschäftigungsverhältnisse geprägt.

Da die Frauen oft nicht erwerbstätig sind und die einzelnen Verwandtschaftshaushalte räumlich nahe gelegen sind, steht ein Reservoir an informellen Pflegekräften für die Betreuung und Pflege von Kindern und Alten zur Verfügung. Oft sind es Frauen, die schon früh aus dem Erwerbsleben ausgeschieden sind und täglich die Kinder ihrer berufstätigen Töchter und Schwestern betreuen, die im selben Viertel wohnen. Sozialstaat, Markt und Dritter Sektor müssen aufgrund dieses Heeres an freiwilligen Helfern keine umfassenden Pflege- und Betreuungseinrichtungen bereitstellen. Das Angebot an nicht-familiengestützten Betreuungs- und Pflegeleistungen ist meist für Personen, die nicht auf die Hilfe ihrer Verwandten zurückgreifen können, weil sie nicht in derselben Stadt wohnen (z. B. Beamte, die häufig versetzt werden).

Neben einem sehr eingeschränkten Angebot an Pflege- und Betreuungseinrichtungen für Kinder und alte Menschen gibt es auch keine ausreichende staatliche finanzielle Unterstützung für arbeitslose Jugendliche und keine Ausbildungsförderung, sodass der Arbeitsmarkt junge Erwerbstätige in „prekäre" Beschäftigungssituationen drängt und die einzelnen Haushalte gezwungen sind, sich um diese Familienmitglieder zu kümmern. Dies erfordert eine längere intergenerationale Kohabitation und das Bündeln verschiedener Einkommen.

Übersicht 25: Arbeitsteilung und Interaktion zwischen Familienhaushalten und Sozialstaat

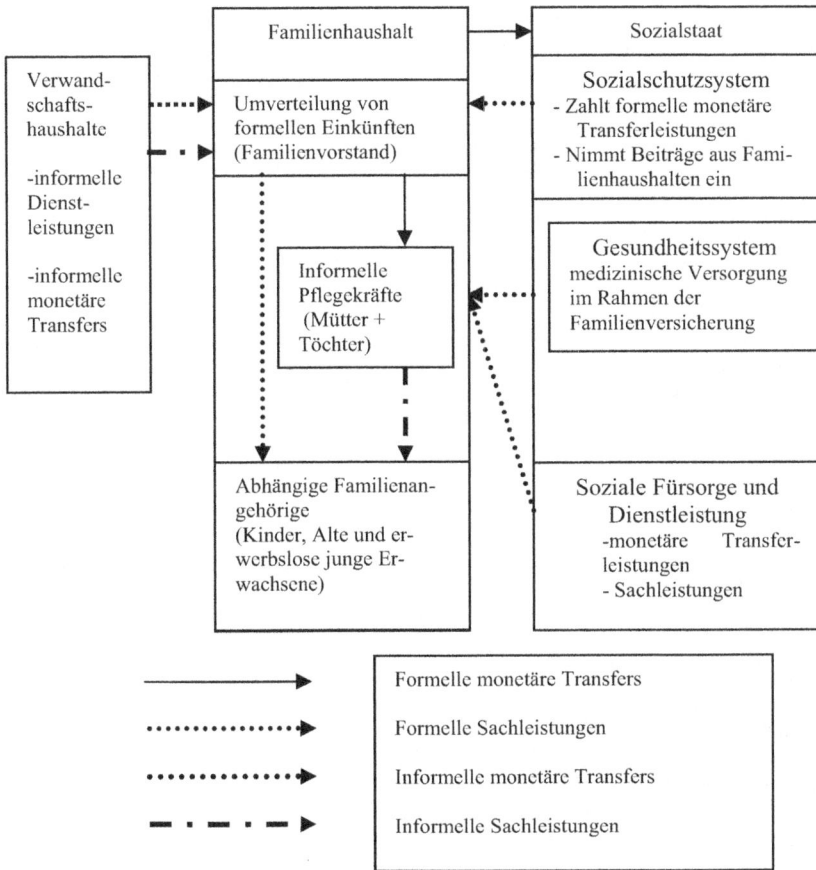

Familienhaushalt		Sozialstaat

Verwandschaftshaushalte -informelle Dienstleistungen -informelle monetäre Transfers	Umverteilung von formellen Einkünften (Familienvorstand)	Sozialschutzsystem - Zahlt formelle monetäre Transferleistungen - Nimmt Beiträge aus Familienhaushalten ein
	Informelle Pflegekräfte (Mütter + Töchter)	Gesundheitssystem medizinische Versorgung im Rahmen der Familienversicherung
	Abhängige Familienangehörige (Kinder, Alte und erwerbslose junge Erwachsene)	Soziale Fürsorge und Dienstleistung -monetäre Transferleistungen - Sachleistungen

Legende:
- ────────▶ Formelle monetäre Transfers
- ·············▶ Formelle Sachleistungen
- ●●●●●●●●●●▶ Informelle monetäre Transfers
- ▬·▬·▬▶ Informelle Sachleistungen

Sozialstaat und Familienhaushalte sind somit durch eine spezifische Arbeitsteilung und Interdependenz innerhalb des gemeinsamen Wohlfahrtsregimes der Türkei, Spaniens und Griechenlands gekennzeichnet (Übersicht 25 & 26).

Übersicht 26: **Sozialstruktur und Familie**

Sozialstruktur		Rolle der Familie im Sozialstaat
Haushalts- & Familienstrukturen	Arbeitsmarktstrukturen	
- längere intergenerationale Kohabitation - Kernfamilienhaushalte als dominierende Haushaltsform - andere Haushaltstypen (Einpersonenhaushalte, Großfamilien, allein erziehende Haushalte) haben keine Bedeutung - Verwandtschaftshaushalte befinden sich meist im selben Viertel, in derselben Stadt - hoher Anteil an Eheschließungen im Vergleich zu Scheidung, uneheliche Kohabitation marginal - Existenz einer spezifischen Familiensolidarität, eingebunden in ein Netzwerk von gegenseitigen Verpflichtungen - Familientraditionen haben Ursprung meist in ländlichen Traditionen, welche im urbanen Umfeld beibehalten und modifiziert wurden	- ähnliche Arbeitsmarktsegmentierung: spezifische Größe und regionale Verteilung der informellen und „atypischen" Arbeitsmärkte. - Rigidität und Dualismus zwischen dem formellen Kernarbeitsmarkt und den prekären Arbeitsmärkten - ungleiche Verteilung bestimmter Bevölkerungs-gruppen (Frauen, junge Erwerbstätige) auf die einzelnen Arbeitsmärkte, verbunden mit einer ungleichen Verteilung der arbeits- und sozialrechtlichen Chancen	- spezifische Arbeitsteilung zwischen den Familienhaushalten und dem Sozialstaat: - Sozialstaat = sichert Einkommen der Haushaltsvorstände, welche meist im formalen Kernarbeitsmarkt beschäftigt sind + keine oder geringe Bereitstellung von Betreuungseinrichtungen für Familien-mitglieder, keine monetäre Entlastung der Familienhaushalte - Familienhaushalte = verantwortlich für die Kompensation der Bereiche, die vom Sozialstaat vernachlässigt werden + verantwortlich für die Betreuung und Pflege der Kinder und älteren Familien-mitglieder + monetäre Unterstützung von Familien-mitgliedern, die „atypisch" beschäftigt sind oder die dem Arbeitsmarkt nicht zur Verfügung stehen.

Das erklärt allerdings noch nicht, warum sich den drei Ländern freiwillig um die ökonomische Unterstützung von Familienmitgliedern kümmern und die Pflege von Kindern und Alten auf sich nehmen. Der Grund liegt in dem hohen Stellenwert der Familie und der Solidarität innerhalb der Familie. Pflege, Betreuung und Unterstützung von Familienmitgliedern sind in der patriarchalisch familistischen Kultur dieser Gesellschaften tief verankert. Meist handelt es sich dabei um Vorstellungen einer kleinbäuerlichen Kultur, die in den Städten überlebt hat. Sie stützen sich auf eine spezifische Unterstützungsverpflichtung unter den Mitgliedern einer Gemeinschaft, ausgedrückt im türkischen *Imece*, dem griechische *Philitimoi* oder der *Pueblokultur* in Spanien. Es ist in diesen Kulturen eine Selbstverständlichkeit, dass sich Familien um einzelne Familienmitglieder kümmern, ohne eine Gegenleistung zu verlangen. Eine Vernachlässigung dieser Unterstützung wird von der Gesellschaft mit Ablehnung bestraft. So bedeutet zum Beispiel die Unterbringung alter Menschen in Altersheimen, eine Missachtung gegenüber den Opfern der älteren Generation. Umgekehrt ist es eine Selbstverständlichkeit, dass Eltern sich um ihre Kinder kümmern, bis sie auf eigenen Beinen stehen können und dies oft bis zum 30. Lebensjahr.

Die gesellschaftliche Sanktionierung familiärer Unterstützung wird auch durch die Religion in diesen Ländern verstärkt. Sowohl die Kirche in Spanien und Griechenland, als auch der Islam in der Türkei predigen die Verantwortung der einzelnen Familienmitglieder untereinander. Dabei ist zu bedenken, dass die Religion in all diesen Ländern eine sehr große Bedeutung im Alltagsleben der Menschen hat. Auf der anderen Seite existiert aber in der Türkei ein rigider Laizismus. Wie in Kapitel 2.1.2. gezeigt wurde, verhindert dieser die Ausbildung religiöser Pflege und Betreuungsangebote, so das der einzige Anbieter neben der Familie die öffentliche Hand bleibt. Doch hier stellt sich die Frage, wie stark der rigide Laizismus sich auf die Rolle der türkischen Familie als Wohlfahrtsproduzent auswirkt. Denn dieser fehlt in den südeuropäischen Gesellschaften. Die kirchlichen, insbesondere die katholischen Akteure treten auch als nichtstaatlicher Anbieter von Pflege und Betreuungsleistungen auf, wie zum Beispiel die katholische Caritas. Zwar ist der Dritte Sektor in den südeuropäischen Ländern stärker ausgebildet als in der Türkei. Doch im Vergleich mit den westeuropäischen Gesellschaften ist die Angebotsstruktur des südeuropäischen Dritten Sektors schwächer entwickelt (Barbetta 1997; Bahle/ Pfenning 2001). Die Antwort könnte darin liegen, dass es auch keine Nachfrage nach diesen Leistungen gibt, weil derzeit genügend nicht berufstätige Frauen für diese Tätigkeiten bereitstehen. Auch steht die Kultur in diesen Ländern institutionellen Betreuungs- und Pflegeeinrichtungen ablehnend gegenüber.

Die kulturell geprägte Vorstellung einer gegenseitigen Unterstützungsverpflichtung wird durch den Sozialstaat zusätzlich institutionalisiert. In der Türkei und den beiden anderen südeuropäischen Ländern ist die Unterstützung bedürftiger Familienmitglieder durch die Familie gesetzlich festgeschrieben. Ihre Unterlassung wird strafrechtlich verfolgt. Die familistischen Vorstellungen sind bei vielen gesellschaftlichen und politischen Akteuren zu finden. Franca Bimbi (2000) hat am Beispiel Italien gezeigt, dass die patriarchalische Vorstellung der Arbeitsteilung zwischen Mann und Frau, wonach Kinderpflege die Aufgabe der Mutter sei, sowohl von kommunistischen als auch von christdemokratischen Arbeitnehmerhaushalten geteilt wird. Auch deshalb seien in Italien die öffentlichen Pflege- und Betreuungseinrichtungen nicht ausgebaut worden. Die feministische Bewegung in diesen Ländern forderte die politische Freiheit und ökonomische Unabhängigkeit der Frau, stellte die spezifische Arbeitsteilung zwischen Mann und Frau im Haushalt und die Rolle der Frau als Pflegekraft aber kaum in Frage. Die kemalistisch geprägte feministische Bewegung in der Türkei begnügte sich meist damit, dass die Kemalisten den Frauen politische Freiheiten und berufliche Möglichkeiten gebracht und die islamische Subordination unter dem Mann beendet hatten (Ecevit 1991). Die in den 1990ern entstandene islamische Frauenbewegung war primär bestrebt, das Kopftuchverbot an den Universitäten zu bekämpfen.

In Spanien verstand sich die Frauenbewegung als Vorreiterin in der Bekämpfung der natalistischen Sozialpolitik der Franco Ära und trat dementsprechend für eine Beseitigung natalistischer Familienbeihilfen ein. Doch ähnlich wie in der Türkei, kritisierten diese unterschiedlichen politischen Bewegungen nicht das Familienparadigma des türkischen, griechischen und spanischen Wohlfahrtsregimes, welches Frauen als Pflegekraft ansah. Auch gab es keine Forderungen für eine ökonomische Entlastung der Familie oder für einen Ausbau der Betreuungseinrichtungen für Kinder und Senioren (Guillen 1992).

3.2.4 Fazit

Die türkischen, griechischen und spanischen Wohlfahrtsregime sind durch ähnliche Haushaltsstrukturen und Vorstellungen über die gesellschaftliche Rolle der Familienhaushalte gekennzeichnet. Die sozialpolitische Arbeitsteilung zwischen Sozialstaat und Familienhaushalten wird von der Gesellschaft positiv sanktioniert und von der Politik mitgetragen. Der Sozialstaat ist für die Einkommenssicherheit der im formellen Kernarbeitsmarkt beschäftigten Haushaltsvorstände verantwortlich. Die Familienhaushalte unterstützen dagegen meist prekär beschäftigte Familienmitglieder und pflegen Kinder, Senioren und behinderte Familienmitglieder. Dabei werden die Haushalte für diese sozialpolitischen Leistungen nicht finanziell entlastet und müssen auf eine Reihe von Strategien zurückgreifen (Bündeln von Einkommen, längere intergenerationale Kohabitation, räumliche Nähe der einzelnen Verwandtschaftshaushalte).

Dennoch stellt sich die Frage, inwieweit die Familienhaushalte in Zukunft diese Betreuungs- und Leistungsangebote aufrecht halten können. Schon heute bedeutet die niedrige Geburtenrate und die steigende weibliche Beschäftigung in Spanien und Griechenland, dass in Zukunft die Nachfrage steigen wird, aber die Familien aufgrund der sozialstrukturellen Veränderungen Schwierigkeiten haben werden, diese zu stillen. Dabei scheint die Türkei auf dem ersten Blick aufgrund ihrer relativ höheren Geburtenraten und niedrigeren weiblichen Beschäftigung nicht vor denselben Problemen gegenüberzustehen. Aber auch hier reicht manchmal das nicht-familiengestützte Angebot für berufstätige Mütter der neuen urbanen Mittelschicht, die eventuell nicht auf die Unterstützung ihrer Familien rechnen können, nicht aus.

Interessant ist hier zu fragen, ob in Zukunft der Staat oder der Dritte Sektor diese wachsende Angebotslücke füllen wird. Würde sich dann das Fehlen bzw. die Existenz eines rigiden Laizismus sich weiterhin auf die Rolle religiöser Anbieter im Dritten Sektor auswirken? Das Beispiel Frankreich zeigt, dass trotz wachsender Nachfrage, die Katholische Kirche aufgrund des französischen Laizismus als sozialpolitischer Akteur ausgeschaltet wurde und das Gros der Anbieter des Dritten Sektors im Pflege- und Betreuungsbereich aus dem öffentlichen und säkularen (Gewerkschaften, Vereine auf Gegenseitigkeit, usw.) Bereich kommt. In der Türkei könnte in den nächsten Jahrzehnten eine ähnliche Entwicklung stattfinden, während in den anderen südeuropäischen Ländern, in denen ja der rigide Laizismus fehlt, die Kirche als wichtigster Anbieter des Dritten Sektors fungieren könnte.

3.3 Sozialstaatsreform: Die Rolle der Demokratisierung

In den 1990er Jahren waren die Sozialschutzsysteme in Spanien und Griechenland durch wachsende Haushaltsdefizite gekennzeichnet. Die langfristige Finanzierung des Systems konnte nicht gewährleistet werden. Die EU verlangte aber von ihren Mitgliedern, ihre öffentlichen Staatshaushalte nach den Maastrichter Konvergenzkriterien zu sanieren. Dies stand aber im Widerspruch zur gängigen Praxis in Südeuropa, die Haushaltsdefizite des Sozialschutzsystems durch Transferzahlungen aus dem Staatshaushalt zu decken. Die südeuropäischen Sozialstaaten mussten also ihre Sozialschutzsysteme und insbesondere deren Finanzierung reformieren.

Das türkische Sozialversicherungswesen stand in den 1990er Jahren vor ähnlichen Problemen. Auch hier wurde versucht, die großen Haushaltsdefizite durch Transferzahlungen aus dem Staatshaushalt zu decken. Die schweren Wirtschaftskrisen Mitte der 1990er sowie 2001 zwangen den türkischen Staat, die öffentlichen Finanzen zu sanieren. In diesem Fall kam der Druck aber nicht von der EU, sondern von internationalen Geldgebern wie dem *Internationalen Währungsfonds* (*IMF*) und der *Weltbank*. Das Resultat war eine umfassende Reform des türkischen Sozialschutzsystems im Jahre 2007 und 2008, die wiederum auf den Reformanstrengungen von 1999 aufbaute.

In diesem Kapitel werden die türkischen Reformen im Sozialschutzwesen mit denen in Griechenland und Spanien verglichen. Zuerst werden die Probleme, insbesondere die Finanzprobleme des Sozialversicherungssystems verglichen, sodann die institutionellen Reformen in allen drei Ländern. Dabei ist zu fragen, welche konkreten institutionellen Probleme der Staat mit welchen institutionellen Lösungsversuchen in Angriff genommen hat. Schließlich geht es um die Frage, ob es den Sozialpartnern in allen drei Ländern gelang, ihre sozialpolitischen Vorstellungen in den Reformprozess einzubringen, um negative Konsequenzen für ihre Klientel zu vermeiden.

Wieder wird davon ausgegangen, dass die Antworten auf diese drei Fragen von den historischen und sozialstrukturellen Merkmalen dieser Länder sowie den sozialpolitischen Prinzipien der Wohlfahrtsregime beeinflusst werden. So kann man davon ausgehen, dass die finanziellen Probleme des Sozialschutzsystems durch die Segmentierung des Arbeitsmarktes sowie durch die Interaktion zwischen Haushalten und Arbeitsmärkten beeinflusst werden. Sodann dürfte die Durchsetzung staatlicher Lösungs- und Reformansätze gegen den Widerstand der Sozialpartner von der Art des Demokratisierungsprozesses abhängen. Im Kapitel B. I. wurde gezeigt, dass mit dem „Demokratischen Übergang" die Beziehung zwischen Staat und Gesellschaft in den drei Ländern unterschiedlich institutionalisiert wurde, was die Durchsetzung staatlicher versus partikularer Interessen stark beeinflusste. Schließlich ist anzunehmen, dass sich die Reformen innerhalb an den in B II. besprochenen Prinzipien der Arbeitsteilung zwischen den wohlfahrtsproduzierenden Institutionen orientieren, ohne sie selbst in Frage zu stellen.

3.3.1 Probleme der Sozialschutzsysteme im Vergleich

Die südeuropäischen Sozialschutzsysteme standen einer Reihe von strukturellen Problemen gegenüber. Ein zentrales Problem stellte die langfristige Finanzierung des Sozialschutzsystems dar. Ähnlich wie in Spanien und Griechenland wiesen die Sozialversicherungskassen in der Türkei sehr hohe Haushaltsdefizite auf und mussten über Transferzahlungen aus dem Staatshaushalt finanziert werden. Bis Ende der 1990er Jahre betrug in der Türkei das Haushaltsdefizit aller drei Sozialversicherungskassen ca 4,5 % des Bruttoinlandsproduktes und das Sozialversicherungssystem konnte nur durch staatliche Transfers vor dem endgültigen Zusammenbruch bewahrt werden, eine starke finanzielle Belastung des türkischen Haushalts und der türkischen Wirtschaft (T.C. DTP 2001a; Teksöz 2005). Zwar wurde 1999 versucht, die Haushalte der Sozialversicherungskassen zu sanieren, doch der Zusammenbruch des Bankensystems im November 2000 und die Wirtschaftskrise im Februar 2001 beeinträchtigten diese ersten Erfolge sehr stark.

Die Defizite des spanischen Sozialversicherungssystems waren 2000 mit 1,8 % des BIP niedriger als in der Türkei. Schätzungen zufolge könnten sie 2020 auf 3,9 % und 2050 auf 6,24 % des BIP steigen (Mangen 2001; Angel-Blanco 2002). Das griechische Sozialversicherungssystem weist mit ca. 12 % des BIP das größte Haushaltsdefizit innerhalb der EU auf. Ähnlich wie in der Türkei müssen die finanzstärkeren die finanzschwächeren Kassen mit subventionieren. Das institutionell stark segmentierte Sozialversicherungssystem Griechenlands ist durch eine sehr hohe Quersubventionierung und Finanzierung durch den Staatshaushalt bei den kleinen Versicherungskassen (z. B. Kassen der Bankangestellten, Ärzte, usw.) gekennzeichnet (Matsaganis 2004). Aufgrund der finanziellen Belastung der nationalen Staatshaushalte wurden die Türkei, Griechenland und Spanien von internationalen Organisationen gezwungen, ihre Haushalte zu sanieren. Im Falle der Türkei kam dieser Druck von internationalen Kreditgebern wie der Weltbank und dem IMF. Spanien und Griechenland wurden von der EU verpflichtet, die Konvergenzkriterien des Maastrichter Vertrags zu erfüllen und ihre öffentlichen Haushaltsdefizite auf 3% des BIP zu senken.

In der Türkei wie in Spanien und Griechenland besteht ein sich verschlechterndes Ungleichgewicht zwischen den erwerbstätigen Beitragszahlern und den Rentnern bzw. nichterwerbstätigen aber mitversicherten Familienmitgliedern. Beispielsweise finanzierten 1999 in der Türkei noch 3 Erwerbstätige über ihre Sozialversicherungsbeiträge die Rente eines Rentners. Dieses Verhältnis betrug 2005 1,69 (Arıcı 1998; T.C. DTP 2001a; Banger 2003). In Spanien betrug dieses Verhältnis 2,3, aber es wird geschätzt, dass es 2025 auf 1,7 sinken wird. (Herce/ Perez Dias 1995). In Griechenland sank das Verhältnis von 2,7 (1984) auf 1,7 (2004) d. h., es ist derzeit auf demselben Niveau wie in der Türkei (Matsaganis 2006). Daraus entsteht ein Ungleichgewicht zwischen Einnahmen und Ausgaben des Sozialversicherungssystems, was die langfristige Finanzierbarkeit gefährdet. Da aber in diesem Sozialversicherungssystem die Erwerbstätigen die Leistungen der nicht mehr Erwerbstätigen finanzieren und aufgrund sinkender Geburtsraten in allen drei Ländern, wird ohne tief greifende Reformen dieses Ungleichgewicht und somit die Haushaltsdefizite der Sozialversicherungssysteme weiter ansteigen.

Das Ungleichgewicht zwischen Beitragszahlern und Leistungsempfängern in den drei Ländern hat unterschiedliche Ursachen. In der Türkei führte die großzügige Frühverrentungspolitik bis Mitte der 1990er Jahre dazu, dass die vielen Beitragszahler frühzeitig aus dem System ausschieden, da es kein Mindestrentenalter gab und jeder Versicherte, der 25 Jahre Beiträge gezahlt hatte, in Rente gehen konnte. Deshalb hatten in den 1990ern die meisten Frauen im Durchschnitt mit 38 und die Männer mit 40 Jahren einen Anspruch auf eine Altersrente und zogen sich von Kernarbeitsmarkt zurück (T.C. DTP 2001a; Banger 2003). In

Spanien und Griechenland beeinflusste die demografische Entwicklung zusätzlich dieses Ungleichgewicht. Anders als in der Türkei sind in Spanien und Griechenland die Geburtsraten sehr niedrig. Der Anteil der erwerbsfähigen Bevölkerung, die Beiträge zahlt, sinkt von Jahr zu Jahr. Zwar steigt der Anteil der weiblichen Erwerbsbevölkerung, im europäischen Vergleich aber noch zu wenig, um den Ausfall der (männlichen) erwerbstätigen Beitragszahler aufzufangen. Meist arbeiten die Frauen in „atypischen" Arbeitsmärkten, haben eine diskontinuierliche Erwerbsbiografie und zahlen sehr unregelmäßig Beiträge. Die Türkei hat (noch) nicht das gleiche Problem der demografischen Alterung der Erwerbsbevölkerung. So wird geschätzt, dass die Türkei erst in 25 Jahren ähnliche Geburtenraten wie derzeit in Spanien und Griechenland haben wird (T.C. ÇSGB 2004). In Griechenland wird das generelle Ungleichgewicht zwischen Beitragszahlern und Leistungsempfängern noch durch die Vielzahl von Sozialleistungen bzw. Privilegien für bestimmte Berufsgruppen, die nicht durch Beiträge gedeckt sind, beeinflusst. Beispielsweise zahlen die vor 1993 versicherten Beamten in Griechenland keine Beiträge und die Beiträge der später versicherten Beamten sind im Vergleich zu anderen Berufskassen sehr niedrig. Hinzu kommen steuerfinanzierte Zuschläge für die Renten, wie der Solidaritätszuschlag für bedürftige Rentner *EKAS*. In Griechenland muss ein sehr kleiner Anteil der Erwerbstätigen die Leistungen von privilegierten Rentnern mitfinanzieren, weil die Leistungen in den so genanten „noblen" Versicherungskassen (der Bankangestellten, Ärzte, Anwälte, der öffentlichen Angestellten in den Staatsbetrieben, usw.) nicht durch ausreichende Beiträge gedeckt sind (Featherstone/ Kazanios/ Papadimitirou 2001; Tinos 2003). Die große Kluft zwischen beitragsfinanzierten Einnahmen und Sozialversicherungsausgaben, zusammen mit der demografischen Alterung der Erwerbstätigen gefährdet somit den Generationenvertrag, auf dem dieses System aufgebaut ist.

Die Finanzierung des Sozialversicherungssystems ist allerdings nicht das einzige Problem. Die Systeme sind durch die Ineffektivität der Sozialleistungen, die ungleiche Verteilung von Leistungen sowie eine Reihe administrativer Probleme gekennzeichnet. In allen drei Ländern reichen die Leistungen des Sozialschutzsystems nicht aus, um die Menschen vor Armut zu schützen. Insbesondere die Altersrenten sind in diesen Ländern sehr niedrig. So weist Südeuropa innerhalb Europas den größten Anteil an Haushalten auf, deren Einkommen unterhalb der Armutsgrenze liegt. Kennzeichnend hierfür sind die niedrigen Altersrenten, deren Höhe meist unterhalb der nationalen Armutsgrenze liegt, sowie die meist rein symbolischen Leistungen der nationalen Fürsorge (Katrougalos/ Laziridis 2003: 27 ff.). In Griechenland betrugen ca. 70 % aller Renten der Versicherungsanstalt für die Arbeitnehmer in der Privatwirtschaft (*IKA*) und 100% der Renten der Anstalt für soziale Sicherheit in der Landwirtschaft (*OGA*) nicht einmal die

Hälfte des Prokopfeinkommens, das mit ca. 800 €/monatlich nach Portugal in der EU am niedrigsten ist (Katrougalos/ Laziridis 2003, O`Donnel/ Tinos 2003). In Spanien sind die meisten Renten des *Regimen General* nicht höher als das Grundeinkommen der sozialen Fürsorge *IMI (Ingreso Minimo Insercion)* (Mangen 2001). In allen drei Ländern wird zwar der Großteil der öffentlichen Sozialausgaben für die Finanzierung der Renten verwendet, aber meistens sind es nur bestimmte „privilegierte" Berufsgruppen, die davon profitieren. Auch die Höhe der Leistungen der steuerfinanzierten Armutshilfe ist sehr bescheiden. Zwar wurden in allen drei Ländern die Programme in den 1990ern ausgebaut, jedoch reichen sie bei Weitem nicht aus, die finanziellen Bedürfnisse der Bedürftigen zu decken (Moreno/ Ariba 2002).

Spanien und Griechenland teilen mit der Türkei eine Reihe administrativer Probleme, die die Effizienz des Systems beeinträchtigen. Auch in Griechenland und Spanien gibt es Schwierigkeiten, die Beiträge von den Erwerbstätigen einzuziehen. Oft geben die Arbeitgeber und Arbeitnehmer einen niedrigeren Verdienst an, um Beiträge zu sparen (Herce/ Perez Diaz 1998). In Griechenland sind deshalb 70% der eingezogenen Beiträge auf dem Mindestniveau (O`Donnel/ Tinos 2003). In der Türkei geben vor allem sind es die Versicherten der Selbstständigenkasse BAĞ KUR ein zu geringes Einkommen an, um so nur den niedrigsten Versicherungsbeitrag zu zahlen.

Ebenso fehlt es in allen drei Ländern an Kontrollmechanismen, einheitlichen Normen und einem Informationsaustausch zwischen den einzelnen Sozialversicherungskassen. So sind die Kassen nicht in der Lage, die Zahl der Versicherten und die Ansprüche genau zu ermitteln und Einnahmen wie Ausgaben effizient zu überwachen. In Spanien kam es mit der partiellen Abschaffung der *Regimenes Especiales* im Zuge der Universalisierung des spanischen Sozialversicherungssystems ab den 1980er Jahren zu Koordinierungsproblemen mit den früheren Sozialversicherungskassen, sodass oft Sozialleistungen mehrfach bezogen wurden (Adolph 1997; Mangen 2001). In der Türkei führte der mangelhafte Informationsaustausch zwischen den einzelnen Behörden dazu, dass manche Rentner zusätzliche Leistungen der sozialen Fürsorge (Rente über 65, Grüne Karte) erhielten, auf die sie keinen Anspruch hatten (T.C. ÇSGB 2004).

Auch widerspricht die Kapitel B. I. 3. vorgestellte ungleiche Verteilung von Sozialansprüchen und Kosten der Sozialversicherungssysteme auf Berufs- und Sozialgruppen den verfassungspolitischen Anspruch dieser Länder, die sozialen Unterschiede innerhalb der Bevölkerung zu verringern (Natali/ Rhodes 2004).

Die Sicherstellung der Finanzierung des Sozialversicherungssystems in der Türkei, Spanien und Griechenland stellt somit das größte Problem und den Hauptgrund für die Reformanstrengungen dar. Die Finanzprobleme werden ihrerseits durch die sozialstrukturellen Merkmalsausprägungen dieser südeuropäischen Länder beeinflusst. Das gilt für die Segmentierung eines dualen Arbeitsmarktes mit einem sehr großen informellen Sektor. Die Erwerbstätigen in diesem Sektor sind nicht vom Sozialschutzsystem erfasst und zahlen deshalb auch keine Sozialversicherungsbeiträge. Daneben existiert ein großes Arbeitsmarktsegment mit prekärer und „atypischer" Beschäftigung, mit einer diskontinuierlichen Erwerbsbiografie der Beschäftigten, die kaum oder zu wenige Sozialbeiträge zahlen. Auch die Zusammensetzung der Haushalte und die Interaktion zwischen Haushalten und Arbeitsmärkten beeinflusst die Einnahmen- und Ausgabenstruktur des Systems. Die familistische Arbeitsteilung und die mit ihr verbundene längere Kohabitation bedeutet, dass sich junge Erwachsene zeitweise vom Arbeitsmarkt zurückziehen oder den Eintritt in das Erwerbsleben verzögern. Ähnliches gilt für berufstätige Frauen, welche sich aus dem Erwerbsleben zurückziehen, um ihren Betreuungs- und Pflegeverpflichtungen gegenüber den Kindern und pflegebedürftigen Familienmitgliedern nachkommen zu können. Diese Entscheidung von jungen Erwachsenen und Müttern wirkt sich auf die Einnahmen-

***Übersicht 27*: Beziehung zwischen Rolle der Familie und finanziellen Problemen des Sozialstaates**

Rolle der Familie im Sozialstaat	Probleme der langfristigen Finanzierung des Sozialschutzsystems
- spezifische Arbeitsteilung zwischen Familienhaushalten und Sozialstaat - Sozialstaat = sichert Einkommen der Haushalts-vorstände, meist im formalen Kernarbeitsmarkt beschäftigt + keine oder geringe Bereitstellung von Betreuungseinrichtungen - Familienhaushalte = verantwortlich für die Kompensierung der Bereiche, die von Sozialstaat vernachlässigt werden + Verantwortlich für die Betreuung und Pflege der Kinder und älteren Familienmitglieder + - monetäre Unterstützung von Familienmitgliedern, die „atypisch" beschäftigt sind oder die dem Arbeitsmarkt nicht zu Verfügung stehen.	- Anstieg der Ausgaben, da die mitversicherten Familienmitglieder ein Anrecht auf Sozialleistungen (Krankenversicherung) des versicherungspflichtig beschäftigten Haushaltsvorstandes haben - Rückgang der Einnahmen, da den jungen Familienmitgliedern und Müttern durch die Familie, die Möglichkeit gegeben wird, sich vollständig (Mütter) oder vorübergehend (junge Erwachsene) vom Arbeitsmarkt zu verabschieden

Übersicht 28: **Faktoren, welche die langfristige Finanzierung des Sozialschutzsystems beeinflussen**

Merkmal	Beeinflussung der langfristigen Finanzierung des Sozialschutzsystems
1. Rolle der Familie im Sozialstaat	Siehe Übersicht 25
2. Arbeitsmarktstrukturen	- Rückgang der Einnahmen aufgrund hoher informeller Beschäftigung - Anstieg der Ausgaben, da Nichtversicherte über steuerfinanzierte Leistungen der sozialen Fürsorge und die Krankenversicherung des Haushaltsvorstandes versorgt werden müssen
3. Institutionelle Mängel des Sozialschutzsystems	- mangelhafte Koordinierungs- und Informationspolitik zwischen den einzelnen Soziaprogrammen - mangelhafte Erfassung der Bedürftigen und der Leistungshöhe für den Bedürftigen - Anfälligkeit für Betrug
4. Externer Druck	- Spanien und Griechenland: EU: Druck ‚die Maastrichter Konvergenzkriterien zu erfüllen - Türkei: Weltbank/ IMF: Druck, die öffentlichen Ausgaben der Haushalte zu senken

und Ausgabenstruktur aus. Zum einen fehlen die Erwerbstätigen, welche Beiträge in die Sozialversicherungskassen einzahlen. Andererseits können sehr viele nicht Erwerbstätige oder prekär Beschäftigte als Familienmitglieder auf die Sozialleistungen (Krankenversicherung) des Familienvaters zurückgreifen. So sind zum Beispiel nicht verheiratete Frauen in der Türkei ohne Altersbeschränkung bis zur Heirat in der Krankenversicherung des Vaters mitversichert, während dies in Deutschland nur bis zum 26. Lebensjahr möglich ist. All dies bedeutet, dass wenige sozialversicherungspflichtige Erwerbstätige des kleinen formalen Kernarbeitsmarktes durch ihre Beiträge und Steuern die Leistungen für eine große Zahl passiv versicherter Familienmitglieder mitfinanzieren (Übersicht 27 & 28).

3.3.2 Eine Gegenüberstellung der Reformversuche der Sozialschutzsysteme

Das Ziel der Sozialstaatsreformen in den drei Ländern war vor allem die langfristige Sicherung der Finanzierung des Sozialversicherungssystems. In allen drei Ländern wurde deshalb versucht, die Bedingungen für den Erwerb der Renten zu erschweren und die einzelnen selbstständigen Berufskassen zu vereinen. Die daraus entstehenden Synergieeffekte sollten die Verwaltungskosten senken und Betrug vorbeugen.

Wie bereits dargestellt, wurden 2007 bzw. 2008 in der Türkei die drei bisher selbstständigen Berufskassen sowie die kleinen Kassen der Banken und Versicherungen zu einer einzigen Sozialversicherungsanstalt vereinigt und für alle Berufsgruppen einheitliche Beiträge und Leistungen eingeführt. Unter dem Dach einer einheitlichen Behörde für Sozialschutz *(Sosyal Güvenlik Kurumu, SGK)* wurde zunächst einmal eine einheitliche, beitragsfinanzierte Krankenversicherung *(Genel Sağlık Sigortası)* eingeführt, die zuständig für die Finanzierung der medizinischen Behandlungen der Versicherten und ihre Familienmitglieder sowie für die Auszahlungen von Leistungen bei kurzfristigem Erwerbsausfall (Kranken-, Mutterschafts- und Urlaubsgeld) ist. Unter dem Dach der *SGK* werden die Renten werden von der neuen einheitlichen Sozialversicherungskasse, dem „Generaldirektorat für Sozialversicherung" *(Genel Sigorta Genel Müdürlüğü)*, ausgezahlt und verwaltet. Auch die 1999 gegründete Arbeitslosenversicherung *IŞ KUR* wurde als Unterabteilung der *SGK* unterstellt. Zusätzlich wurden schon 1999 die Beitragszeiten und das Mindestrentenalter erhöht sowie die Ersatzraten der Renten gesenkt (Übersicht 29).

In Spanien wurden in den 1980er und 1990er Jahren im Rahmen einer „Reformulierung des franquistischen Sozialstaates" (Guillen 1992; Guillen 1996) die zahlreichen Berufsversicherungskassen des *Regimenes Especiales* in die „Allgemeine Versicherungskasse für Erwerbstätige" des *Regimen General* integriert. Zugleich wurde die natalistische Familienpolitik mit ihren zum Teil sehr großzügigen monetären Transferleistungen an die Familien beendet (Guillen/ Alvaraz/ e Silva 2001; Naldini 2003). Mit einer aktiven Arbeitsmarktpolitik versuchte man die hohe Arbeitslosigkeit in Griff zu bekommen. Die erste Hälfte der 1990er Jahre war durch einen Versuch der regierenden Sozialisten gekennzeichnet, mit der Sozialversicherung eine Umverteilung zwischen den einzelnen sozialen Gruppen zu erreichen. Dafür wurden auch steuerfinanzierte Programme ausgeweitet, wie z. B. im Jahre 1991 die Einführung einer nicht beitragsfinanzierten Altersrente für Personen, die zu wenig oder gar nichts in das System eingezahlt hatten. Darüber hinaus führten die verschiedenen *Autonomen Regionen* zwischen 1989 und 1993 jeweils eigenständige Programme eines sozialen Mindesteinkommens *(IMI)* ein (Laperra/ Aquillar 1996; Guillen/ Alvarez/ e Silva 2001; Moreno/ Ariba 2002).

Der Druck der Maastrichter Konvergenzkriterien zwang jedoch Spanien ab Mitte der 1990er neue Wege zur Steigerung der Effizienz das spanische Sozialversicherungssystem zu finden. Das wichtigste Dokument dieser Zeit war der „Pakt von Toledo". Dieses 1995 von allen politischen Parteien beschlossene Abkommen hatte zwei Ziele. Zum einen sollten steuer- und beitragsfinanzierte Sozialleistungen institutionell getrennt werden. Zum anderen sollten die bisherigen Sonderkassen der *Regimenes Especiales* des Sozialversicherungssystems in das System des *Regimen General* für Erwerbstätige integriert werden. Das erste Ziel wurde insoweit umgesetzt, als dass die Leistungen der medizinischen Versorgung vollkommen in das steuerfinanzierte staatliche Gesundheitssystem *IN-SALUD* überführt wurden. Ähnlich wie das britische NHS, wurde ein Hausarztsystem eingeführt bzw. das bisherige Hausarztsystem der Francozeit reformiert. Die Spanier entschieden sich für ein voll steuerfinanziertes nationales Gesundheitssystem, mit einer flächendeckenden kostenlosen medizinischen Versorgung der Bevölkerung, während die Türken ein beitragsfinanziertes Krankenkassensystem wie in Deutschland einführten. Alle beitragsfinanzierten monetären Leistungen (Krankengeld, Mutterschaftsgeld, Unfallgeld) wurden in der Kasse für Geldleistungen *INSS* untergebracht. Als zentrale Behörde ist die *INSS* auch für die Auszahlung der Rentenleistungen des *Regimen General* und der *Regimenes Especiales*, die der *INSS* unterstellt sind, zuständig. Mit der *TGGS* wurde wiederum eine zentrale Behörde geschaffen, welche die Beiträge von den Versicherten eintreibt (Guillen 2004).

Auch die konservative Regierung unter *Aznar* blieb dem Pakt von Toledo treu. Sie versuchte die langfristige Finanzierung durch die Rentenreformen von 1997 und 2001 zu sichern, indem die Bedingung zum Erwerb einer Rente erschwert sowie die Lohnersatzrate reduziert wurden. Im Gegenzug wurden aber die Leistungen für einige Problemgruppen (Witwen, Waisen, Familien mit Kindern) ausgebaut (Übersicht 29) (Guillen/ Alvarez/ e Silva 2001).

In Griechenland standen die Regierungen in den 1990er Jahren ebenfalls unter dem Druck der EU, die Maastrichter Konvergenzkriterien zu erfüllen. Ein erster Versuch war 1992 der Reformversuch der konservativen *Nea Demokratia* Regierung. Es zielte darauf die Lohnersatzraten der Renten zu senken, die Beiträge zu erhöhen und der Beitragszeitraum zu verlängern und das Mindestrentenalter für Männer und Frauen auf 63 anzuheben. Gleichzeitig beteiligte sich der Staat an den Versicherungsbeiträgen. Diese Veränderungen galten jedoch nur für die ab dem 1.1.1993 versicherten Beschäftigten. Dadurch wurde die Reform das System wenig effektiv und sehr verkompliziert. Die nachfolgende Regierung der sozialistischen *PASOK (Panellinio Sosialistiko Kinima, Panhellenische Sozialistische Bewegung)* führte 1996 die obligatorische Zusatzrente *EKAS* ein. Gleichzeitig wurde die steuerfinanzierte Rente der „Versicherungsanstalt für Sozialschutz für Landwirte und Landarbeiter" *(OGA)* in eine beitragsfinanzierte Rente umgewandelt. 2002 scheiterte die Regierung an einer umfangreichen und alle Versicherungskassen umfassende Reform. Sie konnte lediglich die Bedingungen für den Rentenerwerb verschärfen und die Rentenhöhe für die Versicherten der „Allgemeinen Sozialversicherungsanstalt" für Erwerbstätige in der Privatwirtschaft *(IKA)* herabsetzen. Der Plan, die anderen Berufskassen in die *IKA* zu integrieren scheiterte am Widerstand der Gewerkschaften und Berufsverbände (Matsaganis 2002; Tinios 2005).

Versucht man nun die staatlichen Lösungsansätze des türkischen Sozialstaates mit denen in Spanien und Griechenland zu vergleichen, so erkennt man eine Reihe von Gemeinsamkeiten, aber auch Unterschiede. In allen drei Ländern zielen die Reformanstrengungen darauf, die langfristige Finanzierung ihres Sozialschutzsystems durch eine Reduzierung der Kosten und eine Erhöhung der Einnahmen sicherzustellen. Das gilt insbesondere für die Rentensysteme. Das Rentenalter wurde angehoben, der Beitragszeitraum verlängert und das Verhältnis der Rentenhöhe zur vorherigen Lohnhöhe gesenkt. Ein guter Teil der Kosten ging zulasten der Arbeitnehmer und Arbeitgeber. Griechenland bildet hier eine Ausnahme, da der Staat mit der Reform von 1992 für die ab dem 1.1.1993 Versicherten einen Teil der Sozialversicherungsbeiträge übernahm.

Ein weiteres Instrument der finanziellen Sanierung war die institutionelle und administrative Trennung der einzelnen Sozialleistungen voneinander. Diese Methode wurde in Spanien und der Türkei angewandt. Die türkische Reform von 2008 trennte allerdings nicht nur steuer- und beitragsfinanzierte Leistungen, sondern auch monetäre Leistungen bei einem permanenten Erwerbsausfall (Renten) von den Leistungen bei temporärem Erwerbsausfall (Kranken-, Unfall-, Mutterschafts- und Arbeitslosengeld). Letztere werden von der einheitlichen Krankenversicherung verwaltet. Dagegen verständigte man sich beim spanischen „Pakt von Toledo" auf die Trennung der steuerfinanzierten (medizinischen) Sachleistungen von den Geldleistungen des Sozialschutzsystems. Das steuerfinanzierte Gesundheitssystem *INSALUD* übernimmt nun die Kosten für die medizinische Behandlung (stationäre, ambulante Behandlung, Vorsorgeuntersuchungen, Kuren, Entbindungen, Prothesen) der Versicherten, während Krankengeld, Mutterschaftsgeld und Unfallgeld sowie die Renten von der *INSS* ausgezahlt werden. In beiden Ländern werden aber die Beiträge und Leistungen von zentralen Behörden verwaltet, in Spanien durch die *INSS* (Auszahlung von Leistungen) und *TGGS* (Eintreiben von Beiträgen) und in der Türkei ist es die *Sosyal Güvenlik Kurumu* (Auszahlung von Leistungen und Eintreiben von Beiträgen). Damit sollen die mangelhafte Koordinierung zwischen den Behörden überwunden, Synergieeffekte geschaffen und Einnahmen erhöht und die Ausgaben gesenkt werden.

In allen drei Ländern hat man versucht, die institutionelle Segmentierung des Sozialversicherungssystems durch die Fusion einzelner Berufskassen zu überwinden, um die Ungleichheit zwischen einzelnen Berufs- und Bevölkerungsgruppen zu verringern und finanzielle Vorteile zu erzielen. Nur Spanien und die Türkei konnten dieses Ziel mehr oder weniger umsetzen. Die Türkei vereinte drei frühere Berufskassen zu einer Kasse, während es in Spanien nach dem „Pakt von Toledo" nur noch zwei Berufskassen existieren sollten, das *Regimen General* für alle abhängigen Beschäftigten und das *Regimen Especiale* für die Selbstständigen. In Griechenland gab es zwar ebenfalls Bemühungen, die starke institutionelle Segmentierung des Sozialversicherungssystems zu reduzieren. Bis auf die Integration einiger kleiner Berufskassen mit der Allgemeinen Kasse für Erwerbstätige *IKA* konnte dieses Ziel jedoch nicht erreicht werden.

Im Vergleich zu den Reformen in Spanien und Griechenland ist die türkische Reform von 2008 viel umfassender. Sie beschränkt sich nicht nur auf eine Reform der Renten, sondern versucht auch das Gesundheitssystem (Einführung eines Hausarztsystems, Vereinigung der SSK-Krankenhäuser mit den Staatskrankenhäusern) und z. T. die soziale Fürsorge zu reformieren, und dass in einem umfassenden Gesetzpaket. Die Reform in Spanien ist hingegen eine permanente Reform. Sie setzt sich aus einer Vielzahl von Reformen seit den 1990er Jahre zusammen. Die Reform in Griechenland muss dagegen als eine „verhinderte Reform" (Tinios 2005) bezeichnet werden. Dem Staat gelang es nicht, seine sozialpolitischen Vorstellungen gegen den Widerstand der Sozialpartner durchzusetzen. Die griechischen Reformen sind daher durch Kompromisse mit den Sozialpartnern gekennzeichnet, welche die anfänglichen Reformansätze verwässerten.

Auch wenn das primäre Ziel der Reformen die Sicherung der langfristigen Finanzierung war, bedeutete dies jedoch nicht, dass sich der Staat in allen drei Ländern aus seiner sozialpolitischen Verantwortung zurückzog. Zwar wurden die Bedingungen für den Erwerb der Renten verschärft und die Höhe der Renten gesenkt. Gleichzeitig wurden aber neue steuerfinanzierte Leistungen für ärmere Bevölkerungsgruppen ausgebaut, wie zum Beispiel die nicht beitragsfinanzierten Altersrenten und die erweiterten Beihilfen für die Familien in Spanien und in der Türkei oder die Einführung einer nationalen Mindestsicherungen *IMI* in Spanien.

Übersicht 29: Veränderungen in den Sozialschutzsystemen seit den 1990ern

	Türkei	Spanien	Griechenland
1990		Einführung einer bedürfnisgeprüften gesetzlichen Mindestsicherung (*Ingreso Minimo de Insercion, IMI*) im Baskenland; in den nächsten Jahren auch in den anderen *Autonomen Regionen.*	
1991		Einführung von bedürfnisgeprüften Familienbeihilfen	
1992	• Einführung der „Grünen Karte" (kostenlose Behandlung von Bedürftigen) • Mindestalter für Altersrenten abgeschafft; für eine Alterspension muss 25 Jahre versicherungspflichtig gearbeitet und Sozialversicherungsbeiträge gezahlt werden		„Gesetz Nr. 2084" Für alle Erwerbstätigen, die ab dem 1.1.1993 zum ersten Mal versichert sind: • Lohnersatzraten werden von 80 % auf 60 % des früheren Lohns gesenkt; • Mindestalter für volle Altersrente wird von 62 (Männer) bzw. 57 (Frauen) auf 65 Jahre erhöht; • Staat übernimmt einen Teil der Sozialversicherungsbeiträge. Einführung von neuen steuerfinanzierten Familienbeihilfen für bestimmte Familien (Großfamilien, Mütter mit vielen Kindern, Sonderzahlung ab drittem Kind); neben schon bestehenden obligatorischen Familienbeihilfen für Beamte und Arbeitnehmer

1993		Einführung von obligatorischen öffentlichen Zusatz-Rentenversicherungen für alle Beschäftigten (*IKA ETAM*)
1994	**„Pakt von Toledo"** • Die politischen Parteien einigen sich auf eine schrittweise Reform des spanischen Sozialversicherungssystems	
1996		Einführung eines steuerfinanzierten Solidaritätszuschlages (*EKAS*) für bedürftige Rentner
1997	**Gesetz über die Rationalisierung des Sozialversicherungssystems** • administrative Trennung von steuer- und beitragsfinanzierten Leistungen bis 2000 • Der Beitragszeitraum, der für die Höhe der Altersrente genommen wird, wird schrittweise von den letzten 8 auf die letzten 15 Beitragsjahre erhöht • Die Höhe der Witwenrenten wird der Altersrente angepasst • Weisenrente für Halbweisen bis zum 21. Lebensjahr, für Vollweisen bis zum 23. Lebensjahr (früher nur bis 18) -In allen spanischen Autonomen Regionen ist die bedürfnisgeprüfte gesetzliche	Familienbeihilfen für Großfamilien mit mehr als drei Kindern nun bedürfnisgeprüft

1998	Mindestsicherung IMI eingeführt	Bisher steuerfinanzierte Rentenleistungen der Versicherungsanstalt für Landwirte und Landarbeiter (*OGA*) schrittweise durch ein beitragsfinanziertes Rentensystem ersetzt **„Gesetz Nr.2676"** Gründung des Versicherungsträgers für Selbstständige (*OAEE*), die als Dachträger der bisher Eigenständigen Versicherungskassen *TEWE* (Gewerbetreibende u. Handwerker) *TAE* (Kaufleute) und *TSA* (Rentenkasse der Busfahrer) dient.
1999	**Rentenreform: Gesetz Nummer 4447 & 4729:** • Einführung einer Behörde für soziale Sicherheit, dass die Arbeit zwischen den einzelnen Versicherungskassen koordinieren soll; • Mindestrentenalter schrittweise für Frauen auf 58 Jahre und für Männer auf 60 Jahre erhöht; • Einführung einer Arbeitslosenversicherung; • Beitragszeitraum für Arbeitnehmer schrittweise von 5000 auf 7000 Versicherungstage erhöht	
2001	Vertrag über die Verbesserung des Sozialschutzsystems zwischen Regierung und Sozialpartnern	
2002		**„Gesetz Nr. 3029"** • Für alle Erwerbstätigen, die ab dem 1.1.1993 zum ersten Mal versichert sind: • Lohnersatzrate für alle Berufsgruppen *70% des vorherigen Lohns*; • Einführung einer Mindestaltersrente für alle, die nicht die nötigen Beiträge gezahlt

Jahr			
	Einführung von privaten Zusatzrentenversicherungen		haben, in von Höhe 70 % des gesetzlichen Mindesteinkommens Familienbeihilfen für Großfamilien abgeschafft (aber andere Formen steuerfinanzierter Familienbeihilfen bleiben bestehen)
2004		• alle Renten um 2 % erhöht • Die Witwen- und Waisenrente wird erhöht • Frührente mit 61, bei 30 Jahren Beiträge • Einführung von (freiwilligen) privaten ergänzenden Pensionen	
2005		• Mindesthöhe der beitragsfinanzierten Renten um 8,07 % (für Rentner mit Ehepartner) bzw. um 6.55 % (für Rentner mit pflegebedürftigen Kindern) erhöht • Mindesthöhe der steuerfinanzierten Grundrenten für Alte und Behinderte um 4,5 % erhöht	
2007	**Sozialschutzreform (Gesetz Nummer 5502 & 5510)** **(1. Entwurf der Regierung Erdoğan, AKP)** • einzelnen Sozialversicherungskassen zu einer einzigen Sozialversicherungsbehörde vereinigt; • Einführung einer beitragsfinanzierten Krankenversicherung		

	• gleiche Beiträge für alle Berufsgruppen; • Familienbeihilfen auch für Arbeitnehmer, Selbstständige, Landarbeiter und Landwirte; • Anspruch auf beitragsfinanzierte monetäre Leistungen bei Krankheit und Mutterschaft für Selbstständige, Landwirte und Landarbeiter	Mindestalter für gesetzliche Vollrente für alle Versicherten auf 65 Jahre gesetzt.
2008	**Sozialschutzreform (Gesetz Nummer 5754)** **(2. Entwurf der Regierung Erdoğan, AKP)** Für alle ab dem 30.4.2008 Versicherten: • schrittweise Erhöhung des Mindestrentenalters auf 65 Jahre für Männer und Frauen; • schrittweise Erhöhung des Beitragszeitraums für eine Altersrente von 7000 Versicherungstagen auf 7200 Versicherungstage	

Quellen: Mangen (2001); Ministry of Labour and Social Security (2002); T. C. ÇSGB (2004); Matsaganis (2005); Matsaganis (2006); **Bertelsmann International Reformmonitor Onlinedatenbank**

Aber diese neuen Programme reichen nicht aus, um das sozialpolitische Ziel der Umverteilung und Armutsbekämpfung zu erfüllen [20] (Übersicht 29)

Manche der Reformen mögen auf dem ersten Blick als umfassend und „revolutionär" erscheinen. Bei genauerer Betrachtung zeigt sich aber, dass das Grundprinzip einer beitragsfinanzierten Sozialversicherung nicht verändert wurde. Auch die für diese Länder typische Arbeitsteilung zwischen Familienhaushalten und Sozialstaat blieb unverändert. Weder wurde das staatliche Pflege- und Betreuungsangebot für Kinder und alte Menschen ausgebaut, noch wurden effektive Familienleistungen eingeführt. Die Ausweitung einzelner Programme auf andere Personengruppen war oft nur von kosmetischer Natur. Angesichts sinkender Geburtenraten und wachsender weiblicher Erwerbstätigkeit ist nicht gewährleistet, dass die Haushalte, ihre bisherigen Aufgaben weiter ausüben können. Diese Probleme werden in den südeuropäischen Ländern früher auftauchen als in der Türkei, die derzeit durch eine höhere Geburtenrate und einer eher stagnierenden weibliche Beschäftigung gekennzeichnet ist.

Es stellt sich die Frage, warum gerade das Problem der Finanzierung so stark in den Vordergrund der öffentlichen Diskussion rückte und nicht andere Probleme des Systems, wie die ineffektive Armutsbekämpfung oder die sozialrechtliche Segmentierung der Bevölkerung. Hier mag die im Kapitel B. II. angesprochene Arbeitsteilung zwischen den Familienhaushalten und dem Sozialstaat eine Erklärung bieten. Die Familienhaushalte kompensieren im Rahmen dieser Arbeitsteilung die negativen sozialen Auswirkungen des dualen Arbeitsmarktes. So werden die mangelhaften Leistungen der sozialen Fürsorge oder der Arbeitslosenversicherung durch informelle Transferleistungen der Verwandtschaftshaushalte kompensiert. In dieser Arbeitsteilung sichert der Sozialstaat die medizinische Grundversorgung der Bevölkerung und das Einkommen vor allem der

---

20   In diesem Sinne passen diese Beobachtungen auch zu den Ergebnissen der „New Politics These", von Paul Pierson (1996, 2001), die eine Revision seiner älteren „Retrenchment These" (1994) darstellt. In seiner neuen These stellt Pierson fest, dass es bei wohlfahrtsstaatlichen Reformen nicht zu radikalen Veränderungen kommt und die bestehenden Wohlfahrtsysteme relative stabil sind. Anstatt vollkommen neue Sozialstaatsprogramme einzuführen, versuchen die Reformer die bestehenden Strukturen zu modifizieren. So wird z.B. die Finanzierungsart eines Sozialversicherungssystems nicht verändert, dafür aber die Bedingungen für die Leistungsansprüche erhöht. Ebenso versuchen die Reformer meist nach einem parteiübergreifenden Konsens, ihre Reformen zu legitimieren, was radikale Einschnitte erschwert. Vielmehr wird die Sichtbarkeit der Reformen gesenkt, da radikale „sichtbare" Einschnitte im Sozialstaat mit sehr hohen Wählerkosten und dem Verlust von Wählerstimmen bei der nächsten Wahl verbunden sind. Als Gründe für dieses vorsichtige Verhalten der Politiker nennet Pierson zuerst einmal die Tatsache, dass der bestehende Wohlfahrtstaat einen gewissen Status Quo darstellt und Veränderungen einer breiten Zustimmungen von vielen sozialen Gruppen erfordert. Auf der anderen Seite trifft der Sozialstaat auch auf eine hohe Zustimmung bei den Wähler. Auch sind die „Nutznießer" des Sozialstaates sehr gut organisiert (z.B. Gewerkschaften, Rentnerorganisationen, Ärzteverbände usw.) um sich bei nationalen Wahlen gegen die Reformen zu mobilisieren

Haushaltsvorstände, wenn diese vorübergehend oder permanent nicht mehr arbeiten können. Durch ihr Lohneinkommen und die sozialstaatlichen Transferleistungen können die Haushaltsvorstände andere Familienmitglieder oder Verwandtschaftshaushalte unterstützen. Über ihre Krankenversicherung werden die
nicht erwerbstätigen Familienmitglieder medizinisch versorgt. Ein möglicher
Kollaps des Sozialschutz- und insbesondere des Sozialversicherungssystems
stellt in der öffentlichen Wahrnehmung eine Gefahr für die Funktionsfähigkeit
dieser sozialpolitischen Arbeitsteilung dar.

Dieser Leitwert des südeuropäischen und türkischen Wohlfahrtsregimes
beeinflusst auch den inhaltlichen Schwerpunkt der Reformen. Im gewissen Sinne
wird dem (Sozial-) Staat als wohlfahrtsproduzierende Institution „vorgeschrie-
ben", welche sozialpolitischen Bereiche zu reformieren sind. Der Schwerpunkt
der Einkommenssicherheit zwingt den Sozialstaat, primär dort korrigierend ein-
zugreifen, während die Versorgungs- und Betreuungsfunktionen im Aufgabenbe-
reiche der Familienhaushalte bleiben. Aus diesem Grund bleiben die Reformbemühungen in der sozialen Fürsorge, den Familienbeihilfen sowie der nichtfamiliengestützten Betreuungs- und Pflegeeinrichtungen für Kinder und Alte, im
Vergleich zur Sozialversicherung marginal.

3.3.3 Die Rolle der Sozialpartner

Ein Vergleich der Reformen der Sozialschutzsysteme in den drei Ländern kann
sich nicht nur darauf beschränken, sie als Lösungsversuche für die Probleme
dieser Systeme zu integrieren. Er muss auch die Frage untersuchen, inwieweit in
diese Lösungsversuche die Interessen der Arbeitnehmer und Arbeitgeber mit
einflossen und es den Gewerkschaften und Berufsverbänden gelang, ihre Interessen durch bestimmte Aktionen (Generalstreik) durchzusetzen oder Reformen
sogar zu verhindern.

Betrachtet man die Türkei, dann fällt das Fehlen einer effektiven inhaltlichen Einflussnahme der Sozialpartner bei den Reformen auf. Sowohl die Reformen von 1999 als auch der erste Reformentwurf von 2007 und der zweite Ent-
wurf von 2008 wurden von den Beamten der jeweiligen Ministerien ausgearbeitet und dann durch die parlamentarische Mehrheit der Regierung Ecevit bzw. der
Regierung Erdoğan verabschiedet. Dies reiht sich in die Modernisierungstraditi-
on des türkischen Staates ein, in der Reformen als reines administratives Produkt
durch eine unabhängige bürokratische Staatselite ausgearbeitet und durchgesetzt
werden. Betrachtet man sich das so genannte „Richtungskomitee für die Reform
des Sozialschutzsystems" (*Sosyal Güvenlik Reformu Yönlendirme Komitesi*),
welches für die endgültige Formulierung der Reformgesetze verantwortlich war,

so erkennt man, dass es sich nur aus Beamten der einzelnen Ministerien zusammensetzte. Auf der anderen Seite waren die Sozialpartner und Wissenschaftler in einem beratenden Gremium des „Hohen Beratungsrates für die Reform des Sozialschutzsystems" (*Sosyal Güvenlik Reformu Yüksek Çalışma Kurulu*) vertreten. In diesem konnten sie ihre Vorschläge einbringen, die aber für die Arbeit des „Richtungskomitees" nicht bindend waren (T.C. Başbakanlık 2005).[21]

Die Gewerkschaften waren selbst nicht in der Lage, ihre Kritik über die Reformen von 1999 (Reform der Regierung Ecevit) und 2007 (1. Reformentwurf der Regierung Erdoğan) in der Öffentlichkeit klar zu artikulieren. Im Gegensatz zu anderen Ländern in ähnlichen Situationen fanden während des Reformprozesses keine nennenswerten Streiks statt, geschweige denn ein Generalstreik. Die Aktionen der Gewerkschaften und anderen Interessengruppen (Arbeitgeberverbände, Ärztebund, Kammern) beschränkten sich darauf, ihre Vorstellungen auf Konferenzen, meist vor einem sehr kleinen Fachpublikum, vorzutragen.

Es gab jedoch eine Ausnahme. Am 14.3.2008 einigten sich die Gewerkschaften auf einen zweistündigen Warnstreik, um gegen die überarbeitete Sozialstaatsreform von 2008 (2. Reformentwurf der Regierung Erdoğan) zu protestieren, über die in der parlamentarischen Kommission beraten wurde. Als Resultat war die Regierung bereit, den Beitragszeitraum für eine Altersrente von geplanten 9000 auf 7200 Versicherungstage zu senken. Dies war das einzige Zugeständnis, das die Regierung den Gewerkschaften machte. Die zweite Version der Sozialstaatsreform wurde dann endgültig am 17.4.2008 mit den Stimmen der Regierung verabschiedet und trat am 1.10.2008 in Kraft.

Die Reformen von 1999 und 2008 stießen in der Öffentlichkeit auf kein großes Interesse, vielleicht auch, weil sie nur die neuen Erwerbstätigen betrafen. Das Thema wurde in den Medien nur nebenbei behandelt, mit Ausnahme der auflagenschwachen Wirtschaftszeitung *Dünya* und *Referans*, meist nur knapp im Wirtschaftsteil.

Deshalb gelang es den türkischen Regierungen ohne nennenswerten Widerstand, ihre Vorstellungen zu artikulieren und durchzusetzen. Der einzige Widerstand gegen die Reformen von 2006 kam nur durch den „Staat" selbst. Der Staatspräsidenten *Ahmed Necdet Sezer* – ein ehemaliger Verfassungsrichter – berief sich auf seine verfassungsrechtlichen Kompetenzen und reichte eine Verfassungsklage ein. Daraufhin entschied das türkische Verfassungsgericht am 15. 12. 2006, dass die Erhöhung der versicherungspflichtigen Beitragzeiten für die

---

21 So wurde auf der 45. Sozialpolitikkonferenz an der Universität Istanbul, welche am 18. Dezember 2005 stattfand, von den Sozialpartnern und den Akademikern bemängelt, dass die Regierungsseite zwar die Wünsche der Sozialpartner und der Akademiker registriert habe, diese aber so gut wie kaum in der inhaltlichen Gestaltung der Reformwerke eingebracht habe.

Beamten und die dadurch implizierte sozialrechtliche Gleichstellung der Beamten mit den anderen Berufsgruppen gegen die Verfassung verstoße. Dies zwang die Regierung Erdoğan, Teile des einheitlichen Sozialversicherungssystems vom 1.1.2007 auf den 1.10. 2008 zu verschieben, um die Reform zu überarbeiten.

Vergleicht man nun die Situation in der Türkei mit den Reformen in Spanien, so muss man hier wohl zwei Phasen unterscheiden. Zum einen die Phase der sozialistischen Regierung unter *Gonzales*, welche sich seit Ende der 80er von den Gewerkschaften - insbesondere von der sozialistischen „Schwestergewerkschaft" *UGT (Union General de Trabajadores, Allgemeine Arbeitergewerkschaft)* - entfremdete. In der Zeit von 1987/1988 bis 1996 gab es zwischen sozialistischer Regierung und den Gewerkschaften so gut wie keine Gespräche. Zum endgültigen Bruch zwischen *PSOE* (*Partido Socialista Obrero Español*) und *UGT* kam es 1987, als zwei *PSOE-Parlamentarier* von der *UGT* aus Protest gegen die Arbeitsmarktpolitik der Regierung *Gonzales* ihr Mandat niederlegten, bzw. 1988, als die *UGT* mit der kommunistischen *CCOO (Confederación Sindical de Comisiones Obreras; Konföderation der gewerkschaftlichen Arbeiterkommissionen)* einen Massenstreik gegen die Regierung organisierte (Hamann 1998). So wurde der für die Reformen des spanischen Sozialstaates wichtige „Pakt von Toledo" von 1995 zu einer Vereinbarung zwischen den politischen Parteien, nicht aber zwischen dem Staat und den Gewerkschaften. Die spanischen Gewerkschaften versuchten in den 1980ern und Anfang der 1990er die Reformen durch eine Konfrontationspolitik gegenüber der spanischen Regierung zu verhindern, waren jedoch nicht in der Lage, die Wählerklientel der *PSOE* in ihrer Wahlentscheidung zu beeinflussen. Die Sozialisten konnten auch nach dem Bruch mit den Gewerkschaften 1987/1988 bis 1996 weiter regieren (Hamann 1998; Ruiz 2001). Ähnlich wie die türkischen Gewerkschaften haben auch die spanischen Gewerkschaften seit den 1980er Jahren an Bedeutung verloren. Daraus zogen sie den Schluss, die bisherige Konfrontationspolitik aufzugeben und signalisierten der neuen konservativen Regierung unter *Aznar* Gesprächsbereitschaft. Diese war dann auch bereit, die Gewerkschaften wieder in den Reformprozess einzubinden. Bei der Ausarbeitung der spanischen Rentenreform 2001 wurde eine schriftlich fixierte Vereinbarung zwischen Regierung und Sozialpartner getroffen (Bertelsmann 2001; Köhler 2004).

Sowohl in Spanien als auch in der Türkei konnten somit die Regierungen ihren Reformvorstellungen gegenüber Widerstände der Gewerkschaften und Berufsverbände durchsetzen und mussten keinen Druck von der Straße befürchten. Die Regierungen in der Türkei und zumindest die sozialistische Regierung in Spanien berücksichtigten die Interessen der Sozialpartner kaum. Die spanische konservative Regierung unter *Aznar,* die zwischen 1996 - 2004 herrschte, versuchte jedoch die Gewerkschaften ins Boot zu holen und zumindest mit ihnen eine Vereinbarung über mögliche Reformen zu treffen. Es wurde ein „permanentes Komitee" gegründet, in dem die Vertreter der beiden Gewerkschaften *UGT* und *CCOO* mit Regierungsvertretern zusammensaßen und die Umsetzung der Reformen überwachten. Dem Komitee wurde auch die Möglichkeit eingeräumt, einer eigens dafür eingerichteten Parlamentskommission mögliche Gesetzesvorschläge zu unterbreiten. Doch die Konservativen verstanden es ihre Gesetze auch ohne Vereinbarung mit den Gewerkschaften, per Verordnung durchzusetzen, z. B. bei den Reformen für den spanischen Arbeitsmarkt. Der Handlungsspielraum der Gewerkschaften war also auch unter den Konservativen nicht sehr groß (Moreno 2001; Bertelsmann 2003)

In Griechenland standen die Regierungen meistens einer sehr starken gewerkschaftlichen Gegenmacht gegenüber, sodass die angestrebten Reformbestrebungen der Regierung dadurch verwässert wurden. So waren die Regierungen gezwungen, wichtige sozialstaatliche Reformen zurückzunehmen, sie zu verschieben oder zu überarbeiten. Beispielsweise plante 1990 die konservative *Nea Demokratia* Regierung eine Reform des Rentenwesens, in der ein einheitlicher Beitrag für alle Versicherten sowie eine Anhebung des Rentenalters geplant waren. Aufgrund des Widerstands des griechischen Gewerkschaftsdachverbandes *GSEE (Genike Synamospondia Ergaton Elladas; Allgemeine Konföderation griechischer Arbeitnehmer)* mussten die Reformen verschoben werden. Sie konnten erst 1992 durchgesetzt werden, nachdem sich die Regierung mit der *GSEE* an einen Tisch gesetzt hatte. Danach betrafen die Reformen ältere Arbeitnehmer nicht mehr und die Versicherten der Beamtenkassen, der Arbeitnehmer in den Staatsbetrieben, der Banken sowie die Freiberufler wurden ebenfalls von den Veränderungen ausgenommen. Die besagten Berufsgruppen waren am stärksten in der *GSEE* vertreten und konnten ihre Privilegien am besten schützen. Eine ähnliche Erfahrung machte auch die sozialistische *PASOK*. Ihr Versuch das Rentensystem 2002 zu reformieren, führte wiederum zu einem Generalstreik durch die *GSEE*. Er zwang die Regierung zu einem „sozialen Dialog" mit den Gewerkschaften, mit dem Resultat, dass die Reformversuche der Regierung wirkungslos blieben (Matsaganis 2002).

Anders als in Spanien und der Türkei konnten somit die Regierungen in Griechenland ihre Vorstellungen nicht durchsetzen, ohne die Interessen wichtiger Berufsgruppen zu berücksichtigen, selbst wenn sie im Parlament eine Mehrheit hatten. Reformen in Griechenland wurden dort durchgesetzt, wo kein starker Widerstand zu erwarten war. So gelang es 1996 den Sozialisten der *PASOK,* besonders die steuerfinanzierte Rente für die Landarbeiter der *OGA*-Versicherung auf eine beitragsfinanzierte Rente umzustellen, da die Beschäftigten in der Landwirtschaft vergleichsweise schlecht organisiert waren (Matsaganis 2002). Im Gegensatz zum türkischen und spanischen Staat hat der griechische

Staat, Probleme den derzeitigen Status quo zu verändern, sodass die Reformversuche wirkungslos sind (Matsaganis 2002; Matsaganis 2004; Tinos 2005).
Die Frage, ob die Regierungen in diesen Ländern bei ihren Reformvorhaben mit dem Einfluss bzw. Widerstand von Gewerkschaften und anderen Interessenverbänden rechnen müssen, hängt vom Verlauf des Demokratisierungsprozesses in diesen drei Ländern ab. Wie bereits gezeigt, verlief die Demokratisierung in den drei Ländern verschieden, mit dem Resultat, dass in den neuen parlamentarischen Regimen die Beziehung zwischen Staat, Parteien und Sozialpartnern unterschiedlich institutionalisiert wurde. Dies hatte wiederum Einfluss auf
die Art und Weise, in der Interessen einzelner Gruppen in den sozialstaatlichen
Reformprozess einflossen.

Der „Demokratische Übergang" der Türkei basierte nicht auf einem Zusammenbruch des alten autoritären Regimes der Kemalisten, sondern auf einer
freiwilligen Machtübergabe an die Opposition. Das neue Regime hatte daher
auch keine neue Legitimationsquelle. Es suchte sie nicht im Sozialstaat, auch
weil die Arbeiterbewegung in den 1950er Jahren so gut wie kaum entwickelt
war. Im staatszentrierten politischen Regime der Türkei wurde den politischen
Parteien niemals die Rolle als Vertreter von Partikularinteressen zugestanden.
Eine bürokratische Elite, gestützt auf eine jahrhundertealte türkische Staatsphilosophie, arbeitete die Gesetze alleine aus und brachte diese zusammen mit der
Regierung durch das Parlament, ohne die Interessen der Betroffenen zu berücksichtigen (Heper 1991; Özbudun 1991; Heper 1992a; Heper 1992b).

Auch heute gesteht der türkische Staat den einzelnen Berufsverbänden
noch nicht das Recht zu, ihre sozialen Rechte selbst zu artikulieren. Er gibt ihnen
Rechte oder nimmt sie ihnen wieder. Während die Militärjunta nach dem Militärputsch von 1960 den Gewerkschaften großzügige Möglichkeiten der Interessenvertretung zugestand, wurden diese mit dem Militärputsch 1980 wieder zu-
rückgenommen.[22] Im Gegensatz zu den europäischen Ländern dürfen die türki-

---

22   Dies zeigt sich auch in der Entwicklung der türkischen Industriebeziehungen. Das Gewerkschaftsgesetz von 1963 gab den Gewerkschaften eine absolute Betätigungsfreiheit und es herrschte
ein weit reichender Gewerkschaftspluralismus. Mehrere Betriebs- und Industriegewerkschaften
durften in einem Industriezweig oder einem einzelnen Betrieb an Lohn- und Tarifverhandlungen
teilnehmen. Doch da diese „Freiheiten" zu wilden Streiks und gewalttätigen Ausschreitungen zwischen den einzelnen Gewerkschaftsmitgliedern führten, arbeiteten die Putschisten vom 1980, 1983
ein neues, restriktives Gewerkschaftsgesetz aus, das dem Gewerkschaftspluralismus ein Ende setzte.
Der Gesetzgeber setzte den Gewerkschaften drei Hürden für eine Teilnahme bei betrieblichen Lohn-
verhandlungen. Zum einen durften nur Industriegewerkschaften teilnehmen, welche in einem der 28
gesetzlich festgelegten Industrie- und Wirtschaftszweige organisiert waren. Des Weiteren musste die
Gewerkschaft auf nationaler Ebene ca. 10% der Beschäftigten in dem jeweiligen Industriezweig und
50 % aller Beschäftigten in dem Betrieb repräsentieren. Meist konnte nur eine Gewerkschaft diese
Bedingungen erfüllen. Als so genannte „Vertragsgewerkschaft" hatte sie Anspruch auf die Gewerk-
schaftsbeiträge aller Beschäftigten in einem Betrieb, auch wenn diese in anderen Gewerkschaften

schen Parteien keine eigenen Interessenflügel innerhalb ihrer Parteiorganisation haben. Das gilt nicht nur für die Arbeitnehmer oder Arbeitgeber, sondern auch für alle anderen Interessengruppen. Somit wird den einzelnen Interessengruppen die direkte Einflussnahme auf die Parteien, und damit auch auf den Gesetzgebungsprozess verwehrt (Heper 1988; Heper 1992a).

In Griechenland und Spanien war der Grund für die Demokratisierung der plötzliche Zusammenbruch der autoritären Regime, der die Eliten unter Druck setzte, den Zusammenhalt der Nation zu sichern. Die beiden Länder unterschieden sich jedoch in ihrer Fähigkeit, die sozialstaatlichen Reformen gegen den Widerstand der Gewerkschaften durchzusetzen. Dies war wiederum abhängig von den demokratischen Regimen, welche sich im Transitionsprozess herauskristallisiert haben.

Im Rahmen der „paktierten Demokratisierung" im postfranquistischen Spanien wurde versucht, alle Interessengruppen und Parteien an einen Tisch zusammenzubringen und zu schriftlichen Vereinbarungen zu kommen, eine "Konzertierung" in zentralen Sozialpakten unter Führung der Regierungen (Köhler 2004). Spanien entwickelte sich zu einer „Demokratie der Pakte", was jedoch nicht bedeutete, dass die spanischen Regierungen von den Sozialpartnern vollständig abhängig wurden.

Die spanische „paktierte Demokratie" unterschiedet sich von dem „sozialen Dialog" in Griechenland, welcher meist erst nach heftigen Protesten der Gewerkschaften zustande kam. Während in Spanien und der Türkei einer unabhängigen Regierung schwächere Sozialpartner gegenüberstehen, ist in Griechenland eine schwache Regierung mit starken Vertretern einzelner Interessenverbände konfrontiert. Das Ergebnis war ein „bürokratischer Klientelismus" (Lyrintzis 1984), was selbst ein Produkt des griechischen „demokratischen Übergangs" war. Das griechische politische System mit seiner schwachen Administration ermöglicht regelrecht die Einflussnahme von einzelnen Interessengruppen, die ihrerseits die Administration kontrollieren und erfolgreich beeinflussen. So übt der griechische Gewerkschaftsbund *GSEE* als Zusammenschluss aller Rich-

---

organisiert waren. Die Tatsache, dass mit der Position der "Vertragsgewerkschaft" auch ökonomische Vorteile verbunden waren, führte zu einem Konflikt zwischen den drei Dachverbänden TÜRK IŞ (Türkiye İşçi Sendikaları Konferderasyonu; Konföderation der türkischen Arbeitnehmergewerkschaften: mitte-konservativ), DISK (Devrimci İşçi Konfererasyonu; Konföderation der revolutionären Arbeiter: links) und HAK IŞ (Türkiye Hakiki İşçi Sendikaları Konferdasyonu „Wahre Konföderation der türkischen Arbeitnehmergewerkschaften: konservativ-islamistisch). Die drei Gewerkschaften waren somit geschwächt. Es fehlte so an einer gemeinsamen Organisation oder Plattform, wo Differenzen besprochen und geregelt werden konnten. Weil der Staat einer meist schwachen Arbeiterbewegung und einer genauso schwachen Arbeitgeberorganisation gegenüberstand, hatte er auch kein richtiges Interesse an einem sozialen Dialog. Vgl. Özbudun (1991); van der Valk & Süral (2006)

Übersicht 30: **Rolle der Sozialpartner bei den Reformen**

	Demokratischer Übergang		Demokratisierung der Beziehung zwischen dem Staat und anderen gesellschaftlichen Gruppen	Rolle der Sozialpartner bei Reform des Sozialschutzsystems
	Vorhergehende politische Merkmale	„Demokratischer Übergang"		
Spanien	-Franco Diktatur (1939 – 1975) -autoritäres Regime des konservativen Establishments -ständestaatliche und korporative Ideologie -autoritärer Korporatismus: Staat zwingt Arbeit und Kapital in autoritäre Einheitsinstitutionen	-schneller Zusammenbruch des alten autoritären Regimes -interne Krisen und Druck auf Eliten Veränderungen einzuführen -alte Eliten des autoritären Regimes sind gezwungen, in einer Übergangsphase mit den neuen Eliten zusammenzuarbeiten	-Konzertierung der Beziehung zwischen Arbeit und Gesellschaft in Sozialpakten unter Führung der politischen Akteure (Parteien und Regierung)	-Sozialpartner in politische Entscheidungen ein-gebunden -Regierung kann aber auch ohne Mitarbeit der Sozialpartner Reformen durchsetzen „Schwächung" der Gewerkschaften durch Einbindung in Sozialpakte
Griechen-land	-semiautoritäres politisches Regime (1949 -1969); Obristen Junta Herrschaft (1969 -1974) -Bürokratischer Klientelismus -kein Aufbau ständisch-autoritärer Strukturen		- Bürokratischer Klientelismus: Gewerkschaften und Berufsverbände kontrollieren Parteien und Bürokratie	- Sozialpartner beeinflussen Gestaltung der Reformen - Staat muss Interessen der Interessengruppen bei Reformen berücksichtigen

Türkei	-Kemalistisches Regime (1923 - 1950) -Erziehungsdiktatur -staatszentrierte Ideologie: Staat kontrolliert Gesellschaft -Arbeitsbeziehungen = Monismus, d. h., Staat diktiert den Sozialpartnern die Gesetze	-kein Zusammenbruch des kemalistischen Regimes -keine internen Krisen, kein äußerer Druck für Veränder-jungen alte Eliten geben freiwillig einen Teil ihrer Macht an neue Eliten ab, aber bewahren sich eine Reihe von institutionellen „Reservaten" (Verfassungsgericht, Nationaler Sicherheitsrat).	- Staat verhindert seit 1980 durch neues Gewerkschaftsgesetz, die Einflussnahme der Gewerkschaften auf sozialpolitische Entscheidungen - Fehlen einer gewerkschafts-übergreifenden Plattform, kein gewerkschaftlicher Konsens - keine Form von sozialem Dpa-log, Staat handelt ohne die Interessen der Sozialpartner zu berücksichtigen	-Staat berücksichtigt bei Reformen nicht die Interessen der Sozialpartner -Sozialpartner haben keinen oder einen beschränkten Einfluss auf den Reformprozess

tungsgewerkschaften einen entscheidenden Einfluss auf die beiden Volksparteien *PASOK* und *Nea Demokratia* aus. Er ist sehr erfolgreich bei der Mobilisierung ihrer Mitglieder und ein Streik der Arbeitnehmer in den Schlüsselindustrien kann einen sehr starken Einfluss auf die Wählermeinung haben. Aber nicht nur Gewerkschaften, sondern auch andere Interessengruppen, wie zum Beispiel Berufskammern, sind in der Lage, Reformen zuungunsten ihrer Klientel zu verhindern und so den Status quo zu wahren (Übersicht 30).

In Spanien führte dagegen die Einbindung der Interessenverbände in institutionalisierte Vertrags- und Verhandlungsregime zu Kompromisse und einem Abstrich von Maximalforderungen im Interesse eines größeren „Gemeinwohls" (EG Beitritt, Bekämpfung der Arbeitslosigkeit, usw.). In der Türkei schließlich kam man gar nicht erst auf die Idee, die Interessenverbände zu fragen bzw. ihre Interessen zu berücksichtigen. Vielmehr versuchte der Staat, sie administrativ aus dem Gesetzgebungsverfahren auszuschließen bzw. ihren Einfluss zu verhindern. Aus diesen Gründen ist es in der Türkei eher möglich, ähnlich wie in Spanien, Reformvorhaben im Sozialstaat durchzubringen (Übersicht 30).

3.3.4 Fazit

Ein Vergleich der Sozialstaatsreformen in der Türkei, Spanien und in Griechenland in den 1990ern führt zu vier Ergebnissen. Erstens kreisten die sozialpolitischen Probleme, die in der Öffentlichkeit diskutiert wurden, primär um die Sicherung der langfristigen Finanzierbarkeit des Sozialversicherungssystems und erst sekundär um die Ungleichheit sozialer Rechte und die Ineffizienz der Armutsbekämpfung. Andere Kritikpunkte werden meist dem Problem der langfristigen Finanzierbarkeit untergeordnet. Somit stellt dieser Punkt meist den eigentlichen Grund der Reformen dar. Hinzu kam ein gewisser Druck internationaler Organisationen auf die Regierung, ihre Haushaltsfinanzen zu sanieren. Zweitens, diese Finanzierungsprobleme des Sozialschutzsystems wurden durch die Sozialstruktur dieser Länder bedingt. Die spezifische Segmentierung des Arbeitsmarktes mit einem sehr ausgedehnten informellen Sektor und die Interaktion zwischen Familienhaushalten und Arbeitsmärkten steigerten die Sozialausgaben und senkten zugleich die Einnahmen des Sozialversicherungssystems.

Drittens wirkt sich die schon in Kapitel B. II. beschriebene Arbeitsteilung zwischen den Haushalten und dem Arbeitsmarkt, auf die inhaltliche Gestaltung der sozialstaatlichen Reformen aus. Denn im Rahmen dieser Arbeitsteilung werden die finanziellen und sozialrechtlichen Nachteile der prekär beschäftigten Familienmitglieder über das Erwerbseinkommen und die Sozialversicherung des Familienvaters (Krankenversicherung) oder der Großeltern (Altersrente) kompensiert. Die Reformen versuchen die langfristige Finanzierung des Sozial-schutzsystems zu sichern, um dadurch der Arbeitsteilung zwischen Familien-haushalten und Sozialstaat in den drei Wohlfahrtsregimen zu stabilisieren. Sie streben keine Modifikation der für diese Länder typischen Arbeitsteilung zwi-schen Sozialstaat und Familienhaushalten an und zielen nicht auf einen Ausbau des Betreuungsangebotes für Senioren, Behinderte und Kinder bzw. der monetä-ren Leistungen für die Familie.

Doch hier stellt sich die Frage, inwieweit eine Beschränkung der Refor-men auf nur monetäre Gesichtspunkte ausreichend ist, insbesondere im Hinblick der sozialstrukturellen Veränderungen in diesen Ländern. Den insbesondere die steigende weibliche Beschäftigung und die sinkenden Geburtenraten in Spanien und Griechenland wird dazu führen, dass die Nachfrage nach Betreuungs- und Pflegeangeboten steigen wird, die aber nicht Gegenstand der bisherigen Refor-men waren. Zukünftige Reformen des Sozialstaates in diesen Ländern werden gezwungen sein, diesen Aspekt zu berücksichtigen und die Sach- und Geldleis-tungen für die Familie auszubauen.

Viertens mussten Spanien und die Türkei kaum auf die gewerkschaftli-chen Vorstellungen bei den sozialstaatlichen Reformen Rücksicht nehmen, wäh-rend die Regierung in Griechenland viel stärker gezwungen war, Partikularinte-ressen zu berücksichtigen, was die langfristige Finanzierung des Systems beein-trächtigte. Die unterschiedliche Fähigkeit der Regierungen ihre Reformvorstel-lungen durchzusetzen, ist als Resultat des Demokratisierungsprozesses dieser drei Länder zu verstehen, in der die Beziehung zwischen dem Staat und den gesellschaftlichen Gruppen unterschiedlich institutionalisiert wurde.

Betrachtet und bewertet man die Probleme des türkischen und des südeu-ropäischen Sozialstaates aus der Perspektive westeuropäischer Industrienationen, so sind ihre Probleme evident. Aus diesem Betrachtungswinkel sind sie bankrott und uneffektiv, können den Einzelnen gegenüber der Gefahr des Erwerbausfalls auch ausreichend absichern und decken einen Großteil der erwerbstätigen Be-völkerung nicht ab, d. h., ihre Dekomodfikation ist sehr gering. Dabei wird je-doch vergessen, dass die westeuropäischen Sozialstaaten Teil eines anderen Wohlfahrtsregimes sind. Diese Länder haben eine andere Arbeitsteilung zwi-schen den Familienhaushalten und dem Sozialstaat. Die meisten Menschen in Südeuropa wohnen dagegen in den einzelnen Familienhaushalten und sind in ein Netz von Verwandtschaftshaushalten eingebunden, die sich gegenseitig helfen und unterstützen. Nicht das Erwerbseinkommen des Individuums, sondern das Haushaltseinkommen, als Summe der Einkommen und Transferleistungen aller Haushaltsmitglieder sowie die informellen Unterstützungsleistungen sollten daher in eine komparative Bewertung der Systeme eingehen. Eine einfache Be-wertung dieser Reformen nur auf der Ebene des Sozialstaates und nur unter finanziellen Gesichtspunkten ist zu einseitig und wird dem komplexen Geflecht dieses Regimes nicht gerecht. Es ist deshalb wichtig, das „Scheitern" oder den „Erfolg" einer Reform nicht nach Maßstäben westeuropäischer Wohlfahrtsregimen zu bewerten

4 Schluss

Primäres Ziel dieser Dissertation war es, anhand eines historisch- makrosoziologischen Vergleiches mit Spanien und Griechenland, die institutionellen und strukturellen Besonderheiten des türkischen Wohlfahrtsstaates bzw. Wohlfahrtsregimes zu untersuchen. Dabei stellte sich die Frage, ob das türkische Wohlfahrtsregime einem gemeinsamen südeuropäischen Typus des Wohlfahrtsstaates bzw. Wohlfahrtsregimes zugeordnet werden kann, eine Frage, die eine Analyse der historischen Entwicklung und sozialstrukturellen Merkmale der drei Länder voraussetzt.

In institutioneller Hinsicht wies der türkische Sozialstaat bis Mitte 2008 eine Reihe von Gemeinsamkeiten mit den spanischen und griechischen Sozialstaaten auf. Er bestand aus einem beitragsfinanzierten, institutionell segmentierten Sozialversicherungssystem mit drei Berufskassen, in denen sich die Höhe der Sozialbeiträge, der Umfang der Sozialleistungen und die versicherungstechnischen Bedingungen zu ihrem Erwerb unterschieden. Des Weiteren hatte der türkische Sozialstaat bis 2008 ein aus Steuern und Versicherungsbeiträgen finanziertes „nationales" Gesundheitswesen, das die Bevölkerung durch mehrere öffentliche Anbieter medizinisch versorgte. Schließlich verfügte der türkische Sozialstaat (und dies auch nach der Reform 2008) nur über ein rudimentäres System der sozialen Fürsorge und ein mangelhaft ausgebautes Angebot öffentlicher Betreuungs- und Pflegeeinrichtungen für Kinder, Behinderte und alte Menschen. Das kaum entwickelte System der Familienbeihilfen ist nicht universell und zielt nur auf einige wenige bedürftige Familien. Auch fehlt es in der Türkei an sozialpolitischen Leistungen (Pflegeversicherungen, steuerliche Begünstigungen), um die Familie bei der Pflege und Betreuung von Familienmitgliedern zu entlasten.

Die Reform des türkischen Sozialschutzsystems Mitte 2008 brachte eine Reihe von institutionellen Neuerungen mit sich. Erstens wurde die institutionelle Segmentierung des Sozialversicherungssystems abgeschafft und die drei selbstständigen Berufskassen miteinander vereinigt. Zweitens wurde das bis dahin gemischt finanzierte Gesundheitssystem durch ein beitragsfinanziertes Krankenversicherungssystem ersetzt. Trotz dieser umfassenden Reformen wurden jedoch charakteristische Merkmale des türkischen Sozialschutzsystems beibehalten. So konzentriert sich das Sozialschutzsystem immer noch auf die Sicherung einer Status- und Einkommenssicherheit für die versicherungspflichtigen Beschäftigten des Kernarbeitsmarktes. Auch wurden das unterentwickelte System der sozialen Fürsorge und der Familienbeihilfen sowie das geringe Angebot nichtfamiliengestützter Betreuungs- und Pflegeeinrichtungen nicht ausgebaut. Aus einer rein sozialstaatlich institutionellen Perspektive wies der alte türkische Sozialstaat vor 2008 wesentliche institutionelle Merkmale der südeuropäischen Sozialstaaten (beitragsfinanziertes und institutionell segmentiertes Sozialversicherungssystem, „nationales" Gesundheitswesen, rudimentäre und nicht universelle Familienbeihilfen, rudimentäres Angebot sozialer Dienstleistungen für Kinder, Behinderte und Senioren sowie rudimentäres System der sozialen Fürsorge) auf. Der neue türkische Sozialstaat, mit seinem einheitlichen Sozialversicherungssystem und beitragsfinanzierten Krankversicherungssystem, unterscheidet sich dagegen institutionell stark von den beiden anderen südeuropäischen Sozialstaaten.

Diese Unterscheidung relativiert sich jedoch, wenn man den türkischen Sozialstaat als Teil eines Wohlfahrtsregimes mit spezifischen Leitwerten und Prinzipien, die von allen drei Ländern geteilt werden, betrachtet. Der sozialpolitische Leitwert des südeuropäischen Wohlfahrtsregimes ist nämlich eine spezifische informelle Arbeitsteilung zwischen den Familienhaushalten und dem Sozialstaat. Dabei hat der Sozialstaat die Aufgabe, durch reguläre monetäre Transferleistungen die Einkommenssicherheit der formell erwerbstätigen Familienmitglieder (=Haushaltsvorstände) zu sichern, wenn diese unfreiwillig vorübergehend oder gar nicht mehr arbeiten können. Die Familienhaushalte übernehmen umgekehrt die Betreuung und Pflege von Kindern und älteren Familienangehörigen und unterstützen finanziell die nicht oder nur prekär beschäftigten Familienmitglieder. Oft sind es junge Erwachsene und (junge) Frauen, welche gezwungen sind „prekäre" Beschäftigungsangebote anzunehmen. Aufgrund ihrer diskontinuierlichen Erwerbsbiografien erwerben sie kein Anrecht auf die beitragsfinanzierten Leistungen des Sozialversicherungssystems. Sie profitieren am meisten von den informellen monetären Transferleistungen der Haushalte, welche die finanziellen Nachteile der „prekären" Beschäftigung von jungen Erwachsenen und Frauen kompensieren. Somit steht auch immer ein breiter Pool an Arbeitskräften für diese „prekären" und informellen Beschäftigungsformen zur Verfügung. Frauen, die sich vom Arbeitsmarkt zurückziehen, stehen für die Betreuung von Kindern und älteren Familienangehörigen im Haushalt zur Verfügung. Durch fehlende sozialpolitische Instrumente (kein Arbeitslosengeld für junge Erwachsene, kein öffentliches System der Ausbildungsförderung, keine staatlichen Mietbeihilfen) werden bestimmte sozialstrukturelle Merkmale (längere intergenerationale Kohabitation, räumliche Nähe von Verwandtschaftshaushalten, niedrige weibliche Beschäftigung) „gefördert", auf die sich diese sozialpolitische Arbeitsteilung stützt.

Die Sozialstaatsreformen in Spanien, Griechenland und der Türkei dienten dem Zweck, die langfristige Finanzierbarkeit des Sozialstaates und damit diese spezifische Arbeitsteilung zu sichern. Die Reformen veränderten dieses institutionalisierte Prinzip der Arbeitsteilung auch nicht, indem sie neue Sozialprogramme einführten wie universelle Familienbeihilfen, Pflegeversicherung oder eine Arbeitslosenunterstützung für junge Menschen. Auch das Angebot öffentlicher oder privater Betreuungs- und Pflegeeinrichtungen für Kinder und ältere Menschen wurde nicht ausgebaut. Das führt zu dem Schluss, dass das türkische Wohlfahrtsregime, trotz der starken institutionellen Veränderungen des türkischen Sozialstaates von 2008 zusammen mit Spanien und Griechenland, weiterhin einem gemeinsamen südeuropäischen Wohlfahrtsregimetypus zugeordnet werden kann.

Das türkische Wohlfahrtsregime vor und nach der Sozialstaatsreform teilt noch immer die sozialpolitischen Merkmale des südeuropäischen Wohlfahrtsregimes: eine familistische Arbeitsteilung zwischen Haushalten und Sozialstaat und eine ähnliche Gewichtung der Rolle der einzelnen wohlfahrtsproduzierenden Institutionen. Die Überlegungen von Katrougalos und Lazaridis (2003), die den südeuropäischen Wohlfahrtstypus in zwei Cluster unterteilen, führen uns jedoch über diese Feststellung hinaus. Das Ausmaß der sozialrechtlichen und institutionellen Segmentierung des Sozialversicherungssystems und die Existenz klientelistischer Strukturen im Sozialstaat bilden hier die beiden Entscheidungsmerkmale für die Clusterbildung. Dabei bilden Spanien und Portugal einen Cluster, Italien und Griechenland einen anderen.

Unter Einbeziehung der Türkei lassen sich ebenfalls mehrere Cluster innerhalb des südeuropäischen Wohlfahrtsregimetyps ausmachen. Alle Cluster sind durch die Arbeitsteilung zwischen den wohlfahrtsproduzierenden Institutionen, ein beitragsfinanziertes Sozialversicherungssystem mit einer Dominanz der (Alters-) Renten und eine schwach ausgebaute soziale Fürsorge und Pflege gekennzeichnet. Sie unterscheiden sich jedoch zum einen in dem Grad der institutionellen Segmentierung des Sozialversicherungssystems und zum anderen in der Fähigkeit von Gewerkschaften, Berufs- und Interessenverbänden in klientelistischer Weise die Sozialpolitik zu beeinflussen. Drei Cluster können in diesem Kontext ausgemacht werden. Ein erster Cluster mit dem spanischen (und portugiesischen) und dem türkischen Wohlfahrtsregime bis zur Sozialstaatsreform 2008. Er ist durch eine schwache institutionelle Segmentierung des Sozialversicherungswesens und einen geringen Einfluss von Interessengruppen auf die Sozialpolitik gekennzeichnet. Dem steht mit dem griechischen (und auch dem italienischen) Wohlfahrtsregime ein zweiter Cluster gegenüber, der sich durch eine sehr starke Segmentierung des Sozialversicherungswesens auszeichnet und in dem der Staat bzw. die Verwaltung gegenüber Klientelismus und Patronage sehr anfällig ist. Das türkische Wohlfahrtsregime mit dem reformierten türkischen Sozialstaat ab 2008 bildet einen eigenen, dritten Cluster. Er teilt zwar mit dem Ersten den geringen Einfluss von Partikularinteressen auf die Sozialpolitik und einen schwach ausgeprägten Klientelismus. Institutionell hat er jedoch die Segmentierung des Sozialversicherungssystems durch eine einheitliche Sozialversicherungskasse für alle Berufsgruppen aufgehoben. Zugleich wurde das vormals gemischt finanzierte Gesundheitswesen durch ein rein beitragsfinanziertes Krankenversicherungssystem ersetzt (Übersicht 31).

Die Gegenüberstellung der türkischen mit den spanischen und griechischen Arbeitsmarkt- und Familienhaushaltsstrukturen zeigte einige Besonderheiten der Türkei. So war bei den Haushaltsstrukturen der Anteil der Kernhaushalte in der Türkei höher, wobei sich diese wie in Spanien und Griechenland in unmittelbarer Nähe zu anderen Verwandtschaftshaushalten befanden, sodass man hier von erweiterten Kernhaushalten sprechen muss. Ebenso war die Geburtenrate in der Türkei viel höher als in den beiden anderen Ländern, deren Geburtenraten zu den niedrigsten in Europa zählen. Die türkischen Arbeitsmarktstrukturen waren durch eine geringere und stagnierende weibliche Beschäftigung, eine geringere Jungendarbeitslosigkeit sowie eine größere landwirtschaftliche Beschäftigung gekennzeichnet.

Übersicht 31: **Die drei Cluster des südeuropäischen Wohlfahrtsregimes**

- Arbeitsteilung zwischen Haushalten und Sozialstaat als Kernmerkmal und Leitwert des Wohlfahrtsregimes
- spezifische Gewichtung der einzelnen Institutionen der Wohlfahrtsproduktion innerhalb des wohl-fahrtsstaatlichen Arrangements
- beitragsfinanziertes Sozialversicherungssystem, das sich auf die monetären Transferleistungen für die Erwerbstätigen im Kernarbeitsmarkt konzentriert
- nicht einheitliches und schwach ausgebautes System der sozialen Fürsorge und Pflege

Cluster 1	Cluster 2	Cluster 3
Griechenland (Italien):	Spanien, Türkei bis 2008 (Portugal):	Türkei ab 2008:
- Institutionell stark segmentiertes Sozialversicherungssystem (viele Berufskassen)	- Institutionell schwach seg-mentiertes Sozialversicherungssystem (wenige Berufskassen)	- keine institutionelle Segmentierung des Sozialversicherungssystems (eine einheitliche Berufskasse)
- schwache Administration, welche sich gegen die Interessen der Sozialpartner bei Reformen nicht durchsetzen kann	- unabhängige Administration, welche sich gegen die Interessen der Sozialpartner bei Reformen durchsetzen kann	- beitragsfinanziertes Krankenversicherungssystem
		- unabhängige Aministration, welche sich gegen die Interessen der Sozialpartner durchsetzen kann

Trotz dieser Unterschiede teilt die Türkei mit den anderen südeuropäischen Ländern eine Reihe ähnlicher sozialstruktureller Merkmale. Zum einen die Segmentierung des Arbeitsmarktes in einen kleinen Kernarbeitsmarkt und einen großen Arbeitsmarkt mit informeller und atypischer Beschäftigung. „Prekäre" und „atypische" Beschäftigung ist in diesen Ländern eher die Regel als die Ausnahme. Zum anderen konnte bei den Haushalts- und Familienstrukturen eine spezifische intergenerationale Kohabitation, räumliche Nähe von Verwandtschaftshaushalten sowie häufige Kontakte zwischen Verwandten ausgemacht werden

Alle drei Länder teilen eine spezifische Interaktion zwischen Haushalten und Arbeitsmärkten. Die Familienhaushalte fungieren als eine Art Schutz vor den sozialen Risiken des dualen Arbeitsmarktes. Aufgrund der Unterstützung der Familienhaushalte sind junge Erwachsene eher bereit eine prekäre Beschäftigung aufzunehmen, weshalb ein großer Pool an Arbeitskräften für diese Beschäftigungsformen zur Verfügung steht. Zusammen mit dem Sozialstaat, der durch seine mangelnde Familienpolitik die familiäre Abhängigkeit junger Erwachsener und Frauen verfestigt, bilden Familienhaushalte und Arbeitsmarkt eine für die südeuropäischen Wohlfahrtsregime spezifische Interaktion.

Die Struktur der Arbeitsmärkte und der Haushalte hatte einen Einfluss auf die Ausprägung des Wohlfahrtsregimes bzw. Sozialstaates in den drei Ländern. Die Segmentierung des Arbeitsmarktes beeinflusste die sozialrechtliche Segmentierung der Bevölkerung durch das Sozialversicherungssystem. Eine kleinere Gruppe erwachsener Familienväter im Kernarbeitsmarkt, zahlt Sozialversicherungsbeiträge, hat dadurch Anspruch auf Sozialleistungen und unterstützt über diese Leistungen („Renten", Krankenversicherung) die nicht oder prekär beschäftigten Familienmitglieder. Diese Interaktion zwischen Haushalten und Arbeitsmärkten führt zu einer spezifischen Arbeitsteilung zwischen den Familienhaushalten und dem Sozialstaat, in welcher dieser das Einkommen der im Kernarbeitsmarkt beschäftigten Familienmitglieder zu sichern sucht, damit diese ihren Unterstützungspflichten nachkommen können.

Doch die Segmentierung des Arbeitsmarktes und diese spezifische Arbeitsteilung, als Leitwert des südeuropäischen Wohlfahrtsregimes, führten zu Finanzierungsproblemen des Sozialversicherungssystems. Denn die vielen nichterwerbstätigen oder prekär beschäftigten Familienmitglieder zahlen keine Sozialversicherungsbeiträge, werden aber durch die Leistungen der Erwerbstätigen unterstützt. Somit sanken die Einnahmen und stiegen die Ausgaben des Sozialversicherungssystems. Die Folge waren Haushaltsdefizite der Sozialversicherungskassen, welche die langfristige Finanzierung des Sozialversicherungssystems gefährdeten. Deshalb war es das primäre Ziel der Sozialstaatsreformen in diesen Ländern, die Finanzierbarkeit des Sozialversicherungssystems zu sichern, um die Arbeitsteilung zwischen Sozialstaat und Haushalten zu gewährleisteten (Übersicht 32).

Neben den Gemeinsamkeiten der Arbeitsmarkt- und Haushaltsstrukturen teilt die Türkei mit Griechenland und Spanien auch den Übergang von Diktatur zur Demokratie, die ebenso Auswirkungen auf die Entwicklung der Sozialstaaten hatte. Wie im Falle der Arbeitsmarkt- und Haushaltsstrukturen sind allerdings auch hier Unterschiede zu beachten. Dem türkischen Demokratisierungsprozess gingen zunächst einmal keine innenpolitischen Krisen voraus, die das autoritäre kemalistische Regime (1923 – 1950) delegitimierten. Wegen außenpolitischer Gründe (Marshall Plan, Anbindung an das westliche Lager nach dem Zweiten Weltkrieg) übergaben die alten kemalistischen Machthaber freiwillig die politische Macht an eine liberale Opposition, die sich aus der regierenden Staatspartei abgespalten hatte. In Spanien und Griechenland war der Demokratisierungsprozess dagegen das Ergebnis innenpolitischer Krisen, welche die alten autoritären Eliten zwangen, ihre Macht mit der bisher verfolgten politischen Linken zu teilen. Dies führte dazu, dass die politischen Parteien als Vertretung sozialer Interessen anerkannt wurden und die Arbeiterbewegung eine Art Wächterrolle über den Sozialstaat übernehmen konnte. Der Sozialstaat wurde so zu einer neuen Legitimationsquelle für eine Allianz zwischen alten Machthabern und neuen linken Eliten. Dies zeigte sich in dem rasanten Anstieg der öffentlichen Sozialausgaben in beiden Ländern, eine Entwicklung, die in der Türkei nicht auftrat. Hier blieben die alten Machthaber und Staatseliten gegenüber den politischen Parteien und Gewerkschaften misstrauisch. Sie versuchten deren Einfluss auf den Staatsapparat einzuschränken, indem sie Parlament und Regierung eine Reihe unabhängiger Institutionen entgegenstellten, vor allem das Verfassungsgericht und das Amt des Staatspräsidenten. Seit der „Demokratisierung" existierte so ein Dualismus zwischen Regierung (*Hükümet*) und Staat (-sverwaltung) (*Devlet*). Die Entwicklung der Sozialausgaben blieb dementsprechend bescheiden, weil der Sozialstaat keine neue Legitimationsquelle eines Kompromisses darstellte.

Trotz dieser sozialstrukturellen und sozialpolitischen Gemeinsamkeiten unterscheidet sich die Türkei von den beiden anderen Ländern in ihrem besonderen politischen Entwicklungspfad, welcher historisch vor der Sozialstaatsbildung stattfand. Dieser war gekennzeichnet durch eine Kombination aus autoritärer staatszentrierter Modernisierung und rigidem Laizismus. Diese beiden politisch-historischen Merkmale fehlten in Spanien und Griechenland. Sie wurden deshalb mit dem Deutschen Kaiserreich und der Dritten Französischen Republik verglichen, die für die Türkei in dieser Hinsicht auch Modellcharakter hatten. Dabei unterscheidet sich aber die Ausprägung der deutschen staatszentrierten Modernisierung und des französischen rigiden Laizismus von der Modernisierung und dem Laizismus in der Türkei. Im türkischen Kontext bedeutete staatszentrierte

Modernisierung ein vollkommenes Entwicklungsmonopol der staatlichen Eliten bzw. Beamten; eine Modernisierung von oben, ohne Konsultation mit den betroffenen Adressaten der Modernisierung. Im Deutschen Kaiserreich wurde die Modernisierung zwar auch durch eine Staatselite initiiert, aber die Interessen der Adressaten der Modernisierungsmaßnahmen wurden dennoch berücksichtigt. Im türkischen Fall bedeutete Laizismus die Inkorporation religiöser Institutionen in staatliche Strukturen. Der Staat hatte de jure zwar keine Staatsreligion, bot aber eine Reihe religiöser Dienstleistungen an. Gleichzeitig versucht er jeden Einfluss des Islams auf die politische Entscheidungsfindung zu unterbinden. Im französischen Kontext bedeutete Laizismus die klassische Trennung von Kirche und Staat, im Rahmen eines konfessionell neutralen Staates, mit dem Ziel die Katholische Kirche zu schwächen. Der französische Staat stellte keine religiösen Dienstleistungen bereit, erlaubte aber die Einflussnahme des (Sozial-) Katholizismus auf die politische Entscheidungsfindung.

Wie wirkt sich dieser spezifische türkische Entwicklungspfad auf die Institutionalisierung des türkischen Sozialstaates aus? Die autoritäre staatszentrierte Modernisierung der Türkei war dafür verantwortlich, dass die Einführung des Sozialstaates ein rein bürokratisches Projekt einer türkischen Staatselite blieb. Diese ließen sich dabei von ihren eigenen Vorstellungen leiten und berücksichtigten die tatsächlichen Interessen der jeweiligen Betroffenen kaum, wie das Beispiel der türkischen Selbstständigen zeigte. Somit war der Sozialstaat auch kein Instrument der politischen Parteien, die sozialpolitischen Bedürfnisse ihrer Wählerklientel zu befriedigen. Ebenso ging der türkischen Sozialstaatsgründung keine bestimmte „soziale Frage" voraus. Die türkischen Staatseliten ließen sich vielmehr von der kemalistischen Modernisierungsvorstellung leiten, dass ein „moderner" Staat einen Sozialstaat benötige.

In diesem Sinne kann auch die türkische Demokratisierung als ein bürokratisches Projekt der türkischen Staatselite betrachtet werden, der nicht irgendwelche innenpolitischen Konflikte vorausgingen. Hingegen wurde die Demokratisierung in Spanien und Griechenland von der Bevölkerung initiiert und getragen, bis die alten autoritären Regime zusammenbrachen. Die Variationen des „Demokratischen Übergangs" führten dazu, dass die Beziehung zwischen dem Staat und den gesellschaftlichen Gruppen unterschiedlich institutionalisiert wurde. Diese Unterschiede wirkten sich zum einen auf das Ausmaß der institutionellen Segmentierung des Sozialversicherungssystems aus, d. h. auf die sozialpolitisch ungleiche Behandlung (Höhe der Sozialversicherungsbeiträge, Umfang und Art der Sozialleistungen, versicherungstechnische Bedingungen) von bestimmten Berufsgruppen. Zum anderen beeinflusste sie die Rolle der Sozialpartner bei den Reformen und die Bereitschaft des Staates, dabei sozialpolitische Partikularinteressen zu berücksichtigen (Übersicht 32).

Aufgrund des rigiden Laizismus hatten die religiösen Akteure keine Mitsprache bei der Formulierung der türkischen Sozialpolitik. Dies führte zu ihrer Ausschaltung als Anbieter sozialer Pflege- und Betreuung. Traditionell war im Osmanischen Reich die soziale Fürsorge von nichtstaatlichen religiösen Stiftungen getragen. Da der türkische Laizismus die Bildung nichtstaatlicher Angebotsstrukturen für die Pflege und Betreuung von Kindern, Behinderten und Senioren jedoch verhindert, müssen weiterhin die Familien diese Aufgaben übernehmen. Damit übt der rigide Laizismus im türkischen Fall einen indirekten Einfluss auf die Arbeitsteilung zwischen Haushalten und Sozialstaat aus. In den anderen südeuropäischen Ländern sind die Zusammenhänge verschieden, aber die Resultate ähnlich. Zwar fehlt die politische Behinderung religiöser Akteure im Sozialbereich. Dennoch hat sich keine religiöse Angebotsstruktur wie in den Ländern Westeuropas entwickelt, weil es ein breites Angebot an familiengestützten Pflege- und Betreuungsmöglichkeiten gibt. (Übersicht 32).

Die intervenierende Variable „Demokratisierung der Beziehung zwischen Staat und Gesellschaft" stellt einige „klassische" Vorstellungen über das südeuropäische Wohlfahrtsregime in Frage. Insbesondere die These Ferreras, wonach eine Reihe gemeinsamer südeuropäischer Modernisierungsmerkmale (Klientelismus, Patronage, die Rolle der Parteien, die politische Polarisierung, die Rolle der katholischen Kirche) den südeuropäischen Wohlfahrtstypus erklären, muss revidiert werden. Zum einen wurde gezeigt, dass sich die (klientelare) Beziehung zwischen Sozialpartnern und Staat in Spanien und der Türkei von der in Griechenland unterscheidet. Die von Ferrera aufgeführten Merkmale spielen nur in Italien und Griechenland eine Rolle. In Spanien und der Türkei kann sich der Staat in der Sozialpolitik vom Druck der Gewerkschaften und Berufsverbände weitgehend freihalten. Zum anderen ist es fraglich, ob Kirche und Religion allgemein eine so große Rolle spielen wie Ferrera annimmt. In den katholischen Ländern übt die Kirche in der Familienpolitik Einfluss aus, meist indirekt über christdemokratische oder konservative Parteien. Die griechisch-orthodoxe Kirche ist dagegen eine apolitische Staatskirche, die keine eigenständige Soziallehre entwickelt hat. In der Türkei wird den islamischen bzw. islamistischen Akteuren eine Mitarbeit in der Sozialpolitik aufgrund des rigiden Laizismus verweigert, und es gibt keine islamischen Anbieter von Pflegediensten. Es zeigt sich, dass die Erklärungen des südeuropäischen Wohlfahrtsregimes von Ferrara einen „Italian bias" (Katrougalos/ Laziridis 2003) haben und für die anderen südeuropäischen Länder nur teilweise gültig sind.

Übersicht 32: **Beziehung zwischen unabhängigen und abhängigen Variablen**

Unabhängige Variablen (Vergleiche)

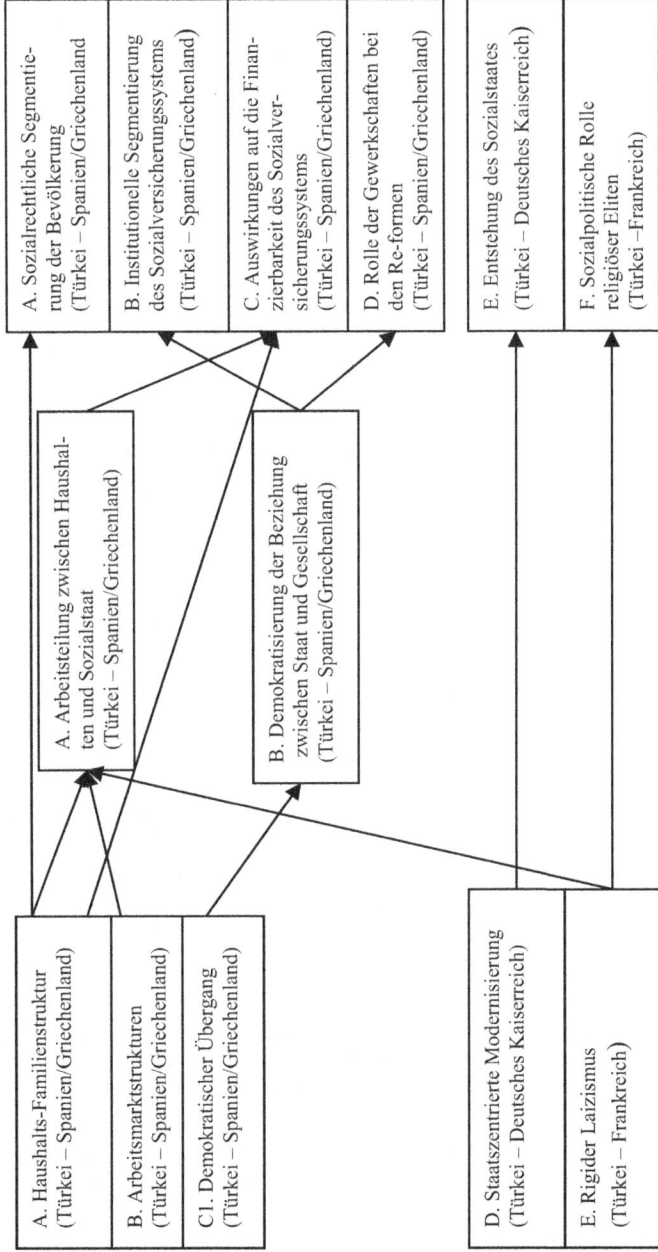

Intervenierende Variablen (Vergleiche)

Abhängige Variablen (Vergleiche)

A. Haushalts-Familienstruktur
(Türkei – Spanien/Griechenland)

B. Arbeitsmarktstrukturen
(Türkei – Spanien/Griechenland)

C1. Demokratischer Übergang
(Türkei – Spanien/Griechenland)

D. Staatszentrierte Modernisierung
(Türkei – Deutsches Kaiserreich)

E. Rigider Laizismus
(Türkei – Frankreich)

A. Arbeitsteilung zwischen Haushalten und Sozialstaat
(Türkei – Spanien/Griechenland)

B. Demokratisierung der Beziehung
zwischen Staat und Gesellschaft
(Türkei – Spanien/Griechenland)

A. Sozialrechtliche Segmentierung der Bevölkerung
(Türkei – Spanien/Griechenland)

B. Institutionelle Segmentierung
des Sozialversicherungssystems
(Türkei – Spanien/Griechenland)

C. Auswirkungen auf die Finanzierbarkeit des Sozialversicherungssystems
(Türkei – Spanien/Griechenland)

D. Rolle der Gewerkschaften bei
den Re-formen
(Türkei – Spanien/Griechenland)

E. Entstehung des Sozialstaates
(Türkei – Deutsches Kaiserreich)

F. Sozialpolitische Rolle
religiöser Eliten
(Türkei –Frankreich)

Welche Schlussfolgerungen können aus den Ergebnissen dieser Arbeit für zukünftige Forschungsvorhaben gezogen werden? Zuerst erscheint es wichtig, das südeuropäische Wohlfahrtsregime nicht als „unterentwickelte" oder „unvollkommene" Variation der westeuropäischen Regimes aufzufassen. Der Sozialstaat in West- und Mitteleuropa baut auf ganz anderen wirtschaftlichen, historischen und sozialstrukturellen Merkmalen und Vorbedingungen auf. So ist zum Beispiel der südeuropäische Arbeitsmarkt ganz anders segmentiert, da „atypische" und „prekäre" Beschäftigungsformen so weit verbreitet sind, dass sie sozusagen „typische" Formen darstellen. Während sich das südeuropäische Wohlfahrtsregime stärker auf informelle Verteilungsmechanismen der Verwandtschaftshaushalte stützt, sind dies im westeuropäischen Wohlfahrtsregime die formellen Verteilungsmechanismen von Staat, Markt und Drittem Sektor.

Auf dem ersten Blick ist eine hohe Arbeitslosigkeit, das niedrige Rentenniveau, der Mangel an Familienbeihilfen oder das Scheitern von Rentenreformen negativ zu bewerten, als Versagen der formalen Verteilungsmechanismen. Eine solche Bewertung anhand rein formaler, institutioneller Merkmale übersieht jedoch die spezifischen informellen Funktions-Mechanismen eines Regimes. Ein Vergleich anhand quantitativer Daten (z. B. die öffentlichen Sozialausgaben) oder institutioneller Beschreibungen ist nicht in der Lage, die komplexen Beziehungen zwischen den einzelnen Institutionen der Wohlfahrtsproduktion aufzudecken und valide Erklärungsfaktoren zu finden. Als Teil des südeuropäischen Wohlfahrtsregimes sind sowohl der türkische Sozialstaat (vor und nach der Reform 2008), als auch der Sozialstaat in Spanien und Griechenland durch eine geringe *Dekomodifikation* und *Defamilisierung* gekennzeichnet. Dabei wird die geringe *Dekomodifikation*, d. h. die Fähig-weit des Sozialstaates, den Einzelnen aus der Abhängigkeit des Marktes zu befreien, durch die informellen Leistungen der Familienhaushalte ausgeglichen. Dies geschieht aber auf Kosten der ökonomischen Unabhängigkeit des Einzelnen von seiner Familie, der *Defamilisierung*.

Die Wohlfahrtsregimetypen definieren sich über die Beziehung und Gewichtung einzelner wohlfahrtsproduzierender Institutionen, dem „wohlfahrtsstaatlichen Arrangement" von Kaufmann (2003). Deshalb muss bei der Zuordnung eines einzelnen nationalen Wohlfahrtsregimes zu einer Familie von Regimen die spezifische Interaktion zwischen den einzelnen Institutionen untersucht werden. Es ist wichtig, die einzelnen formellen und informellen Mechanismen innerhalb sowie zwischen diesen Institutionen herauszuarbeiten. Eine reine institutionelle Beschreibung würde etwa den türkischen Sozialstaat nach 2008 nicht mehr dem südeuropäischen Wohlfahrtsregimetypus zuordnen. Mit seinem beitragsfinanzierten Krankenversicherungssystem und seiner einheitlichen Sozialversicherungskasse hat er sich institutionell vom südeuropäischen Modell entfernt. Eine Betrachtung der Beziehung zwischen Familienhaushalten und Sozialstaat zeigt jedoch, dass sich das türkische Wohlfahrtsregime mit dem reformierten Sozialschutzsystem in seinem sozialpolitischen Selbstverständnis kaum von dem früheren türkischen Regime unterscheidet. Es ist immer noch Teil des südeuropäischen Wohlfahrtsregimetyps.

Betrachtet man den Stand der Forschung über den türkischen Sozialstaat und das Wohlfahrtsregime, so ist diese Arbeit ein Schritt hin zu einer neuen Vertiefung des Forschungsgegenstandes. Insbesondere für die bisher stark vernachlässigte türkische komparative Sozialstaatsforschung sollen so neue Impulse gegeben werden. Auch bedeutet die Untersuchung des Wohlfahrtsregimes und nicht nur des Sozialstaates eine Perspektiverweiterung, welche erst seit Neuestem von einigen wenigen türkischen Forschern wie Bugra und Keyder (2006a), verfolgt wird. Diese Arbeit konnte zeigen, dass die Untersuchung des Wohlfahrtsregimes anhand eines historisch makrosoziologischen Vergleiches ein sehr komplexes Gefüge bei der Wohlfahrtsproduktion zutage bringt. Ein Aspekt, der zumindest in den Arbeiten der türkischen Forschergemeinde bisher nicht erkannt wurde, die sich meist auf juristische, institutionelle und ökonomische Fragestellungen beschränkt.

5 Literaturverzeichnis

(Die Übersetzungen der türkischen Titel in Klammern stammen vom Autor)

Abadan - Unat, Nermin (1985): Der soziale Wandel und die türkische Frau (1923 - 1985). In: Abadan - Unat, Nermin (Hrsg.): Die Frau in der türkischen Gesellschaft. Frankfurt/Main: Dağyeli Verlag; (S. 13 - 55).

Adar, Sinem (2007): Turkey: reform in social security. In: Journal of European Social Policy. Vol. 17, No. 2; (S. 167 – 168).

Adolph, Holger (1997): Entwicklung zum modernen Sozialstaat in Spanien. Regionale sozialstaatliche Entwicklung am Beispiel der autonomen Gemeinschaft des Baskenlandes. Münster: Lit Verlag

Ahi, Yasemin Ayşe (2001): Zwischen Anspruch und Wirklichkeit. Sozialstaat und Sozialpolitik in der Türkei. In: Kraus Katrin/ Geisen, Thomas (Hrsg.): Sozialstaat in Europa – Geschichte, Entwicklung, Perspektive. Wiesbaden: Westdeutscher Verlag; (S. 225 – 248).

Ahmad, Feroz (1972): The Young Turks. The Committee of Union and Progress in Turkish Politics, 1908 – 1911. Oxford [u. a.]: Calenderon Press.

ders. (1977): The Turkish Experiment in Democracy, 1950 – 1975. London [u .a.]: Hurst.

ders. (2002): Modern Türkiye'nin Oluşumu (Die Entstehung der Modernen Türkei). 2. Auflage. Istanbul: Doruk Yayınları.

Akca, Ismet (2006): Kollektif bir sermayeder olarak Türk Silahli Kuvvetleri (Die Türkischen Streitkräfte als ein kollektiver Unternehmer und Eigentümer). In: Insel, Ahmet; Bayramoglu, Ali (Hrsg.): Türkiye'de Ordu – Bir zümre, bir parti (Die Armee in der Türkei - Eine Schicht, eine Partei). 3. Auflage. Istanbul: Birikim Yayınları; (S. 224 -270).

AKP (2002): AKP – Acil Eylem Planı (Dringlichkeitsplan der Partei für Gerechtigkeit und Fortschritt (AKP). Ankara: AKP.

Akyol, Taha (2006): Osmanlı'da ve Iran'da Mezhep ve Devlet (Staat und Konfession im Osmanischen Reich und im Iran). 7. Auflage. Istanbul: Doğan Kitap.

Allen, Judith et al. (2004): Housing and Welfare in Southern Europe. Oxford: Blackwell.

Alper, Yusuf (1997): Türkiye' de sosyal güvenlik ve Sosyal Sigortalar (SSK). Bursa: Uludağ Üniversitesi Yayınları.

ders. (1998): Cumhuriyetin 75. Yılında Sosyal Güvenlik – Amele Birliğinden Sosyal Sigortalara (Sozialschutz in 75 Jahren Türkische Republik – Von der Gesellenkasse zu den Sozialversicherungen). In: Yeni Türkiye. No. 23 -24; (S. 1943 -1948).

ders. (2005): Sosyal Güvenlik Sistemimizde Reform: Temel Esaslar ve Tartışmalar. (Die Reform unseres Sozialschutzsystems. Grundprinzipien und Streitpunkte). In: TISK – Işveren Dergisi; Vol. 44, No. 2; (S. 54 – 59).

Andreotti, Alberta, et al. (2001): Does a southern European Model Exist? In: Journal of European Area Studies; Vol. 9, No. 1, May 2001; (S. 43 – 62).

Angel-Blanco, Francisco (2002): The Spanish Public Retirement Pensions System. Principal Challenges and Recent Developments. In: International Social Security Review; Vol. 55, No. 3; (S. 57 -72).

Archambault, Edith (1997): The Non-profit Sector in France. The Johns Hopkins Nonprofit Sector Series. Manchester: Manchester University Press.

Arın, Tülay (2004): Refah Develti – Sosyal Güvenligin yokluğu (Der Sozialstaat- Das Fehlen des Sozialschutzes). In: Balkan, Neşecan; Sungur, Savran (Hrsg.): Noeliberalizim Tahribati – Türkiye de Ekonomi, Toplum ve Cinsiyet. (Die Auswirkungen des Neoliberalismus – Wirtschaft, Gesellschaft und Geschlecht in der Türkei). Istanbul: Metis Yayınları; (S. 67 - 93).

Arriba, Ana; Ibanez, Zyad (2002): Minimum Income Guarantee and Social Assistance. Benefits for Low Income People and Increasing Wages. Working Paper 02 -12; Unidad de Politicas Comprades (CSIC)

Arıcı, Kadir (1998): Cumhuriyetimizin Yetmişbeşinci Yılında Türk Sosyal Güvenlik Sisteminde Gelinen Nokta (Die aktuelle Lage des türkischen Sozialschutzsystems am 75. Jahrestag der Türkischen Republik). In: Yeni Türkiye. No. 23 -24; (S. 1923 - 1942).

ders. (1999): Sosyal Güvenlik Dersleri (Lehrstunden über den Sozialschutz). Istanbul: Beta Yayınları

ders. (2000): Düzenlemeler SSK da Rasyonel ve Özerk Bir Yönetim Sağlayamayacaktır. (Die Verordnungen werden bei der SSK keine rationale und autonome Verwaltung ermöglichen) In: TISK – Işveren Dergisi; Vol. 39. No.2; (S. 21 – 23).

ders. (2005): Primsiz Ödemeler Kanunu`nun getirdikleri (Die Vor- und Nachteile des Systems der nicht beitragsfinanzierten Sozialleistungen). In: TISK – Işveren Dergisi; Vol. 43. No. 4-6; (S. 80 – 82).

Auernheimer, Gustav (2001): Griechenland zwischen Tradition und Moderne. Zur politischen Kultur eines europäischen Landes. Baden-Baden: Nomos Verlag.

Aycan, Zeynep (2004): Key Success Factors for Women in Management in Turkey. In: Applied Psychology: an International Review. Vol. 53, No. 3; (453 – 477).

Ayferi, Göze (1976): Sosyal Devlet Sistemi (Sozialstaatssystem). Istanbul: Istanbul Üniversitesi Yayinlari.

Bahle, Thomas (1995): Familienpolitik in Westeuropa. Ursprünge und Wandel im internationalen Vergleich. Frankfurt/Main: Campus Verlag

Bahle, Thomas; Pfenning, Astrid (2001): Angebotsformen und Trägerstrukturen sozialer Dienste im europäischen Vergleich. In: Arbeitspapiere Mannheimer Zentrum für Europäische Sozialforschung (MZES); No. 34. Mannheim. Online: http://www.mzes.uni-mannheim.de/publications/wp/wp-34.pdf

Banger, Gürol (2003): Sosyal Güvenlikte yeniden yapılanma sürecinde SSK` nin temel sorunları ve uygulama reformları. (Die Grundprobleme und die Reformansätze bei der SSK während der Neustrukturierung der sozialen Sicherheit). In: TISK Işveren Dergisi, Mai 2003. Online:http://www.tisk.org.tr/

Barbetta, Gian Paolo (1997): The Nonprofit Sector in Italy. Manchester: Manchester University Press

Bendix, Reinhard (1980): Könige oder Volk. Machtausübung und Herrschaftsmandat. Frankfurt/Main: Suhrkamp Verlag.

Bermeo, Nancy G. (2000): What's Working in Southern Europe? In: Bermeo, Nancy (Hrsg.): Unemployment in Southern Europe. Coping with the Consequences. London: Cass; (263 – 293).

Bertelsmann Stiftung (2001): Spanien. In: Internationaler Reformmonitor. Sozialpolitik, Arbeitsmarktpolitik, Tarifpolitik. Ausgabe 5; (S. 15 – 17 & 38 - 41).

Bertelsmann Stiftung (2003): Spanien. In: Internationaler Reformmonitor. Sozialpolitik, Arbeitsmarktpolitik, Tarifpolitik. Ausgabe 8; (S. 68 – 70).

Bertelsmann Stiftung (2004): Spanien. In: Internationaler Reformmonitor. Sozialpolitik, Arbeitsmarktpolitik, Tarifpolitik. Ausgabe 9; (S. 25 – 26 & 50 - 52).

Berkes, Niyazi (1968): The Development of Secularism in Turkey. Montreal: Montreal University Press.

Berkes, Niyazi (1984): Teokrasi ve Laiklik (Theokratie und Laizismus). Istanbul: Adolm Yayınları.

Bimbi, Francesca (2000): The Family Paradigm in the Italian Welfare State (1947 -1996). In: Gonzalez, Maria, Jose; Jurado, Teresa; Naldini, Manuella. (Hrsg.) Gender Inequalities in Southern Europe: Women, Work and Welfare in the 1990s. London [u. a.]: Cass; (S.72 - 88).

Bonner, Michael, et al. (2003): Poverty and charity in Middle Eastern context. New York: SUNY Press.

Buğra, Ayşe (2001): Ekonomik kriz karşısında Türkiye'nin geleneksel refah rejimi (Das traditionelle Wohlfahrtsregime der Türkei und die Wirtschaftskrise). In: Toplum ve Bilim. No. 89; (S.22- 30).

Buğra, Ayşe; Keyder, Çağlar (2003): New Poverty and Changing Welfare Regime in Turkey. Ankara: nicht veröffentlichtes Manuskript.

dies. (2005): Poverty and Social Policy in Contemporary Turkey. Istanbul: nicht veröffentlichtes Manuskript.

dies. (2006a): Turkish Welfare Regime in Transformation. In: Journal of European Social Policy; Vol. 16, No.3; (S. 211-228).

dies. (2006b): Sosyal Politika Yazıları (Beiträge zur Sozialpolitik). Istanbul: Iletişim Yayınları.

Cabanel, Patrick (2005): Laizität und Religion im heutigen Frankreich. In: Kimmel, Adolf; Uterwedde, Henrik (Hrsg.): Länderbericht Frankreich – Geschichte, Politik, Wirtschaft, Gesellschaft. Bonn: Bundeszentrale für politische Bildung.

Çakir, Ruşen (1994): Ne Şeriat, ne Demokrasi – Refah Partisini anlamak (Weder die Scharia noch die Demokratie – Der Versuch die Refah Partei zu verstehen). Istanbul: Metis Yayınları.

Çarkoğlu, Ali; Toprak, Binnaz (2000): Türkiye'de Din, Toplum ve Siyaset. (Religion, Gesellschaft und Politik in der Türkei). Istanbul: TESEV.

Çengelci, Ethem (1996): Cumhuriyet Türkiye'sinde Sosyal Hizmetler Örgütlenmesi. (Die Institutionalisierung der sozialen Dienstleistungen in der Republikanischen Türkei). Ankara: Şafak Baskı.

ders. (1998): Sosyal Hizmetler ve Çocuk Esirgime Kurumu. (Soziale Dienstleistungen und der Kinderschutzbund). Ankara: Aydınlar Baskı .

Centel, Tankut (1991): Sosyal sigortalar kanunu ve ilgili mevzuat. (Die Regelung der Sozialschutzgesetzgebung). Istanbul: Beta Yayınları.

Clark, Janine Astrid (2004): Islam, Charity and Activism. Middle Class Networks and Social Welfare in Egypt and Yemen. Bloomington/Indiana: Bloomington University Press.

Clogg, Richard (1997): Geschichte Griechenlands im 19. und 20. Jahrhundert. Ein Abriss. Köln: Romassios.

Cousins, Christine (2000): Women and Employment in Southern Europe: The Implications of Recent Policy and Labour Market Directions. In: South European Society & Politics; Vol. 5, No.1; (S. 97 - 122).

Dağı, Ihsan (2005): Transformation of Islamic Political Identity in Turkey: Rethinking the West and Westernization. In: Turkish Studies, Vol. 6. No.1; (S. 21 -37).

Davidson, Roderic H. (1963): Reform in the Ottoman Empire, 1856 – 1876. Princeton: Princeton University Press.

Demirbilek, Sevda (2005): Sosyal Güvenlik Sosyolojisi (Soziologie des Sozialschutzes). Istanbul: Legal Yayıncılık.

Dilik, Sait (1971): Sosyal Güvenliğin Yöntemleri (Anwendungen des Sozialschutzes). In: Ankara Üniversitesi Siyasi Bilimler Fakültesi Dergisi (AÜSBFD). Vol. CXXVI, No.4; (S. 74 – 96).

Dinçkol, Bihterin Vural (1990): 1982 Anayasa Çerçevesinde ve Anayasa Mahkemesinin Kararlarinda Laiklik (Laizismus im Rahmen der Verfassung von 1982 und der Entscheidungen vom Verfassungsgerichtshof). Unveröffentlichte Dissertation; Istanbul: Istanbul Üniversitesi

Dufner, Ulrike (1998): Islam ist nicht gleich Islam – Die türkische Wohlfahrtspartei und die ägyptische Muslimbrüderschaft: Ein Vergleich ihrer politischen Vorstellungen vor dem gesellschaftspolitischen Hintergrund. Opladen: Leske und Budrich.

Dünya (2006): Başesgioğlu: Sosyal Güvenlik Reformu'na önem veriyoruz (Başeskioğlu: Wir räumen der Reform der Sozialschutzsystems Priorität ein). In: Dünya Gazetesi, 25.12.2006.

Dünya (2007): Sosyal Güvenlik'te kısmi iptalin gerekçeli acıklanması (Die Erklärung zur teilweisen Abweisung des Sozialschutzreform durch das Verfassungsricht) In: Dünya Gazetesi, 1.1.2007.

Ecevit, F. Yıldız (1991): Frauenarbeit im städtischen Produktionsprozess unter den Bedingungen des Strukturwandels. In: Neusel, Ayla; Tekeli, Şirin; Akent, Meral (Hrsg.): Aufstand im Haus der Frauen - Frauenforschung aus der Türkei. Berlin. Orlanda Frauenverlag; (S. 109 - 119).

Esping-Andersen, Gøsta (1990): The Three Worlds of Welfare Capitalism. Cambridge: Polity Press:.

Esping-Andersen, Gøsta (1999): Social Foundations of Postindustrial Economics. Oxford: Oxford University Press.

Europäische Kommission (2006): MISSOC. Soziale Sicherheit in den Mitgliedsstaaten der EU und im Europäischen Wirtschaftsraum. Brüssel: Europäische Kommission.

Evers, Adalberth; Olk, Thomas (1996): Wohlfahrtspluralismus - Analytische und normativ-politische Dimension eines Leitbegriffes. In: Evers, Adalberth; Olk, Thomas (Hrsg.): Wohlfahrtspluralismus – Vom Wohlfahrtsstaat zur Wohlfahrtsgesellschaft. Opladen: Westdeutscher Verlag; (S. 9 – 60).

Faath, Sigrid; et all (2003): Islamische Stiftungen und wohltätige Einrichtungen mit entwicklungspolitischen Zielsetzungen in arabischen Staaten. Hamburg: Deutsches Orient Institut.

Fargion, Valeria (1996): Social Assistance and the North-South Cleavage in Italy. In: South European Society & Politics; Vol. 1, No. 3, Winter 1996; (S. 135 – 155).

Faroqhi, Suraiya (2000): Geschichte des Osmanischen Reiches. München: Beck.

Featherstone, Kevin; Kazamias, Georgios; Papadimitriou, Dimitris (2001): The Limits of External Empowerment. EMU, Technocracy and Reform of the Greek Pension System. In: Political Studies Vol. 49; (S. 462 – 480).

dies. (2005): Introduction: "Modernization" and the Structural Constraint of Greek Politics. In: West European Politics; Vol. 28, No. 2; (S. 223 – 241).

Ferrera, Maurizio (1996): The "Southern Model" of Welfare in Social Europe. In: Journal of European Social Policy; Vol. 6, No. 1; (S. 17 – 37).

ders. (1998): Welfare Reforms in Southern Europe. In: Cavanna, Henry (Hrsg.): Challenges to the Welfare State: Internal and External Dynamics for Change. Cheltenham: Elgar; (S. 49 – 77).

ders. (2005): Welfare states and social safety nets in Southern Europe: an introduction. In: Ferrera, Maurizio (Hrsg.): Welfare State Reform in Southern Europe – Fighting poverty and social exclusion in Italy, Spain, Portugal and Greece. London [u. a.]: Cass; (S. 1 – 32).

Finer, Samuel E. (1997): The History of Government From the Earliest Times, Band 1: Ancient monarchies and empires. Oxford: Oxford University Press.

Flaquer, Luis (2000): Is there a Southern European Model of Family Policy. In: Bahle, Thomas / Penning, Astrid (Hrsg.): Family and Family Policies in Europe. Frankfurt/ Main: Peter Lange Verlag; (S. 15 – 33).

Frotscher, Werner; Pieroth, Bodo (2005): Verfassungsgeschichte. 5. Auflage. München: Beck

Fuduli, Katharina (1998): The Greek Social Security (Insurance) System. In: Eurodata Newsletter No. 7. Mannheim: MZES.

Georgas, James, at al. (1997): The Relationship of Family Bonds to Family Structure and Function across Cultures. In: Journal of Cross-Cultural Psychology; Vol. 28, No. 3; (S. 303 - 320).

Georgas, James, et al. (2001): Functional Relationship in the Nuclear and Extended Family: A 16-Culture Study. In: International Journal of Psychology, Vol. 36, No. 5; (S. 289 – 300).

Ginner, Salvador (1991): Political Economy, Legitimation, and the State in Southern Europe. In: O'Donnell Guillermo, Schmitter, Philippe C. & Whitehead, Laurence (Hrsg.): Transitions form Authoritarian Rule – Southern Europe. Baltimore: The Johns Hopkins University Press; (S. 11 – 44).

Gonzales, Maria Jose; Jurardo, Teresa; Naldini, Manuela (2000): Gender inequalities in southern Europe: women, work and welfare in the 1990s. London [u. a.]: Cass

Gökalp, Ziya (1968): The Principles of Turkism. Leiden: E. J. Brill.

Göle, Nilüfer (1996): Authoritarian Secularism and Islamist Politics: The Case of Turkey. In: Norton, Augustus Richard (Hrsg.): Civil Society in the Middle East. Leiden: E. J. Brill; (S.17 -44).

dies. (1998a): Batı Dışı Modernlik Üzerine bir ilk Desen (Eine erste Skizze über die „nichtwestliche Modernisierung") In: Dogu Bati; Vol. 1, No 2; (S. 57 – 63).

dies. (1998b): Mühendisler ve Ideologlar – Öncü devrimcilerden ve yenilikci seçkinleri (Ingenieure und Ideologen – Von den revolutionären Vordenkern zu den reformatorischen Eliten). Istanbul: Metis Yayınları.

dies. (2002): Batı Dışı Modernlik: Kavram Üzerine („nichtwestliche Modernisierung": Über den Begriff). In: Modern Türkiye`de Siyasi Düsünce 3: Modernleseme ve Batıcılık (Das politische Denken in der Modernen Türkei 3: Modernisierung und Verwestlichung), Istanbul: Iletişim Yayınları; (S. 56 – 67).

dies. (2004): Modern mahrem - Medeniyet ve Örtünme (Moderner „Mahrem" – Zivilisation und Verschleierung). Istanbul: Metis Yayınları.

Göle, Nilüfer; Cayir, Kenan (2000): Islam`ın yeni kamusal yüzleri: Islam ve kamusal alan üzerine bir atölye çalışması (Das neue öffentliche Gesicht des Islams: Ein Workshop über Islam und den öffentlichen Raum). Istanbul: Metis Yayınları.

Gönencan, Zahit (2005): Sosyal Güvenlik Sistemimizde Reform arayışları (Die Suche nach Reformansätzen in unserem Sozialschutzsystem). In: TISK – Işveren Dergisi; Vol. 44, No. 2; (S. 38 – 41).

Gough, Ian (1996): Social Assistance in Southern Europe. In: South European Society & Politics; Vol. 1, No. 1, Summer 1996; (S. 1 – 23).

Gough, Ian et. al. (1997): Social Assistance in OECD Countries. In: Journal of European Social Policy; Vol. 7, No.1; (S. 17 – 43).

Granaglia, Elena (1996): The Italian Health Service and the Challenge of Privatisation. In: South European Society & Politics; Vol. 1, No. 3, Winter 1996; (S. 155 – 171).

Guillen, Ana M. (1992): Gender Inequalities in Southern Europe: Women, Work and Welfare in the 1990s. In: Ferge, Z.; Kolberg J.E. (Hrsg.): Social Policy in a Changing Europe. Frankfurt/ Main: Campus Verlag.

dies. (1996): Citizenship and Social Policy in Democratic Spain: The Reformulation of the Francoist Welfare State. In: South European Society & Politics; Vol. 1, No. 2, Autumn 1996; (S. 253 – 271).

dies. (2002): The Politics of Universalization: Establishing National Health Services in Southern Europe. In: West European Politics; Vol. 25, No. 4, October 2002; (S. 49 – 68).

dies. (2004): The EU's Impact on the Spanish Welfare State: The Role of Cognitive Europeanization. In: Journal of European Social Policy, Vol. 14, No. 3; (S. 285-299).

Guillen, Ana; Alvarez, Santiago; e Silva, Pedro Adao (2001): Redesigning the Spanish and Portuguese Welfare State. The Impact of Accession into the European Union. Center for European Studies Working Paper. No. 85.

Gunther, Richard; Diamandouros, P. Nikiforos; Puhle, Hans Jürgen (1995): The Politics of Democratic Consolidation. Southern Europe in Comparative Perspective. Baltimore: The Johns Hopkins University Press.

Gunther, Richard; Diamandouros, P. Nikiforos; Sotiropoulos, Dimitri (2006): Democracy and The State in the New Southern Europe. Oxford [u. a.]: Oxford University Press.

Gülalp, Haldun (2003): Kimlikler Siyaseti. Türkiye'de Siyasal Islamın Temelleri (Politik der Identitäten. Die Grundlagen des politischen Islams in der Türkei). Istanbul. Metis Yayınları.

Güneş – Ayata, Ayşe (1996): Solidarity in Urban Turkish Families. In: Rasuly – Palczek, Gabriele (Hrsg.): Turkish Families in Transition. Frankfurt/Main: Peter Lange Verlag; (S. 98 – 114).

Güzel, Ali; Okur, Ali Riza (2005): Sosyal Güvenlik Hukuku (Sozialschutzrecht). Istanbul: Beta Yayınları.

Hadjimichalis, Costis (1987): Uneven Development and Regionalism – State, Territory and Class in Southern Europe. London: Croom Helm.

Hamann, Kerstin (1998): Spanish Unions: Institutional Legacy and Responsiveness to Economic and Industrial Change. In: Industrial and Labour Relations Review; Vol. 51, No. 3; (S. 424 -444).

Hanioğlu, Mehmet Şükrü (1995): The Young Turks in Opposition. Oxford [u. a.]: Oxford University Press.

ders. (2001): Preparation for a Revolution. The Young Turks, 1902 – 1908. Oxford [u. a.]: Oxford University Press.

Heper, Metin (1987): State, Democracy, and Bureaucracy in Turkey. In: Heper, Metin (Hrsg.): The State and Public Bureaucracies. Grennwood: Greenwood Press; (S. 131 - 145)

Heper, Metin (1988): The State Tradition in Turkey. Huntington: Eothen Press.

ders. (1991): The State and Interest Groups with Special Reference to Turkey. In: Heper, Metin (Hrsg.): Strong State and Economic Interest Groups. The Post – 1980 Turkish Experience. Berlin [u. a.]: de Gruyter; (S. 3 -23).

ders. (1992a): The "Strong State" and Democracy: The Turkish Case in Comparative and Historical Perspective. Eisenstadt, Shmuel Noah (Hrsg.): Democracy and Modernity. Leiden: E. J. Brill; (S. 142 -163).

ders. (1992b): The Strong State as a Problem for the Consolidation of Democracy. Turkey and Germany Compared. In: Comparative Political Studies; Vol. 25, No. 2; (S.169 - 194).

ders. (2000): The Ottoman Legacy and Turkish Politics. In: Journal of International Affairs; Vol. 54, Issue 1; (S. 63 – 83).

Herce, Jose A.; Perez – Diaz, Victor (1995): Reform of the public pension System in Spain. Barcelona: Caja de Ahorros y Pensiones de Barcelona.

Heyd, Uriel (1950): Foundations of Turkish Nationalism: The Life and Teachings of Ziya Gökalp. London: Luzac & Harvill Press.

HUV (2004): Sosyal Güvenlik Kurumlarin Kaynak Sorunlari ve Cözüm Önerileri (Die Finanzierungsprobleme der Sozialschutzbehörden und Lösungsvorschläge). Ankara: Hesap Uzmanları Vakfı.

Inalcık, Halil (1964): The Nature of Traditional Society: B. Turkey. In: Ward, Robert E. & Rustow, Dankwart A. (Hrsg.): Political Modernization in Japan and Turkey. Princeton: Princeton University Press; (S. 42 - 63).

ders. (2003): The Ottoman Empire – The Classical Age 1300 – 1600, 3. Auflage. London: Weidenfall & Nicolson.

Irving, R.E.M. (1979): The Christian Democratic Parties of Western Europe. London: Royal Institute of International Affairs.

Itzkowitz, Norman (1980): Ottoman Empire and Islamic Tradition. Chicago: Chicago University Press.

Jurado Guerrero, Teresa (1995): Legitimation durch Sozialpolitik? Die spanische Beschäftigungskrise und die Theorie des Wohlfahrtsstaates. In: Kölner Zeitschrift für Soziologie und Sozialpsychologie; Vol. 47, No. 4; (S. 727 - 752).

Jurado Guerro, Teresa / Naldini, Manuela (1996): Is the South so Different? Italian and Spanish Families in Comparative Perspective. In: *South European Society & Politics*; Vol. 1, No. 3, Winter 1996; (S. 42 – 65).

Kaya, Kamil (1998): Sosyoljik Açıdan Türkiye'de Din Devlet Ilişkileri ve Diyanet Isleri Başkanlığı (Die Beziehung zwischen Staat und Religion und die Anstalt für religiöse Angelegenheiten in der Türkei aus soziologischer Sicht), Istanbul: Istanbul Üniversitesi, unveröffentlichte Dissertation.

ders. (2003): Türkiye'de Laiklik Uygulamaları Açisindan Diyanet Işleri Başkanlığı (Die Anstalt für religiöse Angelegenheiten aus der Sicht der Anwendung des Laizismus in der Türkei). In: Konrad Adenauer Vakfi (Hrsg.) Devlet ve Din iliskileri – Farklı Modeller, Konseptler ve Tecrübeler (Staat - Religions Beziehungen – unterschiedliche Modelle, Konzepte und Erfahrungen). Ankara: Konrad Adenauer Vakfı; (S. 87 – 106).

Karpat, Kemal H. (1959): Turkey's Politics: The Transition to a Multi – Party System. Princeton: Princeton University Press.

ders. (1960): Social Effects of Farm Mechanisation in a Turkish Village. In: Social Research; No. 7.; (S.88 – 103).

ders. (1970): The Military and Politics in Turkey, 1960 – 1964: A Socio-Cultural Analysis of a Revolution. In: American Historical Review; Vol. 75, No. 6; (S. 1654 -1983).

ders. (1972): The Transformation of the Ottoman State, 1789 – 1908. In: International Journal of Middle East Studies; Vol. 3, No. 3; (S. 243 – 281).

ders. (1981): Turkish Democracy at Impasse: Ideology, Party Politics and the Third Military Intervention. In: International Journal of Turkish Studies; Vol. 2, No. 1; (S. 1 - 43).

ders. (2001): The Politization of Islam. Reconstruction Identity, State, Faith and Community in the Late Ottoman State. Oxford [u. a.]: Oxford University Press.

Kastrougalos, George. (1996): The Southern welfare model: the Greek welfare state in search of an identity. In: Journal of European Social Politics; Vol. 6, No. 1; (S. 39 – 60).

Katrougalos, George; Laziridis, Gabriella (2003): Southern European Welfare States – Problems, Challenges and Prospects. New York: Aggrave.

Kaufmann, Franz – Xaver (2003): Varianten des Wohlfahrtsstaates. Der deutsche Sozialstaat im internationalen Vergleich. Frankfurt/Main: Suhrkamp Verlag.

Käufer, Heinz (2002): Das anatolische Dilemma: westlich und religiöse Kräfte in der modernen Türkei. Zürich: Chronos Verlag.

Kalyvas, Stathis N. (1996): The Rise of Christian Democracy in Europe. Ithaca: Cornell University Press.

Keyder, Çaglar (1987): State and Class in Turkey. A Study in Capitalist Development. London: Verso.

King, Mary C. (2002): Strong Families or Patriarchal Economies? – Southern European Labour Markets and Welfare in Comparative Perspectives. EUI Working Paper. No. 2002/14

Kongar, Emre (2001): 21. Yüzyılda Türkiye. 2000'li Yıllarda Türkiye'nin Toplumsal Yapısı (Die Türkei im 21. Jahrhundert. Die Gesellschaftsstruktur der Türkei im 20. Jahrhundert). Istanbul: Remzi Kitap.

Koray, Meryem (2000/ 2005): Sosyal Politika (Sozialpolitik). Istanbul: Imge Kitap.

Köhler, Holm-Detlev (2004): Arbeitsmarkt und Arbeitsbeziehungen in Spanien. In: Bernecker, Walther L.; Dirscherl, Klaus (Hrsg.): Spanien heute. Politik, Wirtschaft, Kultur. Frankfurt/Main: Veruvert; (S.397 – 414).

Kreiser, Klaus (2001): Der osmanische Staat, 1300 – 1922. München: Oldenbourg Verlag.

Kreiser, Klaus; Neumann, Christoph (2003): Kleine Geschichte der Türkei. Stuttgart: Reclam Verlag.

Kuzu, Burhan (2003): Türk Anayasa Metinleri ve Ilgili Mevzuat (Türkische Verfassungstexte und Gesetze). Istanbul: Filiz Kitap.

Kyriazis, Nota (1998): Women's Employment and Gender Relations in Greece - Forces of Modernization and Tradition. In: European Urban and Regional Studies; Vol. 5, No. 1; (S. 65 - 75).

Landau, Jacop (1984): Atatürk and the Modernization of Turkey. Boulder [u. a.]: Westview Press.

Lampert, Heinz;Altheimer, Jörg (2001): Lehrbuch der Sozialpolitik, 6. überarbeitete Auflage. Berlin: Springer Verlag

Landwerlin, Gerardo Meil (2002): Interchanges among Generations in Spain. In: Nave - Herz, Rosemarie (Hrsg.): Family Change and intergenerational Relations in Different Cultures. Würzburg, Ergon; (S. 85 – 138).

Laparra, Miguel; Aguilar, Manuel (1996): Social Exclusion and Minimum Income Programmes in Spain. In: South European Society & Politics; Vol. 1, No. 3, Winter 1996; (S. 89 – 133).

Lavdas, Kostas A. (2005): Interest Groups in Disjointed Corporatism. Social Dialog in Greece and European "Competitive Corporatism". In: West European Politics. Vol. 28; No. 2; (S. 297 – 316).

Legg, Keith R.; Roberts, John, M. (1997): Modern Greece. A Civilization on the Periphery. Boulder [u. a.]: Westview Press.

Leibfried, Stephan (1992): Towards a European Welfare State? On Integrating Poverty Regimes into the European Community. In: Frege, Z. & Kolberg, J. E. (Hg.): Social Policy in a Changing Europe. Frankfurt/Main: Campus Verlag; (S. 245 – 279).

Leira, Arnlaug; Tobio, Constanza; Trifiletti, Rossana (2003): Verwandtschaftsnetze und informelle Unterstützung: Betreuungsressourcen für die erste Generation erwerbstätiger Mütter in Norwegen, Italien und Spanien. In: Gerhardt, Ute; Knijn, Trudie; Weckwert, Anja (Hrsg.): Erwerbstätige Mütter - Ein europäischer Vergleich. München: Beck; (131 - 161).

Lewis, Bernard (1961): The Emergence of Modern Turkey; Oxford: Oxford University Press.

Leontotidou, L. (1990): The Mediterranean City in Transition. Social Change and Urban Development. Cambridge: Cambridge University Press.

Liakos, Antonis (1997): Welfare Policy in Greece (1909 – 1940): From the Private Needs to the Social Question. In: MIRE (Hrsg.): Comparing social welfare systems in Southern Europe. Paris; (S. 93 – 108).

Linz, Juan J.; Stephan, Alfred; Gunther, Richard (1995): Democratic Transition and Consolidation in Southern Europe, with Reflections on Latin America and Eastern Europe. In: Gunther, Richard; Diamandouros, P. Nikiforos; Puhle, Hans Jürgen (Hrsg.): The Politics of Democratic Consolidation. Southern Europe in Comparative Perspective. Baltimore: The Johns Hopkins University Press; (S. 77 – 123).

Lordoğlu, Kuvvet (2000): Eve iş verme sistemi içinde kadın işgücü üzerine bir alan araştırması (Eine Feldstudie über den Frauenerwerb im System der Hausarbeit). Istanbul: Friedrich Ebert Vakfı

Livadiotis, Dimitrios (2003): Einführung in die griechische Sozialversicherung. In: LVA Baden- Württemberg: Griechenland im Spektrum - 40 Jahre Deutsch - Griechische Soziale Sicherung 1963 – 2003. Fellbach: LVA.

Lyrintzis, Christos (1984): Political Parties in Post Junta Greece. A Case of Bureaucratic Clientelism? In: West European Politics; Vol. 7; No. 2; (S. 99 – 118).

Mahcupyan, Etyen (1998): Dogu ve Batı: Bir Zihniyet Gerilimi (Osten und Westen: Eine geistige Spannung). In: Dogu Batı, Vol. 1, No. 2; (S. 39 – 48).

ders. (1999a): Osmanli'dan Günümüze Parcalı Kamusal Alan ve Siyaset (Politik und zersplitterter öffentlicher Raum von den Osmanen bis heute). In: Dogu Batı; Vol. 2, No 5; (S. 21 – 48).

ders. (1999b): Osmanlı Dünyasının Zihni Temeller Üzerine (Über die geistigen Grundlagen der Osmanischen Welt). In: Dogu Batı; Vol. 2, No. 8; (S. 41 – 58).

Malefakis, Edward (1995): The Political and Socioeconomic Contours of Southern European History. In: Gunther, Richard; Diamandouros, P. Nikiforos; Puhle, Hans Jürgen (Hrsg.): The Politics of Democratic Consolidation. Southern Europe in Comparative Perspective. Baltimore: The Johns Hopkins University Press; (S. 33 – 76).

Mangen, S. P. (2001): Spanish Society after Franco. Regime Transition and the Welfare State. Hampshire: Palgrave.

Mardin, Serif (1962): The Genesis of Young Ottoman Thought. Princeton: Princeton University Press.

Mardin, Serif (1983): Din ve Idoloji - Türkiye'de Halk Katındaki Dinsel Inançlar Siyasal Eylemi Etkilendirmesine Ilsikin bir Kavramlastırma Modeli (Religion und Ideologie - Ein Interpretationsmodell des Einflusses von Religiösen Glaubensvorstellungen auf der Volksebene auf deren Politische Aktion); 2. Auflage; Istanbul: Iletisim Yayınları.

Mardin, Serif (1991): Türkiye'de Din ve Siyaset, Makaleler 3 (Gesellschaft und Religion in der Türkei, Aufsätze 3). Istanbul: Iletisim Yayınları.

Mardin, Serif (2000): Türk Modernlesmesi, Makaleler 4 (Türkische Modernisierung, Aufsätze 4); 8. Auflage. Istanbul: Iletisim Yayınları.

Martin, Claude (1996): Social Welfare and the Family in Southern Europe. In: South European Society & Politics; Vol. 1 No. 3, Winter 1996; (S. 23 – 41).

Marinakou, M. (1997): Welfare States in the European Periphery: The case of Greece. In: Sykes, R.; Alcock, P. (Hrsg.): Developments in European Social Policy. Bristol [u. a.]: Policy Press.

Matsaganis, Manos (2000): Social Assistance in Southern Europe: the case of Greek revised. In: Journal of European Social Policy; Vol. 10, No. 1, February 2000; (S. 68 – 80).

ders. (2002): Yet Another Piece of Pension Reform in Greece. In: South European Society & Politics; Vol. 7, No. 3; (S. 109 -122).

ders. (2004): A tale of Recurrent Policy Failure? Tackling Retirement Pensions in Greece. URGE Working Paper 3/2004.

ders. (2005): The Limits of Selectivity as a Recipe for Welfare Reform: The Case of Greece. In: Journal of Social Policy. Vol. 34, No.2; (S. 235 -253).

ders. (2006): Trade Unions and Pension Reform in Greece. Working Paper Athens University of Economics and Business

Mert, Nuray (1992): Early Republican Secularism in Turkey: A Theoretical Approach. Unveröffentlichte Dissertation; Istanbul, Bogazici Üniversitesi

Mingione, Enzo (1990): The Case in Greece. In: European Commission (Hrsg.): Underground Economy and Irregular Forms of Employment – Final Synthesis Report. Brussels, Office for Official Publications of the European Communities. Brussels: EC.

ders. (1991): Fragmented societies - A Sociology of Economic Life Beyond the Market Paradigm. Oxford [u. a.]: Oxford University Press.

Ministry of Labour and Finance (2002): The Greek Report on Pension Strategy. Athens: Ministry of Labour and Finance.

Ministry of Labour and Social Security (2002): The Greek Social Security System. Athens: Ministry of Labour and Social Security.

MIRE (1997): Comparing social welfare systems in Southern Europe. Paris: MIRE.

Momen, Moojan (1985): Introduction in Shi`I Islam. Yale: Yale University Press.

Moreno, Luis (1997): The Spanish Development of Southern Welfare. Working Paper 97 -04; Unidad de Politicas Comparadees (CSIC).

ders. (2001): Spain, the via media of Welfare Development. Working Paper 01 -05; Unidad de Politicas Comparades (CSIC).

Moreno, Luis; Arriba, Ana (2002): Spain: Poverty, Social Exclusion and "Safety Nets". Working Paper 02 - 10; Unidad de Politicas Compares (CSIC).

Munday, Brian (1996): Social Care in Europe. London [u. a.]: Prentice Hall.

Naldini, Manuela (2003): The Family in the Mediterranean Welfare State. Oxford: Cass.

Narlı, Nilüfer (1991): State, Religion and the Opposition in Turkey. In: Zeitschrift für Türkeistudien; Vol. 4, No. 1, Frühjahr 1991; (S.27 - 44).

dies. (1994): Türkiye`de Laikligin Konumu (Die Bedeutung des Laizismus in der Türkei). In: Cogito, Vol. 1, No.1, Sommer 1994; (S. 23 – 31).

Natali, David; Rhodes, Martin (2004): The 'New Politics' of the Bismarckian Welfare State: Pension Reforms in Continental Europe. EUI SPS Working Paper 2004/10

Norton, August Richard (2005): Civil Society in the Middle East. Leiden: E. J. Brill.

O`Donnell, Owen; Tinios, Platon (2003): The Politics of Pension Reform. Lessons From Public Attitudes in Greece. In: Political Studies, Vol. 51; (S. 262 – 281).

OECD (1994): The Reform of Health Care Systems. A review of Seventeen OECD Countries. Health Policy Studies No.5. Paris: OECD.

OECD (1999): The Problems and Prospects Faced by Pay as You Go Pensions Systems: A case Study of Greece. OECD Economic Department Working Paper 215

Ortaylı, Ilber (1993): Imperatorluğun en uzun Yüzyılı (Das längste Jahrhundert des Imperiums). Istanbul: Iletişim Yayınları.

ders. (2003a): Sanayide küçük üretim, Toplumsal ve mekansal boyutlar. (Kleinproduktion in der Industrie: Gesellschaftliche und räumliche Dimensionen). In: Ortaylı, Ilber (Hrsg.): Osmanli Barışı („Pax Ottomanica"): Istanbul: Timaş Yayınları; (S. 92 - 101).

ders. (2003b): Osmanlı Imperatorluğu`nda gayri Müslimler (Die Nicht - Moslems im Osmanischen Reich): In: Ortaylı, Ilber (Hrsg.): Osmanlı Barışı („Pax Ottomanica"). Istanbul: Timaş Yayınları; (S. 117 - 138).

ders. (2006): Osmanlı`da Devşirme (Die Knabenlese bei den Osmanen). In: Ortaylı, Ilber (Hrsg.): Osmanlı`yı Yeniden Keşfetmek. (Die Neuentdeckung der Osmanen). Istanbul: Timaş Yayınları; (S. 27 -34).

Özbek, Nadir (2003): Osmanlı Imparatorluğu`nda Sosyal Devlet – Siyaset, Iktididar ve Meşuriyet 1876 – 1914 (Der Sozialstaat im Osmanischen Reich – Politik, Macht und Legitimität 1878 – 1914). Istanbul: Iletişim Yayınları.

Özbudun, Ergun (1966): The Role of the Military in Recent Turkish Politics. Occasional Papers in International Affairs No. 14. Cambridge.

Özbudun, Ergun (1991): The Post – 1980 Legal Frameworks for Interest Group Associations. In: Heper, Metin (Hrsg.): Strong State and Economic Interest Groups. The Post – 1980 Turkish Experience. Berlin [u. a.] de Gruyter; (S. 41 - 69).

Özcan, Hüseyin; Dinç, Cüneyd (2005): Der Kemalismus als Konzept des laizistischen Staates. In: Atatürk Üniversitesi Erzincan Hukuk Fakultesi Dergisi. Vol. IX; No.: 3 – 4; (S.201 – 233).

Papadopoulos, Theodoros N. (1998): Greek Family Policy From a comparative Perspective. In: Drew, Eileen; Emerek, Ruth; Mahon, Evelyn (Hrsg.): Women, Work and the Family in Europe. London: Routledge.

Parla, Taha (1985): The Social and Political Thought of Ziya Gökalp, 1876 -1924. Leiden: E. J. Brill.

Parla, Taha (2006): Türkiye`de merkantilist militarisim (1960- 1998) (Der merkantilistische Militarismus in der Türkei). In: Insel, Ahmet; Bayramoglu, Ali (Hrsg.): Türkiye`de Ordu – Bir zümre, bir parti (Die Armee in der Türkei - Eine Schicht, eine Partei). 3. Auflage. Istanbul: Birikim Yayınları; (S. 201 -224)

Pereirinha, Jose A. (1996): Welfare States and Anti-Poverty Regimes: The Case of Portugal. In: South European Society & Politics; Vol. 1, No. 3, Winter 1996; (S. 198 – 219).

Petersen, Marie Juul; Spaare, Sara Leie (2007): Islam and Civil Society – Case Studies From Jordan and Egypt. DIIS Report. Copenhagen: DIIS

Petmesidou, Maria (1991): Statism. Social Policy and the Middle Class in Greece. In: Journal of European Social Policy Vol. 1, No. 1; (S. 31 - 48).

Pierson, Paul (1994): Dismanteling the Welfarestate. Cambridge: Cambridge University Press.

Pierson, Paul (1996): The New Politics of the Welfare State. In: World Politics, Vol 48 (January), (S. 143 -79).

Pierson, Paul (2001): The New Politics of the Welfare State. Oxford: Oxford University Press.

Pope, Nicole; Pope, Hugh (1998): Turkey Unveiled A History of Modern Turkey. London: Murray.

Prezeworski, Adam/ Teune, Henry (1970): The Logic of Comparative Social Inquiry. Malabar: Krieger

Ravitch, Norman (1990): The Catholic Church and the French Nation, 1589 – 1989. London: Rout-ledge.

Referans (2007a): Sosyal güvenliği temmuzda tekrar erteleyebiliriz (Wir können die Reform des Sozialschutzsystems im Juli nochmals verschieben). In: Referans 18.1.2007

Referans (2007b): Bürokrasiyi, sosyal güvenlikte kısmi erteleme korkusu sardı (Die Bürokratie ist von der Angst beseelt, die Reform des Sozialschutzsystems teilweise zu verschieben) In: Referans 20.1.2007

Reher, David Sven (1998): Family Ties in Western Europe: Persistent Contrast. In: Population and Development Review, Vol. 24. No. 2; (S. 203 -234).

Remond, Rene (2000): Religion und Gesellschaft in Europa – Von 1789 bis zur Gegenwart. München: Beck.

Rico, Ana (1996): Regional Decentralization and Health Care Reform in Spain (1976 – 1996). In: South European Society & Politics; Vol. 1, No. 3, Winter 1996; (S. 115 – 133).

Rieger, Brigitte (1996): Überleben ohne Staat – Soziale Sicherung und die islamischen Parallelstrukturen in Ägypten. Baden – Baden: Nomos Verlag.

Ruiz Astudillo, Javier (2001): Without Unions, but Socialist: The Spanish Socialist Party and Its Divorce from its Union Confederation. In: Politics & Society, Vol. 29, No. 2; (S. 273 -296).

Rumpf, Christian (1987): Das Laizismus Prinzip in der Rechtsprechung der Republik Türkei. In: Jahrbuch des öffentlichen Rechtes der Gegenwart, Tübingen; (S. 180 – 218).

Şakar, Müjdat (2004): Sosyal Sigortalar Uygulaması (Die Anwendung des Sozialversicherungs-systems). Istanbul: Der Yayınları.

Santos, F.; Sousa, B. (1994): Etat Rapports salariaux et protection sociale a la semi-peripherie, le cas du Portugal. In: Peuples Mediterranees; Vol. 66; (S. 23 - 66).

Sapelli, Giulio (1995): Southern Europe Since 1945. Tradition and Modernity in Portugal, Spain, Italy and Turkey. London: Longman.

Saraceno, Chiara. (1994): The Ambivalent Familism of the Italian Welfare State. In: Social Politics; Vol.1, No. 1; (S. 60 – 82).

Saran, Ulvi M. (1995): Sosyal Yardım ve Dayanışma Vakıflar hakkında bir değerlendirme (Eine Bewertung der Stiftungen für soziale Fürsorge und Solidarität). In: Türk Idare Dergisi; Vol.66, No 405; (S. 53 – 67).

ders. (2000): Sosyal Yardımlaşma ve Dayanışma Teşvik Fonu ve Sosyal Yardımlaşma ve Dayanışma Vakıfları (Der Fonds für Sozialhilfe und zur Förderung der Solidarität und die Stiftungen für Soziale Fürsorge und Solidarität) In: Vakıflar Dergisi, No 26; (S. 426 - 440).

Sarıbay, Ali Yaşar (1985): Türkiye'de Modernleşme, Din ve Parti Politikası: Milli Selamet Partsi olayı. (Modernisierung, Religion und Parteipolitik in der Türkei: Der Fall der Milli Selamet Partei). Istanbul: Alan Yayınları.

Sarıbay, Ali Yaşar (2001): Türkiye'de demokrasi ve politik partiler (Demokratie und poltische Parteien in der Türkei). Istanbul: Alfa Yayınları.

Sarguthan, Erdal A. (1996): Türk Sağlık Politikası – Değerlendirmeler, Ilkeler, Öneriler (Die türkische Gesundheitspolitik – Bewertung, Prinzipien und Vorschläge). Ankara: Sağlik Yayınları.

Schirrmacher, Gerd (1983): Sozialwesen und Sozialarbeit in der Türkei. Köln: Pahl - Rugenstein

Schmidt, Peer (2005): Diktatur und Demokratie. In: Schmidt, Peer (Hrsg.): Kleine Geschichte Spaniens. Bonn: Bundeszentrale für politische Bildung.

Şenses, Fikret (1999): Yoksullukla Mücadele ve Sosyal Yardımlaşma ve Dayanışma Teşvik Fonu. (Armutsbekämpfung und der Fonds für soziale Fürsorge und Unterstützung der Solidarität). In: ODTÜ Gelişme Dergisi; Vol. 26, No. 3 -4; (S. 427 - 451).

Şenyapili, Tansi (1985): Eine neue Komponente in den Großstädten - Die "Gecekondu" Frauen. In: Abadan - Unat, Nermin (Hrsg.): Die Frau in der türkischen Gesellschaft. Frankfurt/Main: Dagyeli; (S. 283 - 305)

Seufert, Günter (1997): Cafe Istanbul - Alltag, Religion und Politik in der modernen Türkei. München: Beck.

Shankland, David (1999): Islam and Society in Turkey. Huntington: Eothen Press.

Shaw. Stanford J.; Shaw, Ezel Kural (1977): History of the Ottoman Empire and Modern Turkey, Band 2: Reform, revolution, and republic: the rise of modern Turkey, 1808 - 1975. Cambridge: Cambridge University Press.

SHÇEK (2006a): Yaşlılara Yönelik Hizmetler (Dienstleistungen für alte Menschen). Online: http://www.shcek.gov.tr/hizmetler/yasli/

SHÇEK (2006b): Çocuklarımıza Yönelik Hizmetler (Dienstleistungen für unsere Kinder). Online: http://www.shcek.gov.tr/hizmetler/cocuk/

Smith, Randall (2003): European Perspectives on Community Care. School for Policy Studies Working Paper No. 2.

Spiker, P. (1991): The Principle of Subsidariity and the Social Policy of the European Community. In: Journal of European Social Policy; Vol. 1, No. 1; (S. 3 -14).

Stergiou, Angelos (2000): Greece. In: van Vugt, Joos P.A.; Peet, jan M. (Hrsg.) : Social Security and Solidarity in the European Union. Heidelberg: Physica Verlag; (S. 87 – 110).

Sunar, Ilkay & Sayarı, Sabri (1991): Democracy in Turkey: Problems and Prospects. In: O'Donnell Guillermo, Schmitter, Philippe C. & Whitehead, Laurence (Hrsg.): Transitions form Authoritarian Rule – Southern Europe. Baltimore: The Johns Hopkins University Press; (S. 165 – 186)

Symeonidou, Haris (1996): Social Protection in Contemporary Greece. In: South European Society & Politics; Vol. 1, No. 3, Winter 1996; (S. 67 – 86).

Sözer, Ali Nazim (1991): Sosyal Sigorta Ilişkisi.(Die Beziehung der Sozialversicherung). Izmir: Dokuz Eylül Üniversitesi Yayınları.

ders. (1996): Grundzüge des Sozialrechts in der Türkei. In: Zeitschrift für ausländisches und internationales Arbeits- und Sozialrecht; 10. Jahrgang, 1996; (S. 1 – 20).

ders. (1997): Sosyal devlet uygulamaları (Die Anwendungen des Sozialstaates). Ankara: Türkiye Işci Emeklileri Cemiyeti.

ders. (2006): Sağlıkta Dönüşüm Projesi ve Genel Sağlık Sigortası (Das "Wandel in der Gesundheit" -Projekt und die Allgemeine Gesundheitsversicherung). In: TISK Akademi; Vol. 1, No.1; (S. 46 -57).

Tachau, Frank; Heper, Metin (1983): The State, Politics, and the Military in Turkey. In: Comparative Politics; Vol. 16, No. 1; (S. 17- 33).

Talas, Cahit (1972): Sosyal Ekonomi (Sozial Ökonomie). Ankara: Sevinç Matbaası.

Tanör, Bülent (1996): Osmanlı - Türk Anayasal Gelişmeleri (1789 – 1980) (Die osmanisch – türkischen Verfassungsentwicklungen (1789 – 1980). Istanbul: Ata Yayınları.

Tapper, Richard (1991): Islam in Modern Turkey: Religion, Politics, and the Literature in a Secular State. London: I. B. Tauris.

T.C. 58. Hükümet (2003): Acil Eylem Planı (AEP) (Sofortmaßnahmen der 58. Regierung der Türkischen Republik). Online: http://ekutup.dpt.gov.tr/plan/aep.pdf

T.C. Başbakanlık (2005): Sosyal Güvenlik Reformu: Sorunlar ve Çözüm Önerileri (Die Reform des Sozialschutzsystems: Probleme und Lösungsansätze). Ankara: T.C. Başbakanlık.

T.C. ÇSGB (2004): Sosyal Güvenligin tek Çati altında toplanması ve Genel Sağlık Sigortası oluşturulması – Hükükmet Programmı ve Acil Eylem Planı çerçevesinde Çalışma ve Sosyal Güvenlik Bakanlığı'nin sorumluluğunda yürütülen faliyetlerimiz (Die Vereinigung der Sozialversicherung unter einem Dach und die Gründung einer allgemeinen Krankenversicherung – Die Aktivitäten des Ministeriums für Arbeit und Sozialschutz im Rahmen des Regierungsprogramms und der Sofortmaßnahmen). Online: http://www.calisma.gov.tr/projeler/tekcati.htm

T.C. DPT (2001a): Sosyal Güvenlik Özel Ihtisas Komisyonu Raporu (Bericht der Fachkommission für Sozialschutz). Ankara: T.C. DPT.

T.C. DPT (2001b): Sosyal Hizmetler ve Yardımlar Özel Ihtisas Komisyonu Raporu (Bericht der Fachkommission für soziale Dienste und Fürsorge). Ankara: T.C. DPT.

T.C. TBMM (1999a): 4447 Kanun (Gesetzt Nummer 4447). Ankara: T.C. TBMM.

T.C. TBMM (1999b): 4729 Kanun (Gesetzt Nummer 4729). Ankara: T.C. TBMM.

T.C. TBMM (2006a): 5502 sayılı Sosyal Güvenlik Kurumu Kanunu (Gesetz Nummer 5502 über die Sozialversicherungsanstalt). Ankara: T.C. TBMM.

T.C. TBMM (2006b): 5510 sayılı Sosyal Sigortalar ve Genel Sağlık Kanunu (Gesetz Nummer 5510 über die Sozialversicherung und Allgemeine Krankenversicherung). Ankara: T.C. TBMM.

T.C. TBMM (2006c): Sosyal Yardımlar ve Primsiz Ödemeler Kanunu. (Gesetz über die Sozialhilfe und nicht beitragsfinanzierten Zahlungen). Ankara: T.C. TBMM.

T.C. TBMM (2008): 5754 sayılı Soyal Sigortalar ve Genel Saglik Sigortasi Kanunu ile bazı Kanun ve Kanun hükümündeki kararnamelerinde degişiklik yapilamsına dair kanun (Gesetz Nummer 5754 über die Sozialversicherung und die Allgemeine Krankenversicherung sowie über einige Gesetzes- und Verordnungsveränderungen). Ankara: T.C. TBMM.

Teksöz, Tuncay (2005): Mevcut sistem mali açıdan sürdürülebilirliğini yitirmiştir (Das derzeitige System ist aus wirtschaftlicher Sicht langfristig nicht mehr tragbar.) In: TISK – Işveren Dergisi; Vol. 44, No. 2; (S. 31 – 34).

Tinios, Platon (2003): Pensions in Greece. The Economics of the politics of "Reform by Instalments". Arbeitspapier präsentiert auf der LSE Conference "Pension Reform in Europe" December 2003.

ders. (2005): Pension Reform in Greece: "Reforms by Instalment" – A Blocked Process?. In: West European Politics; Vol. 28, No. 2; (S. 402 – 419).

Tobio, Constanza; Trifiletti, Rossana (2003): Strategien, Alltagspraxis und sozialer Wandel. In: Gerhardt, Ute; Knijn, Trudie; Weckwert, Anja (Hrsg.): Erwerbstätige Mütter - Ein europäischer Vergleich. München: Beck; (110 - 130).

Tomanbay, Ilhan (1990): Wie sozial ist die Türkei? - Die Stellung der Sozialarbeit in der Sozialpolitik der Türkei. Berlin: Verlag für Wissenschaft und Bildung.

Toprak, Binnaz (1981): Islam and Political Development in Turkey. Leiden: E. J. Brill.

dies. (1989): Religion als Staatsideologie in einem laizistischen Staat: Die Türkisch - Islamische Synthese; Zeitschrift für Türkeistudien; Vol. 2, No. 1, Frühjahr 1989; (S.55 - 62).

Torns, Teresa (1998): Arbeitslosigkeit und gesellschaftliche Toleranz der Ausgrenzung: das Beispiel Spanien. In: Krais, Beate/ Maruani, Margaret (Hrsg.): Frauenarbeit Männerarbeit – Neue Muster der Ungleichheit auf dem europäischen Arbeitsmarkt. Frankfurt/Main, Campus; (S. 304 – 318)

Tosun, Tanju (1999) : Türk Parti Sisteminde Merkez Sağ ve Merkez Solda Parçalanma (Die Spaltung der linken und rechten Parteien der Mitte im türkischen politischen System). Istanbul: Boyut Yayınları.

Triantafillou, J. (2002) : The Greek Open Community Centres of Older People (KAPI) as Promoters of Integrated Health and Social Care. Carmen Working Group 2 : The Interface between Primary and Secondary Care.
Online : http://www.carmen-network.com

Triantafillou, J ; Mesthenos E. (2001) : Greece. In : Philip, I. (Hrsg.) : Family Care of Older People in Europe. Amsterdam [u. a.]: Ios Press; (S. 75 -95).

Tunaya, Tarık Zafer (1960): Türkiye'nin Siyasi Hayatında Batılaşma Hareketleri (Die Verwestlichungsbewegungen im politischen Leben der Türkei). Istanbul: Bilgi Üniversitesi Yayınları.

ders. (1991): Islamcılık Akımı (Die islamistische Bewegung). Istanbul: Bilgi Üniversitesi Yayınları.

Turan, Ilter (1998): 1971 – 1996 Döneminde Istanbul'da Derneksel Hayat (Das Vereinsleben in der Türkei im Zeitraum von 1971 bis 1996). In: Yücekök, Ahmet N.; Turan, Ilter; Alkan, Mehmet Ö (Hrsg.): Tanzimattan Günümüze Istanbul'da STK'lar (NGOs in Istanbul von der Tanzimat Epoche bis Heute). Istanbul: Türk Tarih Vakfı Yayınları.; (S. 197 -227).

TÜSIAD (2005): Doğru Başlangiç: Türkiye `de Okul öncesi eğitim (Richtiger Anfang: Vorschulbildung in der Türkei). Istanbul: TÜSIAD.

Türköne, Mümtaz`er (1994): Modernleşme, Laiklik ve Demokrasi (Modernisierung, Laizismus und Demokratie). Ankara: Ark Yayınları.

ders. (1997): "Derin Devlet" ("Der tiefe Staat"). In: Dogu Batı; Vol. 1, No 1; (S. 41 – 52).

ders. (1998): Batılaştıramadıklarımız (Die, die wir nicht verwestlichen konnten). In: Dogu Batı; Vol. 1, No 2; (S. 103 – 108).

Valiente, Celia (1997): The Rejection of Authoritarian Policy Legacies: Family Policy in Spain (1975 – 1995). In: MIRE (Hrsg.): Comparing social welfare systems in Southern Europe; Paris: MIRE; (S. 363 – 383).

Van der Valk, Peter; Süral, Nurhan (2006): Turkish Social Dialog: Structure, Practice and Attitudes. In: Blanpain, Roger (Hrsg.): Flexibilisation and Modernisation of the Turkish Labour Market. Bulletin of Comparative Labour Relations; No. 59; (S.41 - 80).

Van Kersbergen (1995): Social Capitalism. A Study of Christian Democracy and the Welfare State. London [u. a.]: Routledge.

Von Grunebaum, Gustave E. (1995): Der Islam, Band 2: Die islamischen Reiche nach dem Fall von Konstantinopel. Frankfurt/Main: Fischer Verlag.

Veniris, Dimitrios N. (1996): Dimensions of Social Policy in Greece. In: South European Society & Politics; Vol. 1 No. 3, Winter 1996; (S. 260 – 269).

Weber, Klaus (1967): Der moderne Staat und die katholische Kirche – Laizistische Tendenzen im staatlichen Leben der Dritten Französischen Republik, des Dritten Deutschen Reiches und der Volksrepublik Polen. Essen: Ludgerus Verlag Wingen.

Wedel, Heidi (1991): Der türkische Weg zwischen Laizismus und Islam. Opladen: Leske und Buderich.

Weiker, Walter F. (1980): The Turkish Revolution, 1960 – 1961: Aspects of Military Politics. Westport.

White, Jenny B. (1994): Money makes us Relatives – Women's Labour in Urban Turkey. Austin: Texas University Press.

dies. (2003): Islamist Mobilization in Turkey – A Study in Vernacular Politics. Seattle: University of Washington Press.

Yavuz, Hakan M. (2003): Islamic Political Identity in Turkey. Oxford: Oxford University Press.

Yazgan, Turan (1977): Türkiye`de sosyal güvenlik sistemi (Das Sozialschutzsystem in der Türkei). Istanbul: Iktisadi Araştirmalar Vakfı.

Yerebakan, Metin (2000): Özel hastaneler araştırması – Mevcut durum, sorunlar ve cözüm önerileri (Untersuchung der Privatkrankenhäuser – derzeitige Lage, Probleme und Lösungsvorschläge). Istanbul: Istanbul Ticaret Odası.

Yücekök, Ahmet N. (1997): Dinin Siyasallaşması: Din – Devlet İlişkilerinde Türkiye Deneyimi. (Die Politisierung der Religion. Die Erfahrung der Türkei in den Staat - Religions Beziehungen). Istanbul: Afa Yayıncılık.

Zürcher, Erik J. (1998): Turkey. A Modern History. New Revised Edition. London: I. B. Tauris.

6 Quellenverzeichnis

(Quellen die im Literaturverzeichnis aufgeführt sind, sind nicht nochmals im Quellenverzeichnis aufgeführt)

Bertelsman: Bertelsman International Reformmonitor Onlinedatenbank. Online: http://www.bertelsmann-stiftung.de/cps/rde/xchg/SID-0A000F0A-B25FB799/ bst _engl/hs.xsl/54224_54228.htm

DIE: Hanehalki Isgücü Istatistikleri (Arbeitskräfte Stichprobe des türkischen Institutes für Statistik). Online: http://www.tuik.gov.tr/isgucu/Basla1.doc

Eurostat: Europäische Kommission, EUROSTAT Datenbank (Beschäftigung). Online: http://epp.eurostat.ec.europa.eu/portal/page?_pageid=1996,45323734&_dad=portal &_schema=PORTAL&screen=welcomeref&open=/&product=EU_MASTER_labou r_market&depth=2

Eurostat: Europäische Kommission, EUROSTAT Datenbank (Bevölkerung). Online: http://epp.eurostat.ec.europa.eu/portal/page?_pageid=1996,45323734&_dad=portal &_schema=PORTAL&screen=welcomeref&open=/&product=EU_MASTER_popul ation&depth=2

ILO: ILO Laborstat Onlinedatenbank. Online: http://laborsta.ilo.org/

OECD: OECD Social Expenditure Database (SOCX). Online: http://www.oecd.org/ document/9/0,2340,en_2825_497118_38141385_1_1_1_1,00.html

SHÇEK (2006a): Yaşlılara Yönelik Hizmetler (Dienstleitungen für alte Menschen). Online: http://www.shcek.gov.tr/hizmetler/yasli/

SHÇEK (2006b): Çocuklarımıza Yönelik Hizmetler (Dienstleistungen für unsere Kinder). Online: http://www.shcek.gov.tr/hizmetler/cocuk/

T.C. Sağlık Bakanlığı (2004): T.C. Sağlık Bakanlığı Sağlık Istatistikleri 2003 (Gesundheitsstatistiken des Gesundheitsministeriums 2003). Ankara

T.C. SGK (2006): T.C. Sosyal Güvenlik Kurumu – SGK Istatistik Bülteni. Online: http://www.sgk.gov.tr/doc/istatistik/sgk_bulten2006_k.pdf

TUIK (2006): T.C. Başbakanlık Türkiye Istatistik Kurumu. Istatistik Göstergeler 1923 – 2005. (Statistische Kennzahlen des Türkischen Statistischen Amtes 1923 -2005) Ankara: T.C. Başbakanlık Türkiye Istatistik Kurumu

TUIK (2007): T.C. Başbakanlık Türkiye Istatistik Kurumu. Türkiye Istatistik Yıllığı 2006 (Statistisches Jahrbuch des Türkischen Statistischen Amtes 2006). Ankara: T.C. Başbakanlık Türkiye Istatistik Kurumu.

Wolrd Value Survey (1999): World Value Survey Onlinedatenbank. Online: http://margaux.grandvinum.se/SebTest/wvs/index_data_analysis

Made in the USA
Las Vegas, NV
02 November 2024